黑龙江省
奶牛养殖碳排放税制度：
方案设计和减排效果

第 2 版

师　帅　李翠霞　著

中国农业出版社
北　京

　　本书受到国家自然科学基金面上项目"婴幼儿奶粉安全信任指数对产品竞争力的影响——指标测度、关键模型构建及市场模拟"(71673042)，中宣部文化名家暨"四个一批"人才自选项目"中国乳制品竞争力比较研究"(201801)，黑龙江省畜牧科技推广资金项目"黑龙江省畜牧业产业化发展战略研究"(59001118)，黑龙江省博士后科研启动基金项目"碳税与补贴对奶牛养殖碳减排影响的政策模拟研究：基于黑龙江奶牛养殖的案例分析"(LBH－Q19070)，以及东北农业大学学术骨干项目"市场型环境规制下主产区奶牛养殖的碳减排效应及预测——基于黑蒙冀的对比分析"(20XG18) 的资助，特致殷切谢意。

前　言

全球气候变暖形势严峻，从《京都议定书》到《巴黎协定》，碳减排问题受到各国高度关注。各国将加强对气候变化威胁的全球应对，将全球平均气温较工业化前水平升高控制在 2 ℃之内，并为将升温控制在 1.5 ℃之内而努力。全球将尽快实现温室气体排放达峰，21 世纪下半叶实现温室气体净零排放。虽然现阶段我国尚未开征碳排放税，但我国承诺将力争于 2030 年前实现二氧化碳排放达到峰值，2060 年前实现碳中和，并在《第十四个五年规划和 2035 年远景目标纲要》中特别指出落实应对气候变化国家自主贡献目标，制定碳排放达峰行动方案。实施以碳强度控制为主、碳排放总量控制为辅的制度，支持有条件的地方和重点行业、重点企业率先达到碳排放峰值。完善能源消费总量和强度双控制度，重点控制化石能源消费，提升生态系统碳汇能力。锚定努力争取 2060 年前实现碳中和，采取更加有力的政策和措施。中国作为世界上最大的发展中国家，将完成全球最高碳排放强度降幅，用全球历史上最短的时间实现从碳达峰到碳中和。为此，我国将碳达峰、碳中和纳入生态文明建设整体布局，全面推行绿色低碳循环经济发展。

虽然我国碳排放权交易市场已经正式启动，但是碳减排目标的实现需要经济政策形成合力，以税收为代表的经济政策工具对碳减排的贡献是亟待解决的问题。

奶牛养殖碳排放量占畜禽碳排放总量近三成，碳减排潜力巨大。黑龙江省是我国重要的奶牛养殖区与原料乳生产基地，在奶牛养殖产业结构调整中，规模化程度提高，也使其成为碳排放的重要来源。在该区域研究奶牛养殖碳排放税的效果对全国奶牛养殖业，整个农业及其他行业都具有示范和推广性。本研究的主要内容包括：

第一部分，绪论及相关理论。介绍本研究的研究背景、研究意义、国内外研究综述、研究方法与技术路线及研究的创新点。界定研究中涉及的相关概念，阐述研究涉及的相关理论。

第二部分，黑龙江省奶牛养殖碳排放的现状与影响因素。基于畜产品碳足迹系数对黑龙江省奶牛养殖碳排放进行核算和分析。从政策因素、技术因素、资金与市场因素及人为因素等方面，运用模糊 DEMATEL－ISM 模型分析影响黑龙江省奶牛养殖业碳减排的因素，并从约束机制及激励机制等方面提出优化策略。

第三部分，黑龙江省征收奶牛养殖碳排放税的现实基础。基于现有控制奶牛养殖碳排放的措施，从我国承诺在全球气候变化中承担共同但有差别的责任、调整产业结构及转变经济发展方式等方面论述征收碳排放税的必要性。从技术操作、政策条件、域外经验及征收时机几方面论述征收碳排放税的外部可行性，从黑龙江省奶牛养殖的主产区地位及奶牛养殖的成本收益情况方面论述征收碳排放税的内部可行性。

第四部分，碳排放税的国际经验借鉴。研究借鉴瑞典、芬兰、澳大利亚和日本等已经开征碳排放税国家的经验，从碳排放税率设计的目标性、碳排放税的归属、碳排放税的开征时机、碳排放税的设置及配套措施等方面探讨了国外征收碳排放税对我国的启示。

第五部分，黑龙江省奶牛养殖碳排放税制度设计。从碳排放税设置的目标、原则及税率设置、计税依据、应纳税额和税收减免等方面提出奶牛养殖碳排放税设置的具体措施。从碳排放税的补偿措施、监督措施及宣传措施等方面提出奶牛养殖碳排放税的配套措施。

第六部分，黑龙江省奶牛养殖碳排放税的减排效果。本书基于调研数据与统计数据分别研究碳排放税下黑龙江省奶牛养殖业碳减排的效果。一方面，由低到高设置黑龙江省奶牛养殖的碳排放税率并分析奶牛养殖碳排放税的减排机理，在长期与短期两种方案下，基于调研数据构建计量经济模型，运用边际分析方法，研究阶梯碳排放税率对不同规模奶牛养殖主体的成本、收益、利润及退出市场情况的影响，探究各规模奶牛养殖的碳减排量、奶牛养殖市场的碳减排总量及碳排放税的经济效益情况。另一方面，在单独征收碳排放税，给予税收返还等不同组合情景下，构建碳减排模型，运用统计资料数据，对比黑龙江省与其他奶牛养殖主产区的碳减排效果，并探究碳排放与经济增长之间的脱钩关系。

第七部分，黑龙江省奶牛养殖业的碳排放趋势预测。运用灰色预测模型对黑龙江省及其他奶牛养殖主产区的碳排放趋势开展预测。在不同税率及返还方案下，预测至2030年黑龙江省及其他奶牛养殖主产区的碳减排量和碳排放强度情况。

第八部分，黑龙江省奶牛养殖碳排放税的实施及推广建议。从循序渐进实施碳排放税、协调碳排放税和其他税种的关系、实行碳排放税的优惠政策及健全服务型税务体系等方面提出奶牛养殖碳排放税的实施建议，从区域层面和行业层面提出推广奶牛养殖碳排放税的措施。

综上，本研究在对相关概念及理论界定的基础上，基于黑龙江省奶牛养殖碳排放的现状及影响因素分析，借鉴国外开征碳排放税国家的经验，结合黑龙江省奶牛养殖的实际情况，设计奶牛养殖的碳排放税率制度，根据调研数据和统计数据剖析黑龙江省奶牛养殖碳排放税的减排效果并开展碳减排预测。基于此为黑龙江省奶牛养殖碳排放税的设计和推广提供决策依据。

在此对在研究和写作过程中，先后参加该项工作的全体人员和给予出版支持的领导专家，表示衷心的感谢。由于作者水平有限，书中不妥之处，请读者批评指正。

目　　录

1 绪 论

从 1992 年的《联合国气候变化框架公约》开始，历经了《京都议定书》《巴厘路线图》《哥本哈根协议》《巴黎协定》等系列协议及公约，气候变化和碳减排问题已经与世界经济发展密切相关。这些与气候变化相关的系列协定指出，发达国家应继续发挥带领作用，努力实现减排目标，发展中国家则应依据不同的国情继续强化减排努力，并逐渐实现减排或限排目标。规定发达国家应协助发展中国家，在减缓和适应两方面为其提供资金资源。虽然各国采用碳减排技术开展碳减排已初见成效，但从经济政策方面通过征收碳排放税控制碳排放的国家为数不多。

我国已经提前完成了 2020 年碳排放强度下降 40%～45% 的目标，并承诺在 2030 年左右达到二氧化碳排放的峰值。作为发展中国家，除了充分运用现有碳减排技术外，我国应如何制定包括碳排放税在内的经济政策，在全球碳减排中践行共同但有差别的责任是亟待解决的问题。鉴于税收制度的强制性及广泛性等特点及奶牛养殖业的巨大碳减排潜力，本书将根据黑龙江省奶牛养殖碳排放的实际情况，借鉴全球征收碳排放税国家的经验，探究黑龙江省奶牛养殖碳排放税征收的必要性及可行性。在设计碳排放税制度的基础上，以我国奶牛养殖主产区的黑龙江省为例，通过实证分析研究碳排放税的减排效果并给出碳排放税的推广方案及措施。为此，本书将首先论述研究背景、研究目的与意义、国内外研究现状及述评、研究内容、研究方法及创新点等。

1.1 研究背景

1.1.1 全球温室效应加剧致碳减排压力倍增

全球温室效应备受关注，依据《联合国气候变化框架公约》，各国政府承诺削减温室气体排放量初见成效。21 世纪以来，全球碳排放量增长迅速，2000—2019 年，全球二氧化碳排放量增加了 40%。英国石油公司发布的《世界能源统计年鉴》数据显示，2013 年以来，全球碳排放量持续增长，2019 年全球碳排放量达 343.6 亿吨，创历史新高，2020 年受全球新冠肺炎疫情影响，世界各地区碳排放量普遍减少，全球碳排放量下降至 322.8 亿吨，同比下降6.1%（图 1-1）。

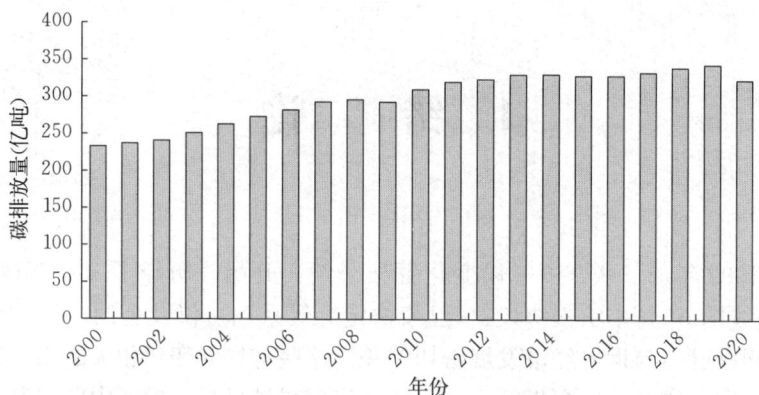

图 1-1 2000—2020 年全球碳排放总量

资料来源：新能源商务网，http://www.xnyso.com/article/6430.html。

从各地区碳排放情况来看，亚太地区碳排放量在全球占比较大。《世界能源统计年鉴》数据显示，2020 年亚太地区碳排放量占全球总排放量的一半以上，合计占比达 52%。其中，中国占比 30.7%，远超其他国家和地区。北美地区碳排放量占比为 16.6%，欧洲地区碳排放量占比为 11.1%。

2020 年中国碳排放量达 98.99 亿吨，同比增长 0.6%，再创历史新高，占全球碳排放量的比重提升至 30.7%。美国作为全球碳排放第二大国，近年来碳排放量整体呈现下降趋势，2020 年受新冠肺炎疫情影响，美国碳排放量下降至 44.57 亿吨，同比下降 11.6%，下降幅度高于全球平均水平。美国碳排放量占全球的比重也由 2013 年的 15.9%下降至 2020 年的 13.8%。

国际能源署（IEA）发布的《全球能源回顾：2020 年二氧化碳排放》报告指出，受经济复苏和缺乏清洁能源政策影响，2020 年 12 月全球碳排放量较 2019 年同期增长 2%，达到 6 000 万吨，经济活动复苏使能源需求增长，其中全球主要经济体是主要推动因素。许多经济体的排放量都超过了新冠肺炎疫情前的水平并在攀升。国际能源署认为，2020 年二氧化碳排放量的趋势变化表明，经济增长带来对电力、石油等能源的需求急剧增长，而电力生产及石油、天然气等化石能源使用都会产生大量碳排放。在确保经济增长和能源安全的同时，全球仍面临遏制二氧化碳排放的挑战。

由图 1-2 可以看出，能源是温室气体排放的最大贡献者，在中国各行业碳排放中，能源占比最大，其次是工业与农业，两者占比相当。这里的农业是指广义的农业，即农林牧渔业的总称。其中畜牧业碳排放约占全球碳排放总量的 18%，远超汽车和飞机等交通工具排放总和。牛类是畜牧业碳排放的主要来源，其排放量占畜牧业总碳排放量的 65%（FAO，2016）。我国研究认为，牛类的碳排放量约占畜禽碳排放总量的 42%（孟祥海等，2014）。甲烷是奶牛的主要碳排放气体，其排放量约是肉牛的两倍（Brown et al.，2016）。可知奶牛的碳排放量约为畜禽总排放量的三成，碳减排潜力巨大。

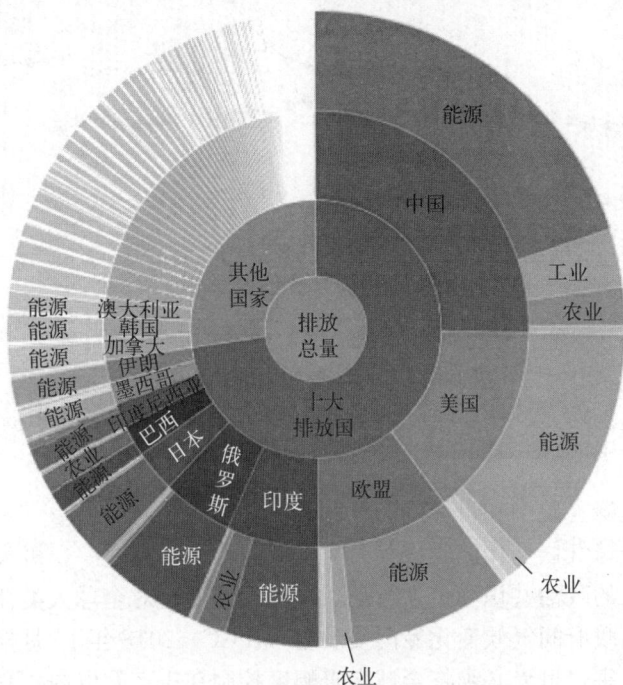

图 1-2　全球十大碳排放国及其行业分类

资料来源：Global Carbon Project，http://www.globalcarbonproject.org/。

中国、美国和欧盟是全球碳排放量最大的三个国家或地区（图 1-3），其碳排放量占全球排放总量的一半以上（土地利用、土地利用变化和林业除外）；前十大排放国的排放量占全球排放总量的近 3/4；后 100 名排放国的排放量仅占全球排放总量的 3.5%。如果这些排放大国没有重大的减排行动，全球就无法成功地应对气候变化的挑战。

1.1.2　我国提出碳达峰与碳中和目标

碳达峰是指二氧化碳排放量达到历史最高值，然后经历平台期进入持续下降的过程，是二氧化碳排放量由增转降的历史拐点，标志着碳排放与经济发展实现脱钩，达峰目标包括达峰年份和峰值。碳中和是指某个地区在一定时间内（一般指一年）人为活动直接和间接排放的二氧化碳，与其通过植树造林等吸收的二氧化碳相互抵消，实现二氧化碳“净零排放”。碳达峰与碳中和紧密相连，前者是后者的基础和前提，达峰时间的早晚和峰值的高低直接影响碳中和实现的时长和实现的难度。

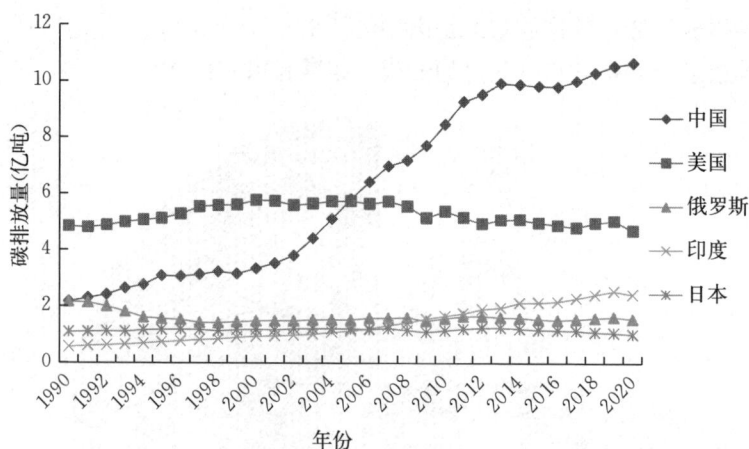

图 1-3　全球不同国家的碳排放量

资料来源：Global Carbon Project，http://www.globalcarbonproject.org/products/internet Resources.htm。

（1）碳达峰、碳中和目标的国际背景

第一，全球气候变化已经成为人类发展的最大挑战之一，极大促进了全球应对气候变化的政治共识和重大行动。全球气候变化对全球人类社会构成重大威胁。联合国政府间气候变化专门委员会（IPCC）2018 年 10 月报告认为，为了避免极端危害，世界必须将全球变暖幅度控制在 1.5 ℃ 以内。只有全球都在 21 世纪中叶实现温室气体净零排放，才有可能实现这一目标。根据联合国气候变化框架公约（UNFCCC）秘书处 2019 年 9 月报告，目前，全球已有 60 个国家承诺到 2050 年甚至更早实现零碳排放。

第二，欧盟带头宣布绝对减排目标。2020 年 9 月 16 日，欧盟委员会主席冯德莱恩发表《盟情咨文》，公布欧盟的减排目标：2030 年，欧盟的温室气体排放量将比 1990 年至少减少 55%，到 2050 年，欧洲将成为世界第一个碳中和的大陆。欧盟从 1990 年之后碳排放持续减少，累计减少 23.3%。

（2）从相对减排指标到绝对减排指标

① 相对减排指标。2009 年 9 月，我国在联合国气候变化峰会上首次提出中国 2020 年相对减排目标，即争取到 2020 年单位国内生产总值（GDP）二氧化碳排放比 2005 年下降 40%～45%，非化石能源占一次能源消费比重达到 15% 左右，森林面积比 2005 年增加 4 000 万公顷，森林蓄积量比 2005 年增加 13 亿米^3，大力发展绿色经济，积极发展低碳经济和循环经济。同时，提出我国是发展中家，不可能承担超出我国能力或发展水平的绝对量化减排指标。

中国积极参与全球气候治理，是《联合国气候变化框架公约》的首批缔约国，并为达成《京都议定书》《巴黎协定》及其实施细则作出重要贡献。

2014 年 11 月和 2015 年 9 月，中美元首气候变化联合声明宣布了中美两国各自 2020 年后应对气候变化行动。根据这些声明，2015 年 11 月，在第二十一届联合国气候变化大会（COP21）的首脑峰会上，中国第二次提出 2030 年相对减排行动目标，即二氧化碳排放 2030 年左右达到峰值并争取尽早达峰；单位国内生产总值二氧化碳排放比 2005 年下降 60%～65%，非化石能源占一次能源消费比重达到 20% 左右，森林蓄积量比 2005 年增加 45 亿米³ 左右。应对气候变化是我国可持续发展的内在要求，也是负责任大国应尽的国际义务。

根据联合国政府间气候变化专门委员会报告，若全球气温升高不超过 1.5℃，那么在 2050 年左右，全球就要达到碳中和；若不超过 2℃，则 2070 年全球要达到碳中和。这成为全球实现碳中和目标的时间点，所剩时间只有 30～50 年。为此，发达国家在碳排放已持续下降的过程中，均选择了 2050 年的时间点。印度在巴黎气候协议上承诺，到 2030 年使碳排放量在 2005 年的基础上降低 33%～35%，明显低于中国的相对减排承诺。而中国在尚未达到碳排放高峰的情况下，作出 2060 年前达到碳中和的政治承诺。

② 绝对减排指标。2020 年 9 月 22 日，习近平主席在第七十五届联合国大会一般性辩论上宣布，中国将提高国家自主贡献力度，采取更加有力的政策和措施，力争 2030 年前二氧化碳排放达到峰值，努力争取 2060 年前实现碳中和。这是中国首次提出实现碳达峰与碳中和的目标，引起了国际社会的极大关注。中国是世界最大的碳排放国，占世界能源碳排放总量的 28.8%，对全球碳达峰与碳中和具有至关重要的作用。正如能源转型委员会（ETC）在《中国 2050——一个全面实现现代化国家的零碳图景》报告中所言，无论对于整个世界，还是对于中国自身而言，中国探索到 21 世纪中叶实现净零碳排放的战略路径意义重大。

2020 年 12 月，中央经济工作会议明确提出做好碳达峰、碳中和工作是 2021 年八项重点任务之一，成为中国加快实现碳排放达峰的元年，但是也仅给中国留下 40 年的时间。这是党中央具有极其重大意义的战略决策，如同 1978 年党的十一届三中全会决定以经济建设为中心开启改革开放时代，以人民福祉为中心开启绿色低碳时代。

1.1.3 征收碳排放税有助于碳减排

为应对日益严峻的温室效应问题，《联合国气候变化框架公约》要求发达国家应率先采取碳减排措施，发展中国家承担"共同而有区别"的责任。因此，发达国家相继采取包括碳排放税在内的不同碳减排措施。碳排放税是指针对温室气体折算为二氧化碳当量后所征收的税。它是一种以环境保护为目的的经济政策工具，能够通过市场机制削减碳排放，减缓全球变暖。温室气体包括二氧化碳、一氧化二氮及甲烷等，它们都可以换算成二氧化碳当量。碳排放是关于温室气体排放的一个简称。芬兰、瑞典、爱尔兰及英国等欧洲国家于20世纪90年代初就开始征收碳排放税，澳大利亚、加拿大也随后征收碳排放税，并取得了一定的减排效果。

在北欧一些国家，碳排放税已被广泛接受。丹麦、芬兰、荷兰、挪威、波兰和瑞典等国已经开始推行不同的碳排放税政策。芬兰是征收碳排放税的先锋：它早在1990年就推出了二氧化碳附加税。多年来，这一税种的税率由每吨二氧化碳征收1.12欧元增加到了20欧元，也为芬兰政府带来了可观的收入。总体上看，所有的化石能源都将被征收二氧化碳附加税，但用于发电的化石能源征税比例最低。通过开征碳税有力地促进了芬兰的节能减排工作。1990—1998年，芬兰因为征收碳税使二氧化碳的排放量减少了约7%。瑞典也从20世纪90年代开始征收碳排放税。瑞典对私人用户征收全额碳排放税，而对工业用户减半征收，对公共事业机构则免征碳排放税。由于瑞典全国所耗电能半数以上都是用于供暖，并且所有可再生能源（如由植物产生的能源）都免税，所以自1991年以来，生物燃料工业蓬勃发展。自碳排放税征收至2006年，瑞典的温室气体总排放量下降9%，而同期GDP增长44%。

加拿大的魁北克省也已经开始对石油、天然气和煤征税。该省碳排放税的纳税对象是能源和石油公司等中间商，而不是消费者。尽管此税面向供应链上的高端用户征收，但纳税企业还是可以通过提高能源收费价格将碳排放成本部分转嫁给消费者。通过增加碳排放税虽然可增加税收，但国家不会为增加收入而征税，而是通过减税的方式，将碳排放税的收入还给消费者，希望通过征收碳排放税减少能源消耗，减少二氧化碳等温室气体排放。

1.1.4 发达国家拟对发展中国家高碳产品征收碳关税

发达国家在作出碳减排承诺的同时，为了维护自身经济利益，转嫁环境治理责任和成本，也提出征收碳关税的意向。碳关税也称"基于碳排放量的边界调节税"（Carbon‐Motivated Border Tax Adjustment），是主权国家对未采取相应温室气体减排措施的国家进口的能源密集型和碳密集型产品征收的二氧化碳排放税。它最早由欧盟提出，其用意是试图针对来自未履行《京都议定书》国家的进口产品征收特殊的二氧化碳排放关税，以消除欧盟碳排放交易机制运行后欧盟国家的碳密集型产品可能遭受的不公平竞争。国内学者沈可挺（2010）、张曙霄（2010）也对碳关税进行了详细的阐述，归纳起来主要在于两方面：一方面是由于人类过度开发自然资源而破坏了地球的自然环境，全球气温逐年上升，已威胁到人类的生存，人类逐渐形成了保护环境的共识；另一方面是由于发展中国家经济的迅速崛起冲击了现有的世界经济格局，发达国家为遏制发展中国家的经济发展而采取的一种新型贸易保护手段，即绿色贸易壁垒。中国对发达国家出口的高能耗产品可能成为碳关税的课税对象，中国的乳制品就属于该类产品范畴。

2009 年 6 月 26 日，美国国会众议院通过《美国清洁能源与安全法案》，该法案规定，美国有权对不实施减排限额国家进口的产品征收碳关税，使外国企业承担与本国企业相同的碳成本。美国抛出碳关税的单边措施方案，在国际上引起了轩然大波。这意味着美国已有意抛开《联合国气候变化框架公约》的多边束缚，强行推行其气候变化解决方案。国际上征收碳关税的可能性加大，美欧碳关税已箭在弦上。

1.1.5 奶牛养殖业可持续发展受到温室效应影响

奶牛养殖与碳排放间具有交互作用的关系。一方面奶牛养殖产生碳排放，加剧温室效应；另一方面温室效应使气温逐渐升高，影响奶牛产量。奶牛养殖碳排放主要源于反刍动物瘤胃发酵和畜禽粪便处理过程，奶牛养殖的碳排放气体主要有甲烷、二氧化碳及一氧化二氮等。《京都议定书》使用全球变暖潜力值衡量各种气体的温室效应作用。该指标是指温室气体影响全球气候变暖的能力。它以二氧化碳为基准，1 单位二氧化碳使全球变暖的能力为 1，甲烷的全球变暖潜力值为 21，一氧化二氮的全球变暖潜力值为 310。可见，奶牛的碳排放气体使全球气候变暖的能力较强。

随着温室效应加剧，全球气温升高，对奶牛产量具有负向作用。奶牛在瘤胃发酵和产奶过程中产生大量的热，加上奶牛汗腺不发达、单位体重散热面积小等生理原因，导致奶牛具有"耐寒不耐热"的生理特性。奶牛耐寒性较强，0 ℃以下的低温对产奶量有一定影响，但影响不显著。奶牛适宜生存的温度范围为 5～20 ℃。当环境温度高于 21 ℃时，奶牛即表现呼吸加快、脉搏增加、体温升高等热应激反应；当环境温度达到 27 ℃时，奶牛采食量明显下降，产奶量只有 10 ℃时的 75％。在短期内，奶牛产奶量虽然不会因气温上升而大幅减少，能满足当代人对生鲜乳及相关乳制品的需求，但从长期来看，气温逐渐升高，将导致奶牛产奶量逐渐降低，对后代人满足乳制品需要的能力产生潜在影响，即影响奶牛养殖业的可持续发展。

在全球气候变暖形势日趋严峻，影响奶牛可持续发展，而发达国家拟对发展中国家征收碳关税的背景下，高碳排放的乳制品行业又恐深受影响。因此，奶牛养殖业一方面应减少碳排放，另一方面应积极应对碳关税。根据世界贸易组织（WTO）禁止双重征税的规则，若我国对国内企业开征碳排放税，发达国家将不能对我国出口的产品征收碳关税。与发达国家不同，我国尚未征收碳排放税，在 2018 年实行的《中华人民共和国环境保护税法》中也未涵盖对甲烷、二氧化碳等温室气体的税收。但是，我国承诺与发达国家一起为全球碳减排作出贡献，承担共同但有差别的责任，使碳排放量在 2030 年前后达到峰值，单位国内生产总值的碳排放量比 2005 年下降 60%～65%，并让低碳能源在能源消费中所占的比重提高到 20% 左右，减少对煤炭的依赖，转向使用风能及太阳能等清洁能源。因此，在国内开征碳排放税的方式不仅能够避免具有高碳排放特征的乳制品被发达国家征收碳关税，而且有助于促进奶牛养殖业碳减排并兑现我国的碳减排承诺，有利于促进奶牛养殖主体减少碳排放，实现奶牛养殖业可持续发展。

1.2　研究意义

1.2.1　理论意义

区别于现有研究从宏观经济视角构建 CGE 模型研究碳排放税的减排效果，本研究从微观经济视角，在探讨黑龙江省奶牛养殖业征收碳排放税的内部与外部可行性的基础上，借鉴征收碳排放税的国际经验，结合黑龙江省奶牛养殖业的实际情况，设计碳排放税制度及其配套措施，从理论上是一个具有创新性的课题。

在全生命周期视角下，研究奶牛养殖的前端、中端及后端的碳排放情况拓展了奶牛养殖碳排放核算的系统边界。从税收制度的目标、原则、征收方式及配套措施等方面设计奶牛养殖的碳排放税制度为我国畜牧经济碳排放税制度构建提供理论框架。将阶梯碳排放税率纳入奶牛养殖的成本及收益核算中，并在长期与短期两种方案下分别研究碳排放税率对各规模奶牛养殖成本的影响，丰富了低碳经济下奶牛养殖的研究方法，完善了低碳畜牧经济的分析框架；不同碳排放税及税收返还下的碳减排效果的实证分析及预测结果为政府制定奶牛养殖碳减排政策提供理论依据。

1.2.2　实践意义

我国承诺到 2030 年达到碳排放峰值，力争 2060 年前实现碳中和。畜牧业在全球碳排放中占比接近 15%，奶牛养殖则是畜牧业碳排放的最主要来源。因此，研究奶牛养殖业碳减排问题具有重要现实意义。虽然我国已经推行碳排放权交易，但主要以工业及林业为主。为了推进碳达峰与碳中和目标的实现，奶牛养殖业碳减排应作出应有的贡献。现有对奶牛养殖业碳减排的措施，主要是集中于技术层面。运用市场激励型环境规制工具开展奶牛养殖碳减排的研究较少。除了碳排放权交易外，碳排放税在全球碳减排进程中发挥了重要的作用。该手段对奶牛养殖业碳减排的收效如何亟须预判。

黑龙江省是我国奶牛养殖的主产区，也是重要的原料乳生产基地。以该区域为例研究奶牛养殖业碳排放税征收的效果，具有示范性和代表性。研究依托长期和短期两种成本方案，将碳排放税纳入不同奶牛养殖规模的成本中，分析奶牛养殖的市场均衡及碳减排情况，对于全面核算奶牛养殖碳排放、掌握各规模奶牛养殖对碳排放税的承载力、分析碳排放税对生鲜乳市场均衡的影响及推动奶牛养殖碳减排具有重要的现实指导意义。

研究有利于保护农业生态环境、稳定农民收入、推进农业碳排放税制度建立及应对发达国家碳关税贸易壁垒等经济政策的制定与实施；运用笔者及其团队多年研究奶牛养殖碳排放核算、奶牛养殖经济效益评估及碳减排策略等方面的成果和建立的广泛的基地（部门）研究网络，为相关企业、农户等提供奶牛养殖碳减排的解决方案借鉴；通过不同碳排放税及返还情景设置的实证研究，为奶牛养殖主产区征收统一碳排放税和差异化碳排放税及返还方式提供对比方案；为畜牧业相关部门解决奶牛养殖中碳排放量增加、环境污染严峻及碳减排目标下不同奶牛养殖规模利益协调等问题提供决策依据。

1.3　国内外研究综述

1.3.1　奶牛养殖从碳排放到碳足迹核算方法应用的演变

（1）奶牛养殖碳排放核算方法应用的演变

碳排放核算法主要包括排放因子法、质量平衡法和实测法。目前应用比较广泛的是碳排放因子法（Emission - Factor Approach），它依照碳排放清单列表，针对每一种排放源构造其活动数据与排放因子，以活动数据和排放因子的乘积作为该排放项目的碳排放量估算值。已有学者运用该方法对农业碳排放开展研究（冉光和等，2011；李波等，2011；张广胜，2014）。具体到奶牛养殖中，即用奶牛养殖生产各环节的排放系数乘以相应的度量值（奶牛数量、粪污质量、耗电量和耗油量等），整个系统的碳排放量等于各环节排放量的加总。关键的排放系数，包括肠道发酵甲烷排放系数、粪便管理和粪肥田间施用中一氧化二氮的直接和间接排放系数等主要源于：试验测算、相关研究结论、IPCC 提供的数据等。按其演变历程可以分为经济合作与发展组织（OECD）核算法与 IPCC 系数法。

OECD 核算法是 1991 年 OECD 提供的反刍动物甲烷排放量的简易估算方法，仅在 20 世纪末期被少数学者使用。董红敏（1995）依据中国典型反刍动物的采食总能量及 Blaxter（1965）的公式计算了动物采食能量转化成甲烷的比例，计算了我国的牛、羊及骆驼的甲烷排放量。

IPCC 系数法是根据联合国政府间气候变化专门委员会公布的碳排放系数

对奶牛养殖的胃肠道发酵、舍内外粪污等碳排放进行核算，其核算范畴略优于OECD的简易方法，主要关注奶牛养殖过程中的碳排放情况，但未考虑奶牛养殖前端与后端的碳排放。

学者不断核算奶牛养殖碳排放的情况并探究相关影响因素。学术界认同甲烷是奶牛养殖碳排放的主要来源，80%源于肠道发酵，剩余源于粪污管理。董红敏（1996）基于张耀民（1993）对动物甲烷排放的核算，估算了我国动物甲烷排放率。部分学者认为畜禽数量与碳排放量呈正相关，大型反刍动物饲养量与肠道甲烷排放量呈正相关。气温升高也与奶牛养殖的甲烷排放正相关。IPCC不同层级的方法核算结果不同，基于IPCC的二级方法，2001年加拿大奶牛的碳排放为90千克/（头·年），比一级方法的核算结果多18千克/（头·年）。每千克牛奶平均排放1千克二氧化碳、19.31千克甲烷，与现场测算结果基本一致（Verge，2014）。

（2）奶牛养殖碳足迹核算方法应用的演变

从农产品的生命周期来看，低碳农业就是农产品从"摇篮到墓地"全过程的低碳化（许广月，2010），部分学者应用碳足迹方法研究农业经济问题（黄祖辉，2011；黄贤金，2013），但在奶牛养殖中应用碳足迹方法的研究在近年才逐渐兴起，主要包括基于生命周期评价（LCA）和投入—产出（Input - Output，I - O）法的奶牛养殖碳足迹核算（图1 - 4）。

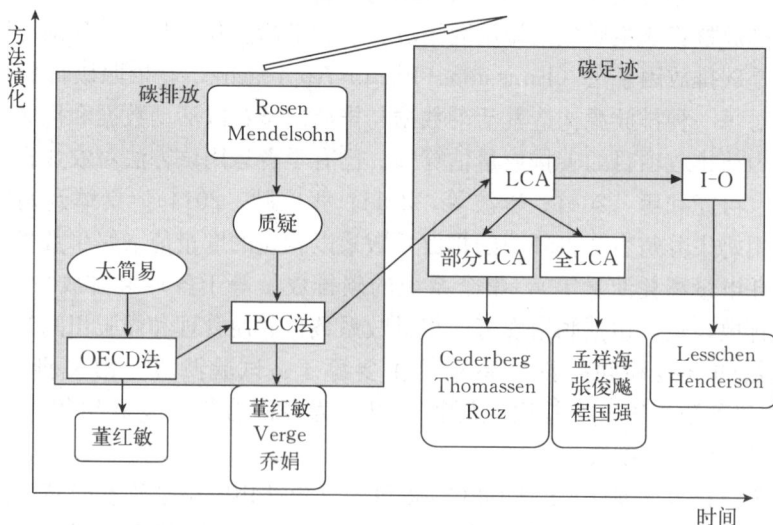

图1 - 4 奶牛碳排放到碳足迹核算方法的演化

① 生命周期评价法。生命周期评价指产品在生产、使用及回收再利用等各阶段对环境产生的影响，包括能源使用、资源消耗、污染物排放等，是一种

自下到上的、对产品及其"从开始到结束"的过程计算法。系统边界是影响整个评价结果的关键，不同边界导致结果存在误差。目前，学术界运用生命周期评价法核算奶牛养殖碳足迹的边界主要分为两种，即从摇篮到农场大门和从摇篮到消费者。

部分生命周期（从摇篮到农场大门）。学者们得到两点共识：第一，区域异质性影响牛奶碳足迹。全球每千克牛奶碳足迹的平均水平为 2.4 ± 0.624 千克二氧化碳当量（FPCM）(FAO，2011)。但在实证研究中，每千克牛奶碳足迹为 0.41~2.46 千克二氧化碳当量（Daneshi，2014；Pirlo，2012），发达国家与发展中国家存在一定差距（Prado，2013；Casey，2005；Pan，2015；Vergea，2016）。第二，养殖规模与管理方式影响碳足迹。学者认为散养比规模养殖产生更多碳排放，规模化养殖场的管理能够减少奶牛养殖碳排放，不同规模与管理方式的碳减排效果不同。舍饲比户外放牧排放更多的碳（董红敏，2015；Carlos，2016）。甘雨田（2019）运用生命周期评价法估算分析了2000—2016年全国奶牛产业碳排放量，从时间与空间角度对奶业碳排放总量进行分析，提出了抑制奶牛产业碳排放量的对策建议。张义琼（2021）利用IPCC 清单估算法、LMDI 模型、Tapio 脱钩模型和基于因素分解的脱钩分解模型，研究 1990—2018 年德阳市农牧业碳排放时空特征、碳排放的影响因素以及碳排放与农业经济的脱钩关系等。

全生命周期（从摇篮到消费者）。随着生命周期评价法的演进，其研究范畴逐步由摇篮到农场大门延伸至摇篮到消费者，即将奶牛养殖后端碳排放也纳入范畴，但采用该种方法的学者还较少。孟祥海等（2014）运用全生命周期法，分析了我国牛（肉牛、奶牛和役用牛）的碳排放，占比42%。董红敏（2015）运用全生命周期法核算了中国畜产品的碳足迹，排序为牛肉、猪肉、鸡蛋和牛奶。姚成胜等（2017）运用全生命周期法核算了中国 2000—2014 年畜牧业的碳排放情况，并分解了影响畜牧业碳排放的因素，虽然该研究分别核算了奶牛与非奶牛的碳排放量，但并没有在研究结果中单独列出，而主要是对比省际畜牧业碳排放的时空间演化机制。

② 投入—产出法。投入—产出法根据投入产出表建立相应的数学模型，系统反映各部门的关系。结合各部门的碳排放数据，核算其在整个生产链上引起的碳排放量。Lesschen（2011）运用 MITERRA - Europe 模型，分析了欧盟 27 个成员国的畜牧业碳排放情况，总量上，乳业部门碳排放最多，肉牛排第二位；单位排碳量排序为：牛肉、猪肉、鸡蛋、禽类、牛奶。Henderson（2016）分析了非洲小农户增加食物产出及减小食物碳排放强度的潜力。该方法从宏观国民经济角度核算奶牛碳排放量，基于经济投入量和单位产值的碳排放强度，输出最终奶牛碳排放量。但是我国的投入产出表每五年更新一次，加

上研究区域畜牧业部门统计数据中的单位产值碳排放强度具有差异性，导致采用该方法核算奶牛碳排放具有时滞性与差异性。

1.3.2 奶牛养殖的成本与收益方面

（1）奶牛养殖的成本

奶牛养殖的成本包括饲料成本、畜棚成本、劳动力成本、配种成本及繁育失败成本等。其随着奶牛成长而变化（Mourits et al.，1997；Bach et al.，2008），同时伴有疾病发生（Van Der et al.，2001）及死亡率（Tozer et al.，2001）等不确定性。奶牛养殖的平均成本主要受到劳动生产率和饲料成本的影响（Mohd，2012）。饲料成本主要受到玉米、豆粕和棉粕等主要蛋白质饲料价格影响（马长海，2015），也与奶牛的数量密切相关（Zanton et al.，2005；Svensson et al.，2008；Heinrichs，2011）。在成牛养殖成本方面，Daniel（2015）认为奶牛繁殖能降低总可变成本。Mohd（2015）指出出售犊牛的比例会影响养殖成本。如果出售犊牛比例为 27%，则养殖成牛的成本为 40 939 欧元/（头·年），比不出售犊牛的平均成本低 6.5%。犊牛养殖成本占奶牛养殖场运营成本第二位（Tozer et al.，2001），美国犊牛成本占比在 12.5%～20%（Harsh et al.，2001；Karszes，1994）。但不同国家和不同样本的犊牛成本有差异。美国宾夕法尼亚州养殖犊牛的平均成本（包含劳动力成本）为 1 124 美元（788 欧元）至 1 808 美元（1 268 欧元），饲料成本占总成本的比重为 60.3%至 64.0%（Gabler，2000）。而 Heinrichs（2013）对该州的调研结果显示：犊牛养殖的总成本为 1 808.23 ± 338.62 美元，其中饲料成本占比近 73%。在荷兰，每头犊牛养殖的成本（不含劳动力成本）在 907～1 134 欧元（Mourits，2000）；含有劳动力成本时，养殖犊牛的成本在 1 423～1 715 欧元。如果犊牛饲养期每缩减一个月，成本下降率在 2.6%～5.7%。如果养殖中遇到疫情，每头的平均成本将上涨 95 欧元。如果只是单独犊牛患病，该成本会更高（Mohd，2012）。

不同规模下奶牛养殖的成本情况。根据奶牛养殖的物质与服务费用和人工费等分析奶牛养殖规模与成本关系方面的研究较多（李秉龙等，2012；李翠霞等，2013；宋芳等，2017；孙文等，2017）。得出较一致的结论：从成本上看，我国规模化奶牛养殖成本明显高于农户散养成本；养殖规模与养殖成本成正比；2008—2013 年，奶牛养殖散户成本涨幅最低，中规模、大规模位列其后，小规模涨幅最高；养殖规模越大，固定成本的增速越慢；人工成本的上涨导致小规模养殖户和散养户的成本优势减小。

考虑环境污染成本的奶牛养殖成本方面。专门研究含有环境成本的奶牛养殖成本的文献较少，多见于在畜禽养殖成本中考虑环境污染成本的研究。学术界认为畜禽规模化养殖虽然能提高养殖户的收益，但大量的养殖废弃物污染大气和水体。由于市场失灵或无效率，养殖户并不直接承担由此产生的环境污染治理成本，造成畜禽规模养殖典型的外部性问题（虞祎，2012；杨惠芳，2013）。如果养殖户承担环境污染治理成本，则直接影响其养殖规模的选择（Peng et al.，2011；王会等，2011）。当承担的环境污染治理成本上升到一定程度时，养殖户将自觉减小养殖规模与产量，并通过合理配置要素投入，控制养殖造成的环境污染，从而降低养殖成本（Larue et al.，2009）。孔祥才等（2017）将肉牛、奶牛、猪及禽类养殖的水污染、土壤污染、大气污染等成本内部化，根据碳捕获成本和碳排放量核算了大气污染成本。其中大气污染量是根据 IPCC 的碳排放系数核算的，但仅考虑了奶牛养殖中的甲烷和一氧化二氮的排放量，未涵盖其他温室气体。

（2）奶牛养殖的收益

奶牛养殖的收益与养殖规模、养殖组织模式、技术和奶牛品种等因素有关（朱娟，2007），也与原料奶价格、饲料成本、奶牛单产水平等因素有关（成小平，2013）。各因素对不同规模养殖收益的影响效果不同。原料乳产值、副产品产值、人工成本对各种养殖规模利润的影响均较明显，饲料费用对小规模和大规模奶牛养殖利润的影响均较明显，固定资产折旧只对大规模养殖利润的影响较明显（杨延娇，2017）。"三聚氰胺"事件之前，散养和小规模的收益均高于大规模和中规模。事件之后，由于国家政策向规模化养殖倾斜，大、中规模的收益优势明显提升（张利庠，2010；魏秀芬，2014）。

考虑环保补贴的奶牛养殖收益方面，现有研究比较少，主要是在畜禽养殖补贴方面的研究。周颖等（2010）关于农业清洁生产技术补偿机制的研究指出，农民愿意修建化粪池的补贴标准为 458.2 元/池，与现金相比，农民则更倾向于实物补贴方式。郭晓（2012）核算规模化畜禽养殖沼气工程的外部环境成本，作为沼气工程补贴额度的参考依据。孔祥才等（2017）根据国家规模化养殖场补贴估算了每头牛的补贴额度，纳入收益范畴。

王玉娟等（2014）发现奶牛养殖规模与成本、收益正相关，但奶牛养殖规模越大，养殖效率不一定越高。杨晓彤等（2021）指出不同规模奶牛养殖收益受饲料成本、人工成本及固定资产折旧等因素影响。邓郁等（2020）分析河北省奶牛养殖规模现状发现，规模越大的牧场单位养殖成本越高，认为奶牛养殖还未实现规模效益。冉敏芳（2020）认为奶牛养殖规模越大，相应的配套设施及饲养管理措施越完善，单头奶牛每年所带来的经济效益显著高于其他养殖模式，散养或小规模养殖也可以通过提升从业人员水平和加强质量管理，使鲜奶产品品质和产奶量同样可以达到规模化养殖的水平，提高经济效益。时钰等（2021）通过对不同规模奶牛养殖成本收益的比较，发现饲料成本波动是不同规模奶牛养殖成本居高不下的首要因素，同时大规模奶牛养殖的净利润率要低于中小规模奶牛养殖，且单纯扩大奶牛养殖规模并不能直接带来规模效益。但张曼玉等（2015）认为随着时间的变化，规模化奶牛养殖全要素生产率的增长较快，规模化养殖的比较优势会逐渐显现出来。

1.3.3 奶牛养殖的碳减排方面

奶牛养殖碳减排方面的研究主要分为两方面，一方面是奶牛养殖的减排技术及策略，另一方面是减少奶牛养殖及生鲜乳产量。碳减排技术主要包括饲料消化改良（Beauchemin et al.，2008；Martin et al.，2010），粪污管理（南国良，2008；段清池，2010；Dickie et al.，2014；ICF International，2013），肥料使用效率及管理（Steinfeld et al.，2006；Denef et al.，2011），生物质能源使用（Smith et al.，2008；Carlos et al.，2020），生产效率提升（Cederberg et al.，2009；Capper et al.，2009；Vergé et al.，2009；Gerber et al.，2011；Nguyen et al.，2013；Eric et al.，2014；Hyland，2016）及碳排放监控（EPA，2016）。碳减排策略主要包括发展畜牧业循环经济，调整产业结构，改善动物饲料的品质与数量结构，提高饲料转化率，构建产业化体系，提倡低碳消费，完善环保法律法规体系和财政税收体系等（王珏，2010；庄苏，2010；陈卫洪等，2010；Massé，2011；张文学等，2012）。

在奶牛养殖的碳减排技术与策略方面，已有较多学者开展相关研究，但也有研究表明，这并不足以完成减排任务，也应考虑减少产量。Webb 等（2014）的研究表明，为了达到 20% 的碳减排量，英国应该减少 14% 的产量。当然在盈利的情况下，农民不愿意减少生产，但当他们亏损时，部分农民会减少奶牛数量。税收是政府对市场干预的一种工具，在奶牛养殖市场开征碳排放税，既能适度减少奶牛养殖量，也将有助于碳减排。虽然有学者赞成征收碳排放消费税以达到碳减排目标（Schroeter et al.，2008；Nnoaham et al.，2009；Nordström et al.，2011；Briggs et al.，2013；Wirsenius et al.，2011；Edjabou et al.，2013），但研究中发现，部分消费者并不情愿直接为这部分税收买单（Vanhonacker et al.，2013）。因此，征收生产税更易让消费者接受。

吴威辰等（2018）认为反刍动物，特别是牛的单位数量温室气体排放潜力较大，可通过适当调整辽宁省畜牧业的养殖结构来减少温室气体的排放。刘翌晨等（2020）对案例奶牛养殖场的温室气体排放情况进行研究，通过排放量核算，得出在各排放源中，奶牛肠道甲烷排放是最主要的排放源，粪便管理过程温室气体排放量次之，化石燃料排放量居第三，电力排放量最低。王聪（2020）研究发现 2001—2017 年全国奶牛养殖产业碳排放总量变化呈现"快速增长—缓慢增长—快速下降—缓慢下降"的倒 U 形特征，奶牛养殖业碳排放省级差异明显且呈现显著集聚性特征。王磊等（2021）从碳排放约束视角，发现碳排放对奶牛养殖生产效率具有负向约束作用。黄显雷等（2021）对非种养一体化奶牛场（non-IPBS）和种养一体化奶牛场（IPBS）养殖过程中的温室气体排放、能源消耗等环境成本和经济效益进行评估，认为种养一体化奶牛场在解决养殖场粪便污染问题等方面优势明显，在提升养殖经济效益、减少温室气体排放等方面具有巨大潜力。巴士迪等（2021）研究发现奶牛粪便堆放方式对温室气体排放有不同影响，通过降低翻堆频率可显著减缓翻堆式堆肥过程中温室气体和氨气的排放，降低槽式堆肥堆体的温度可显著减少堆肥过程中甲烷、二氧化碳等温室气体的排放。

1.3.4 碳排放税模型研究方面

（1）一般均衡模型的理论

可计算的一般均衡模型（CGE）是目前应用于宏观经济领域的一种政策模拟工具。其理论背景是《纯粹经济学要义》中瓦尔拉斯所提出的一般均衡理论。随后，Kenneth 和 Gerard 证明了一般均衡的存在性。在 CGE 模型的发展中，三部经典著作是：Johansen 于 1960 年发表的著作，Harberger 于 1959 年、1962 年发表的论文，以及 Scarf 与 Hansen 在 1973 年合作完成的著作。挪威经济学家 Johansen 建立了第一个多部门内生价格的可计算的一般均衡模型，并利用该模型分析了挪威的资源配置。Harberger 构建了一个可计算的一般均衡模型，并利用该模型计算了一般均衡体系中扭曲所造成的成本和收益。Scarf 与 Hansen 将可计算的一般均衡模型求解公式化地表述为一个找到不动点的问题。此后，CGE 模型被广泛接受。Shoven 和 Whalley 建立两部门的 CGE 模型，并将可计算的一般均衡模型框架运用于美国及其他国家的财政税收政策问题。Piggott 和 Whalley 建立了可计算的一般均衡模型，用以研究英国税制改革的经济性影响。此外，Rutherford 和 Paltsev 建立了可计算的一般均衡模型，研究了俄罗斯间接税超额负担。

一般均衡理论是对市场经济中交互关系的形式化描述。在一般均衡理论发展初期，该理论广泛被用来探索单一的市场内部或多个相关市场之间的资源最优配置的问题。基于一般均衡理论，国外学者们构建出了可计算的一般均衡模型。该模型的建立，使得一般均衡理论可以广泛应用于分析市场均衡。CGE 模型可以很好地描述经济系统中的均衡价格形成及供需情况，将经济系统视为一个整体，从整体的角度分析外生冲击对经济系统稳态的影响情况。CGE 模型利用一系列的方程，通过数量联系，将经济系统"连接"起来，这有利于分析外生的扰动对整体经济的影响。它不仅提供了一个宏观层面的政策评估及分析的工具，而且可以有效地帮助政策制定者理解政策运作机制及政策效果传导机制。

(2) 一般均衡模型的应用

在碳排放税效果测算领域，CGE 模型被国内外学者广泛使用。Arief (2006) 以 2003 年印度尼西亚社会核算矩阵为基础，在 CGE 模型中分析了碳税征收对不同收入水平家庭的影响（以印度尼西亚为例），结果表明，相对于高收入家庭，碳税征收对低收入农业家庭的影响甚小，在考虑到税收循环的情况下，碳税对低收入农业家庭实际上起积极作用。在 2007 年，Wissema 和 Dellink 利用 CGE 模型分析了碳排放税对宏观经济指标及爱尔兰经济的影响。研究表明，与 1998 年的二氧化碳排放水平相比，为达到使二氧化碳排放量降低 25％的目标，征收碳排放税是必要的，其征收范围应在 10～15 欧元。征收碳税会导致 GDP 降低 1％。Cagatay (2008) 采用可计算的一般均衡模型研究土耳其满足《京都议定书》目标的环境减排政策的经济影响。模型关注二氧化碳减排问题，结果认为减排目标的压力与减排成本正相关。通过碳税或提高能源税的环境减排政策会对就业产生负面影响。在引入碳税的时候必须结合减小现有生产税负的措施。Dissou 等 (2013) 假设刚性劳动力市场征收碳税对加拿大的经济影响，提出应该将碳税收入补贴给居民，征收碳税所带来的收益超过了减排成本。Abe 等 (2013) 构建了日本 CGE 模型模拟分析碳税对日本经济的影响，提出碳税对不同地区和行业的影响存在差异性。Jose (2016) 运用静态 CGE 模型分析了碳排放税对智利经济的影响，研究结果表明，与 2010 年的碳排放水平相比，碳排放量降低 20％的碳排放税为 26 美元/吨二氧化碳当量，将使 GDP 降低 2％。其他学者也利用 CGE 模型对碳税的影响开展研究，如 Böhringer 等 (1997)，Devarajan 等 (2009)，Al－Amin 等 (2009)，Siriwardana 等 (2011)，Adams 等 (2013)，Xianming (2014)，Arshad (2014) 等。

在研究碳排放税对中国经济的影响方面，学术界也采用了 CGE 模型。Carbaccio 等 (1999) 采用动态 CGE 模型模拟分析碳税在计划经济和市场经济共同存在的条件下对中国经济发展的影响，研究表明碳税对中国宏观经济变量有一定的负面影响。魏涛远等 (2002) 利用一个中国可计算一般均衡模型 (CNAGE) 定量分析了征收碳税对中国经济和温室气体排放的影响。研究表明，征收碳税将使中国经济状况恶化，但二氧化碳的排放量将有所下降。从长远看，征收碳税的负面影响将会不断弱化。王灿等 (2005) 构建经济—环境—能源动态 CGE 模型，考察二氧化碳减排对中国部门经济的影响，在环境能源政策分析模块中，引入了二氧化碳排放量、能源政策变量（碳税）、社会福利指标。分别分析了减排对宏观经济、部门经济的影响，对减少碳排放机理分解分析，对减排的原因及其作用的大小进行识别，在减排 10％和 30％的目标下，能源强度对减排的贡献率分别为 86％和 78％，而经济总量与结构变化的贡献率分别为 13％和 20％，碳减排的主要原因来自单位产出能源强度的降低；随着削减目标变得严格，经济总产出及其结构的变动所起的作用将增大。梁巧梅等（2007）运用递归动态 CGE 模型模拟分析在中国实施碳税政策的影响，结果显示在中国开征碳税会对能源密集产业的产出带来负面影响。Jorgenson（2008）的动态 CGE 模型考虑了中国资本市场不完善、投资分配不合理的特点，结论是在适度的碳税强度（9 美元/吨）下，中国的长期经济增长不受影响，同时获得一定的碳减排，能达到长期经济增长和环境改善的目的。鉴于中国二氧化碳排放量的快速增长和庞大基数，梁巧梅（2009）使用 CGE 模型研究了提高能源效率对中国二氧化碳减排目标的影响，结果表明通过技术进步降低单位 GDP 能耗的方式来实现中国 2030 年减排目标任务艰巨。胡宗义等（2011）基于 CGE 模型采用了不用的情景设置研究碳税返还机制对经济和减排的影响，提出税收中性原则可降低宏观经济的受损程度，但税收返还机制会对减排效果带来负面影响。郭政权等（2012）在 CGE 模型中将化石能源和清洁能源进行细化，模拟分析低碳政策对能源消费需求和二氧化碳减排的影响，结果表明减排量与碳税水平成正比，且煤炭的税率最高。樊星等（2013）构建能源 CGE 模型分析碳税对中国减排目标的影响，提出采取一系列系统的减排政策将有助于我国减排目标的实现。

邹乐乐（2017）运用动态 CGE 模型模拟碳排放税对能源密集型部门的经济影响。董慧娟（2017）运用该模型研究碳排放税对中国 30 个省（自治区、直辖市）的经济影响，研究结果表明，碳排放税率从 0 美元/吨二氧化碳当量升到 20、40、60、80、100、120 美元/吨二氧化碳当量时，2030 年中国的工业二氧化碳将从 122 亿吨分别减排到 104、93、85、79、74、70 亿吨，碳减排率将从 14.75％提高到 42.62％，但征收碳排放税将降低各省（自治区、直辖市）的经济增长速度。李昭玲（2018）运用 CGE 模型对碳排放税的研究表明，2030 年如果辽宁省最高碳排放税率达到 221 美元/吨二氧化碳当量时，碳减排量能降低 44.92％，GDP 将降低 5.54％。周银翔（2018）运用 CGE 模型研究碳排放税对运输部门、宏观经济及社会福利的影响，模拟结果显示 50 元/吨二氧化碳当量是较适合的碳排放税率，此时能源需求和碳减排对宏观经济和运输部门的负面效应最小。但不同的运输部门适合的碳排放税率不尽相同，铁路运输、城市运输、水路运输和航空运输部门较适合的碳排放税率为 50 元/吨二氧化碳当量，公路运输部门较适合的碳排放税率为 60 元/吨二氧化碳当量。

张宁等（2021）通过构建电力部门细分的 CGE 模型，模拟分析引入有偿拍卖的碳配额分配机制及实施的碳税配套措施，认为我国应在全国碳市场建设进程中适时引入配额拍卖机制及实施碳税配套措施，并在兼顾碳市场有效性及社会经济承受能力的前提下逐步提高有偿拍卖在碳配额分配中的比例。李毅等（2021）通过可计算一般均衡模型系统地分析了在不同碳税水平下碳税征收对能源—经济—环境系统的影响，认为要实现环境保护与经济发展的双赢局面，在实施碳税政策的同时应该辅以合理的经济政策。邢嘉颖（2021）利用可计算一般均衡模型和社会核算矩阵的基本理论构建了评价分析中国二氧化碳减排政策的可计算一般均衡模型，最后，通过设置五种税率水平，就二氧化碳减排政策对我国 GDP、部门产出与价格、各微观经济主体以及能源消耗和二氧化碳排放所造成的影响进行了模拟分析。汤铃等（2020）基于 2012 年社会核算矩阵，采用增加碳税模块的可计算一般均衡模型，构建了测算中国碳税政策影响的涵盖 42 个部门的动态递归 CGE 模型，以此来分析不同税率情境下碳税政策实施对我国国内生产总值、能源消费和碳减排的动态影响。结果表明：征收碳税将对我国 GDP 有一定的负面影响，碳税政策的实施有利于提高清洁能源的使用量，而且随着税率的提升，碳减排效果也就越明显。李敏（2020）通过构建云南省 CGE 模型，针对区域主要宏观经济变量对不同碳税税率政策的反应进行数值模拟，为区域低碳经济发展进程、政策制定与调整等方面提供些许模拟基础。研究表明：随着税率的提高，碳税对居民消费负面影响较大，社会福利降低幅度突出；碳税的引入使得云南省生产生活对煤炭、石油需求减少，电力能源需求增加；在征收碳税的同时降低区域居民所得税可以实现减少碳排放量、提高社会福利水平，实现碳税"双重红利"。董梅（2020）基于 2012 年中国投入产出表，构建经济—能源—碳排放 CGE 模型，分析征收碳税和能源效率提高对节能减排、宏观经济、居民福利、部门产出的影响。研究表明：碳税政策在减少碳排放的同时，对经济和社会发展会产生一定的冲击；能源效率适度提高，对征收碳税并返还能够起到"双重红利"作用，对产业结构调整有正向影响。张璞（2018）以生物质成型燃料为对象，构建了可计算一般均衡模型，模拟了三种低碳政策，分析认为我国可以将碳税与生物质能补贴结合起来施行，进一步提高生物质成型燃料的竞争力，促进能源结构的转型，在控制二氧化碳的同时维持经济的发展。

1.3.5 国内外研究述评

（1）奶牛养殖碳排放到碳足迹不同核算方法的比较

按照奶牛养殖碳排放核算方法从碳排放到碳足迹的演进，表 1-1 对不同核算方法的起源、最早采用时间、特点、局限性等进行了归纳总结。从表中可以看出，尽管不同的系统边界会影响碳足迹核算结果，但历经了 OECD 法、IPCC 法的演化，生命周期评价法能相对准确地核算碳足迹，可行性较强，是现阶段碳足迹核算的主流方法；如果投入—产出法能够解决数据滞后的问题，将促使碳足迹核算进一步演化,核算投入品的隐含碳。

表 1-1 奶牛碳排放及碳足迹核算方法的对比

方法	OECD 法	IPCC 法	LCA	I-O
起源	OECD	IPCC	产业生态学	瓦·里昂惕夫
采用时间	20 世纪 90 年代初期	20 世纪 90 年代中期	20 世纪 90 年代中后期	21 世纪初期
特点	根据动物采食能量转化为甲烷的比例估算甲烷排放量	根据 IPCC 公布的碳排放系数对奶牛养殖的胃肠道发酵、舍内外粪污等碳排放进行核算	核算奶牛的牧草生产及畜产品生产、加工、运输、消费等全过程的碳排放	利用投入产出表反映各产业碳排放的联系,通过计算里昂惕夫逆矩阵分析奶牛生产投入品各上游生产阶段直接与间接能源需求,进而通过能源碳排放因子,推算碳排放量
结果差异	仅为估算,达不到准确	准确性提高,具有区域差异性	不同系统边界影响碳排放核算结果	畜产品的碳排放排序与 IPCC 核算结果部分一致
局限	仅提供了甲烷排放量的估算方法,未有其他温室气体的核算方法	仅关注奶牛生产过程,未包含原料生产与生鲜乳运输等环节	未做到从"摇篮到坟墓"的全生命周期的奶牛碳排放核算	投入产出表数据滞后,碳排放核算具有时滞性
贡献	奶牛碳排放核算最初的方法之一,开拓了碳排放核算的新篇章	拓展了可核算的温室气体种类,使碳排放核算趋近合理	延伸了碳排放核算链条,使碳排放核算的准确性进一步提高	较完备,能够核算投入品的隐含碳

　　奶牛养殖碳排放核算应用方面:①现有对奶牛碳排放的研究主要是基于 IPCC 的碳排放系数法,研究各省奶牛养殖的碳排放情况或单个养殖场的碳排放情况,缺乏对不同规模奶牛养殖碳排放的分类研究。②IPCC 系数法是基于奶牛养殖各环节碳排放得到的总碳排放量,无法对同一养殖场中不同类型奶牛的碳排放量进行分类研究。③基于全生命周期评价法对奶牛养殖碳排放核算的研究多是按牛的大类核算,即包含奶牛和肉牛等,单独研究奶牛碳排放的数据匮乏。④基于全生命周期的畜产品碳足迹研究中区分了牛奶和牛肉的碳足迹。综上,现有研究表明,基于全生命周期的奶牛碳排放核算可以依靠畜产品的碳足迹系数。

　　(2)奶牛养殖成本收益方面

　　成本方面:①在奶牛养殖成本的各种影响因素中,饲料成本和劳动生产率为主因；养殖规模为辅因，不同规模的奶牛养殖成本有差异，规模化养殖成本高于散养。②将奶牛养殖环境成本纳入总成本的已有研究表明，对奶牛碳排放环境成本的核算主要是基于奶牛生产环节的碳排放情况，未考虑奶牛养殖全生命周期的碳排放情况，因此核算的碳排放成本低于实际成本。③对奶牛养殖散户的环境成本研究欠缺，对规模化养殖研究较多，但较少分别研究大、中、小规模各自的环境成本。

收益方面：①在奶牛养殖收益影响因素方面的研究已有较丰富的成果，政策性与技术性因素并存，规模化养殖的收益优于散养模式。②关于畜禽养殖环境补贴的研究成果并不丰富，专门针对奶牛养殖碳排放补贴的研究则更少。对补贴标准、补贴方式等要素的定量研究和实证研究比较薄弱，导致一些政策建议在实践中的可操作性不强。

（3）奶牛养殖碳减排方面

① 在奶牛养殖的碳减排技术与策略方面已有较多的研究成果，但部分研究表明这不足以实现碳减排目标。在保持市场均衡基本稳定的情况下，还应适度减少奶牛养殖量，但相关研究匮乏。②碳排放税能通过制度方式增加奶牛养殖成本，减少盈利，使养殖主体自愿减少生产。消费者对碳排放消费税的接受度不高，征收碳排放生产税可以间接转嫁给消费者，但在奶牛养殖中开征碳排放税的研究尚处空白。

（4）碳排放税模型研究方面

在碳排放税研究方面，学者多从宏观经济的角度采用CGE模型研究其减排效果，研究的领域主要包括交通运输业、能源消耗等工业方面，但在农业方面尤其是畜牧业领域的研究鲜有所见；虽然部分学者通过构建静态或动态CGE模型，提出了工业领域的碳排放税率，但对农业碳排放税率的征收标准少有提及。在学术界，尚未有学者从微观经济层面研究碳排放税对奶牛养殖业及各奶牛养殖规模碳减排效果的影响，也未提出该行业的碳排放税率标准。现有文献中，运用该模型研究碳排放税征收效果的数据主要源于投入产出表，但中国的投入产出表每五年更新一次，这使研究结论具有严重的时滞性，也无法及时为国家经济政策制定提出有效措施。

综上，国内外学者鲜有从微观经济视角研究碳排放税对奶牛养殖市场供求均衡的影响及碳减排问题。因此，本研究在前人研究基础上，将奶牛养殖划分为大、中、小规模及散户，从微观经济层面，运用成本收益理论，将碳排放税作为外生变量引入，探究碳排放税对各奶牛养殖规模的成本及收益、进入及退出市场情况、奶牛养殖市场均衡及碳减排的影响，并给出碳排放税的中长期推广建议。

1.4　研究的主要内容

本研究基于对黑龙江省奶牛养殖碳排放现状与影响因素的分析，论述了征收奶牛养殖碳排放税的必要性与可行性，结合国外征收碳排放税的经验，设计黑龙江省奶牛养殖碳排放税制度，基于调研数据和统计数据分别构建模型，多角度研究碳排放税下黑龙江省奶牛养殖的碳减排效果，并运用灰色理论对征收碳排放税下的奶牛养殖碳排放量开展预测。基于研究结论提出黑龙江省奶牛养殖碳排放税的实施建议及推广措施。为解决奶牛养殖业碳排放量增加、奶牛养殖碳减排与生鲜乳供给稳定、奶牛养殖环境保护及奶牛碳减排政策制定、推动市场激励型环境规制工具与命令控制型环境规制工具结合以促进碳减排等问题提供理论依据、方法支撑和方案借鉴。具体研究内容如下：

（1）黑龙江省奶牛养殖碳排放的现状

基于碳足迹理论核算黑龙江省奶牛养殖的碳排放，在确定奶牛养殖碳排放来源的基础上，基于碳足迹理论，运用全生命周期方法，核算黑龙江省奶牛养殖的前端、中端和后端的碳排放情况及各规模奶牛养殖的碳排放情况。分析不同规模奶牛养殖碳排放的结构特征、强度特征及演变趋势等。

（2）黑龙江省奶牛养殖碳减排的影响因素

通过对现有奶牛养殖业碳减排问题的梳理，遴选出会导致奶牛养殖业碳排放发生变化的政策因素、技术因素、资金与市场因素及人为因素，构建模糊DEMATEL－ISM模型识别出影响奶牛养殖碳排放的主要因素，并从健全约束机制，落实激励机制，统筹其他因素几方面提出优化策略。

（3）黑龙江省征收奶牛养殖碳排放税的现实基础

现阶段各级奶牛养殖主体主要通过采取各种碳减排技术控制奶牛养殖的碳排放。通过对现有控制奶牛养殖碳排放措施的梳理，从保护环境，实现碳减排承诺，转变经济发展方式及适应环境费改税政策几方面提出征收碳排放税的必要性。从碳排放税征收的技术、政策及时机等方面阐述了黑龙江省征收碳排放税的外部可行性，从主产区地位和经济效益方面分析黑龙江省适合开征奶牛养殖碳排放税的内部可行性。虽然奶牛养殖碳排放税的征收具有必要性和可行性，但是它也受到一定因素的制约，主要包括对经济发展造成的负面影响，增加政府的管理成本，温室气体总量控制力度有限等。

（4）碳排放税的国际经验借鉴

研究在阐述国际碳排放税制度发展历程的基础上，借鉴瑞典、芬兰、澳大利亚和日本等已经开征碳排放税国家的实践经验，从碳排放税的归属、碳排放税设计的目标与原则、碳排放税率的设置、开征时机及配套措施等方面探讨国外征收碳排放税对我国的启示。

（5）黑龙江省奶牛养殖碳排放税制度设计

黑龙江省奶牛养殖碳排放税制度设计主要包括奶牛养殖碳排放税的设计与配套措施两部分。其中奶牛养殖碳排放税制度的设计主要包括碳排放税设置的目标、原则、模式与具体措施。碳排放税的配套措施主要包括碳排放税的补偿措施、监督管理及宣传措施等。

（6）黑龙江省奶牛养殖碳排放税的减排效果——基于调研数据的研究

基于长期考虑奶牛养殖的总成本与短期只考虑奶牛养殖的运营成本两种方案，通过由低到高设置阶梯碳排放税率，运用边际分析方法，探讨各种碳排放税率设置对黑龙江省散养、小规模、中规模和大规模奶牛养殖成本的影响。在刻画碳排放税对生鲜乳市场均衡影响的基础上，运用各规模奶牛养殖的市场退出率及碳足迹探究各碳排放税率对黑龙江省奶牛养殖碳减排的数量影响和经济影响。

（7）黑龙江省奶牛养殖碳排放税的减排效果——基于统计数据的研究

在碳排放税及税收返还的不同情景下分别构建计量经济模型。设置阶梯碳排放税率与税收返还方案，在仅征收碳排放税，征收碳排放税并给予税收返还的组合各情景下，探究黑龙江省与其他奶牛养殖主产区的碳减排情况，并分析奶牛养殖碳排放量与原料乳产量之间的脱钩关系。

（8）黑龙江省奶牛养殖业的碳排放趋势预测

运用灰色系统理论构建黑龙江省奶牛养殖碳排放及其他主产区碳排放的预测模型。结合前文对碳排放税及税收返还的设置，对到 2030 年黑龙江省及其他主产区奶牛养殖碳排放的情况开展预测，并根据我国碳减排的总体目标衡量奶牛养殖业碳减排指标的完成度。

（9）黑龙江省奶牛养殖碳排放税的实施及推广建议

从合理设置碳排放税率并进行税收配套，循序渐进地实施碳排放税，协调碳排放税与其他税种的关系，实行碳排放税的优惠政策，健全服务型税务体系等方面提出黑龙江省奶牛养殖业实施碳排放税的建议。从区域推广和行业推广两个维度分别提出黑龙江省奶牛养殖业碳排放税的推广措施。

1.5 研究方法与技术路线

1.5.1 研究方法

本研究综合采用畜牧学、经济学与生态学的原理，采用多种研究方法对黑龙江省奶牛养殖的碳排放税进行设计，并实证研究碳排放税对奶牛养殖的碳减排效果的影响。研究方法主要包括成本收益分析法、边际分析法、灰色理论预测、农村调查法、碳足迹法及对比分析法等。

（1）经济学分析方法与系统论方法相结合

本研究综合采用经济学中的成本收益分析法、边际分析法及弹性理论，系统论中的灰色理论、系统结构建模方法开展研究。

成本收益分析法是通过比较项目的全部成本和收益来评估项目价值的一种方法，是一种经济决策方法。研究将碳排放税及税收返还作为外生变量引入奶牛养殖的成本收益模型中，探究各种碳税与税收返还情景下，碳减排的数量效果与经济效果。

边际分析法是研究一种可变因素的数量变动会对其他可变因素的变动产生影响程度的方法。本研究主要运用该方法，在长期考虑奶牛养殖的总成本，短期只考虑奶牛养殖的运营成本两种方案下，分别构建各规模奶牛养殖的成本函数，研究各碳排放税对各规模奶牛养殖边际成本的影响。

脱钩理论是经济合作与发展组织提出的形容阻断经济增长与资源消耗或环境污染之间联系的基本理论。碳排放脱钩是经济增长与温室气体排放之间关系不断弱化乃至消失的理想化过程，即实现经济增长基础上，逐渐降低能源消费量。碳排放的经济增长弹性就是碳排放脱钩情况，因此弹性成为衡量各地区低碳状况的主要工具。本书运用脱钩理论，研究征收碳税及给予税收返还的各种方案下，奶牛养殖的碳排放量与原料乳产量之间的脱钩关系。

灰色预测模型是通过少量的、不完全的信息，建立数学模型做出预测的一种预测方法。即基于客观事物的过去和现在的发展规律，借助于科学的方法对未来的发展趋势和状况进行描述和分析，并形成科学的假设和判断。研究基于灰色预测理论，运用 GM（1，1）模型，根据碳排放税及税收返还的设置，预测到 2030 年黑龙江省及其他奶牛养殖主产区的碳排放情况。

系统结构建模方法通过系统中各因素之间的因果关联，构造综合关系影响矩阵，计算各因素的中心度和因果度，分析各因素是原因因素还是结果因素。DEMATEL 和 ISM 属于系统结构建模方法，两者均使用矩阵进行分析系统中任何两个因素之间的关系。一方面，模糊 DEMATEL 模型通过综合影响矩阵对难以量化的因素进行评估，从而获取更多影响因素间的隐性信息，如因素间的影响关系、影响权重等。另一方面，ISM 的可达性矩阵的计算结果可用于构建系统结构图。目前，集成的 DEMATEL - ISM 已广泛应用于企业管理等相关领域，解决因果关系分析中经济、社会和技术因素影响复杂系统的问题。因此，本书将两种方法结合起来分析奶牛养殖碳减排的影响因素。

（2）农村调查法

农村调查法是农村研究的基本方法。鉴于现有统计资料主要是区域奶牛养殖相关成本收益指标的均数，缺乏详细的奶牛养殖主体从事养殖活动的相关经济指标数据。为探究不同奶牛养殖规模中，不同层次养殖主体在征收碳排放税情形下的成本收益、市场均衡及碳减排情况，本研究将基于现有统计资料，在黑龙江省奶牛养殖区域中选取样本区域开展调查，具体方式包括问卷调研、访谈及座谈会等。

（3）碳足迹法

碳足迹指的是由企业机构、活动、产品或个人引起的碳排放的集合。本研究采用碳足迹法中的生命周期评价法，从全生命周期的视角，依据已有研究的畜产品碳足迹系数核算奶牛养殖从"摇篮"到"坟墓"的碳排放情况。该方法区别于部分生命周期评价只关注奶牛养殖环节的碳排放情况，同时考虑了奶牛养殖的前端和后端的碳排放。

（4）对比分析法

研究从横向和纵向两方面对黑龙江省奶牛养殖的成本收益及利润情况进行对比分析。横向方面，对比黑龙江省的散户、小规模、中规模和大规模奶牛养殖的存栏量、养殖成本及碳排放量等情况，对比黑龙江省、内蒙古的奶牛养殖成本及收益情况与全国平均水平的差异。纵向方面，选取近十年黑龙江省各规模奶牛养殖的数据，分析其成本、收益、利润及碳排放量的差异性和发展趋势。

在测算奶牛养殖的碳排放情况时，不同碳税与税收返还情景下的碳减排效果及预测部分也采用了对比分析法。从时间维度刻画黑龙江省奶牛养殖碳排放的特征与趋势，从空间维度横向对比黑龙江省与其他奶牛养殖主产区碳减排的异质性及至 2030 年的碳排放指标完成度。

1.5.2 技术路线

本研究按照"提出问题—分析问题—解决问题—结论应用"的逻辑链，并在每一个层面，对问题逐步分解、层层推进研究黑龙江省奶牛养殖碳排放税制度的方案设计及碳减排效果（图 1-5）。研究的技术路线具体为：①提出问题环节。根据国内外对温室效应的关注，从碳减排压力，碳达峰与碳中和承诺，发达国家拟对发展中国家征收碳关税等方面提出研究奶牛养殖业碳排放税制度的背景。②分析问题环节。首先，基于对黑龙江省奶牛养殖碳排放的现状及影响因素的分析，探究黑龙江省奶牛养殖业征收碳排放税的必要性与可行性；其次，借鉴国外征收碳排放税的实践经验，对黑龙江省奶牛养殖碳排放税制度进行设计，并提出研究框架；再次，基于统计数据与调研数据分别研究不同碳排放税率及税收返还情景下，黑龙江省奶牛养殖碳减排的效果，并开展与其他奶牛养殖主产区的对比研究；最后，运用灰色理论，根据碳排放税率及税收返还设置，对黑龙江省及其他奶牛养殖主产区的碳排放情况开展预测。③解决问题

黑龙江省奶牛养殖碳排放税制度：方案设计和减排效果

提出问题
背景 → 碳减排压力增大 → 碳达峰和碳中和 → 有助于碳减排 → 碳关税 → 奶牛养殖业受影响

碳足迹理论

奶牛养殖碳排放现状 → 碳源 → 碳排放总量 → 碳排放分析

碳减排影响因素研究
- 影响因素 → 政策因素 → 技术因素 → 资金与市场 → 人为因素
- 优化策略 → 健全约束机制 → 落实约束机制 → 统筹其他因素

必要性与可行性
- 必要性 → 环境保护 → 碳减排承诺 → 转变经济发展方式 → 环境费改税
- 可行性
  - 外部可行性 → 技术操作易行 → 政策条件有利 → 时机成熟
  - 内部可行性 → 主产区地位 → 成本 → 存栏与产量
  - 经济可行性 → 成本收益现状 → 与其他主产区的对比

分析问题

国际经验借鉴 → 瑞典 → 芬兰 → 丹麦 → 挪威 → 澳大利亚 → 日本

奶牛养殖碳税制度设计
- 碳税设计 → 目标 → 原则 → 模式 → 措施
- 配套措施 → 补偿措施 → 宣传措施 → 配套措施

成本论

碳税率

碳税对奶牛养殖成本的影响 → 资本成本 / 运营成本

奶牛养殖碳税的减排效果
- 基于调研数据 → 减排总量 / 各规模减排量 / 经济效果 → 市场均衡 → 进入率 / 退出率 → 5组碳税方案对比
  - 市场理论 / 边际分析
- 基于统计数据 → 模型构建 → 黑龙江省碳减排效果分析 → 与其他主产区对比
  - 不同税收与返还情景

灰色理论

碳排放趋势预测 → 黑龙江省结果分析 → 与其他主产区对比

解决问题

奶牛养殖碳税实施及推广
- 实施 → 渐进推行 → 协调税种 → 优惠政策 → 碳排放权交易
- 推广 → 区域推广 → 行业推广

结论

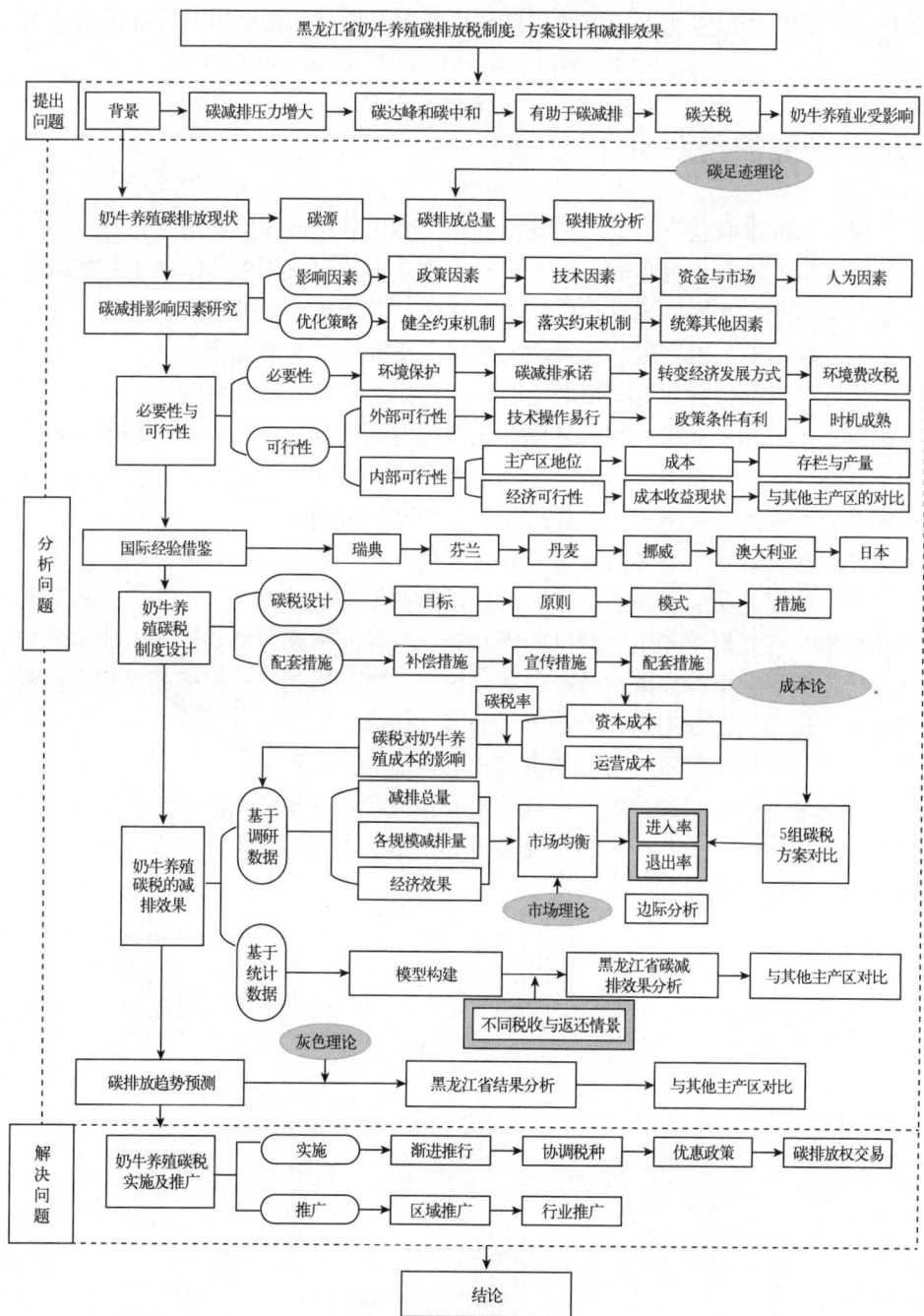

图 1-5 研究的技术路线

环节。基于研究结论，提出黑龙江省征收奶牛养殖碳排放税的实施措施。④结论应用环节。提出将奶牛养殖的碳排放税制度推广到其他区域和行业的对策与建议。

1.6　研究的创新点

（1）从成本收益视角提出黑龙江省奶牛养殖碳排放税的经济可行性

研究从成本收益视角对比黑龙江省、内蒙古各规模奶牛养殖的千克奶成本收益与全国平均水平的差异，探究黑龙江省征收碳排放税的经济可行性。

（2）提出奶牛养殖碳排放税率的配置方案并开展实证检验

借鉴已开征碳排放税国家的经验，提出奶牛养殖碳排放税制度，主要包括碳排放税的目标、征税原则、具体措施及配套措施等。以黑龙江省奶牛养殖业为例，结合奶牛养殖的具体情况，从低到高设置阶梯碳排放税率，通过实证分析探讨各种碳排放税率对奶牛养殖碳减排效果的影响。

（3）在复合情景下多角度研究碳排放税对奶牛养殖碳减排的影响

本书构建计量经济模型，综合运用调研数据与统计数据，多角度剖析碳排放税对黑龙江省奶牛养殖碳减排的影响。在长期与短期两种奶牛养殖成本方案下，.运用调研数据探究碳排放税的减排效果。在不同碳排放税率的设置及税收返还下，运用统计数据探究碳排放税的减排效果。

（4）提出奶牛养殖规模与抵御碳排放税能力的关系

在长期与短期两种方案下分别分析碳排放税对各规模奶牛养殖成本及利润的影响，探讨碳排放税导致各规模奶牛养殖退出市场的比率，并探究奶牛养殖规模与抵御碳排放税能力的关系。

2 概念界定与相关理论

为系统论述奶牛养殖业碳排放税的制度设计和效果，本章将厘清本书涉及的相关概念，主要包括碳排放、市场激励型环境规制、碳排放税、碳减排补贴及奶牛养殖规模等，并论述本书主要运用的理论，包括低碳经济理论、成本与收益理论、市场理论、税收理论、外部性理论和双重红利理论。

2.1 概念界定

2.1.1 碳排放

碳排放是关于温室气体排放的一个总称或简称。温室气体排放是人类活动产生或者自然形成的温室气体（如水汽、氟利昂、二氧化碳、一氧化二氮、甲烷、臭氧、氢氟碳化物、全氟碳化物、六氟化硫等）的排放。碳排放量是指在生产、运输、使用及回收该产品时所产生的平均温室气体排放量。

奶牛养殖的碳排放是指奶牛养殖各个环节涉及的温室气体排放，排放的主要气体有甲烷、二氧化碳及一氧化二氮等。

2.1.2 市场激励型环境规制手段

2.1.2.1 内涵

环境规制手段可以分为命令控制型环境规制、市场激励型环境规制、自愿性环境规制和隐性环境规制。不同类型环境规制的目的都是发展绿色经济，约束个体或组织的排污行为，各规制手段之间彼此协调，共同构成污染防治攻坚战的中坚力量。从环境规制主体、效率和成本角度，自愿性和隐性环境规制一般不具有强制性约束力，多指个人与企业的自发减排行为及意识。根据我国碳排放情况及现有技术水平，完成碳减排目标仍离不开政府的宏观调控，因此，命令控制型与市场激励型环境规制将长期发挥作用。

命令控制型环境规制是通过立法或行政部门制定的、旨在直接影响排污者作出利于环保选择的法律制度。该方法能高效改善环境质量问题，目前在世界各国中应用广泛，我国颁布的《中华人民共和国环境保护法》就属于该类措施。但该方式的政府执行成本较高，过于刚性，污染企业几乎没有选择权，一定程度上抑制了企业的积极性和生产效率。

市场激励型环境规制是政府利用市场机制设计的，借助市场信号引导企业的排污行为，以激励的方式使排污者降低排污水平。该方式不仅为经济主体提供选择和采取行动的空间，而且相比之下手段较为柔和，可以提高经济主体技术创新的积极性。目前我国已实施的市场激励型环境规制工具包括排污许可证交易、部分行业的污染税收与专项补贴、税收优惠和污染治理补贴等。

2.1.2.2 市场激励型环境规制的类别与特征

习近平总书记在 2017 年党的十九次全国代表大会上进一步强调绿色发展是绿色和发展一体两面的结合。在现实经济中，由于微观经济主体追求利益最大化及环境的公共品属性，导致市场自发调节很难解决绿色与发展问题，以市场为依托的环境规制手段能兼顾行政干预与市场自发调节，发挥激励作用，协调经济发展与环境保护问题，具体分为价格配给、额度配给和责任规制三大类。价格配给主要通过对生产者的生产活动或产品设置税费或补贴增加生产者逃避环保责任的成本；额度配给是指在法律法规基础上建立一个环保配额交易许可证市场，发挥许可证的市场交易功能，让不同污染成本的生产者自主选择绿色生产策略；责任规制是利用违约金、保证金和押金返还等手段，将生产者排放的污染限定在社会可接受准则之内，否则生产者将遭受经济损失。

市场激励型环境规制运用经济激励的市场调控手段，通过促进绿色技术创新、调整产业结构等方式，以较低的环境成本促进产业经济发展。低成本和激励技术进步是其两个显著特征。一方面，与命令控制型环境规制手段相比，市场激励型环境规制通过经济手段降低政府的碳减排成本并达到减排目的。另一方面，命令控制型规制方式下，碳排放主体仅减排到政府要求的数量，未有更新技术的动力；市场激励型环境规制下，碳排放主体减排越多，成本越低，收益越高，促进碳减排技术创新并主动减排。虽然市场激励型环境规制灵活性优于命令控制型，低成本和激励技术进步的特点也更适应当前产业升级的需求，但在实际情况下，生产者对市场激励型环境规制的激励如何做出反应，影响绿色经济增长效应。

2.1.2.3 市场激励型环境规制的作用机理

（1）价格配给

价格配给包括税费和补贴两种形式。排污税费将环境资源价格纳入产品价格，增加环保成本，成本低的生产者具有较高的减排动力。为了降低税费，生产者愿意创新绿色生产技术，升级控制污染的技术。补贴则为低碳生产者提供经济激励，促进低碳技术升级，减少碳排放并保证产业发展。税费与补贴手段共用，可以缩小各生产者的边际减排成本差异。

根据经济学理论，碳税与补贴政策通过影响生产成本达到碳减排效果。以接近完全竞争市场的农产品市场为例说明其作用机理，在该市场中，买卖双方都是价格的接受者，产品价格由市场的供求关系决定。厂商供给曲线为 s，市场供给曲线为 S，S 是市场内所有厂商的供给曲线水平加总。市场和厂商受政策影响而发生变化（图 2-1）。在不征收碳税时，市场需求曲线（D）和供给曲线（S）的交点为 Z_0，对应的市场均衡总产量为 Q_0，均衡价格为 P_0，此时厂商会根据 P_0 调整自身生产决策。根据利润最大化的条件，厂商的均衡点为 z_0，即产量为 q_0。征收碳税会增加厂商边际成本，使供给减少，s 移动至 s'，此时市场供给曲线为 S'，均衡价格为 P_1，厂商会调整决策将产量从 q_0 调至 q'。若发放补贴会相应使厂商边际成本降低，供给增加，s 移动至 s''，市场供给曲线为 S''，均衡价格为 P_2，此时厂商单产从 q_0 增加至 q''。因此，碳税政策可以促使厂商减产减排，补贴政策会刺激厂商生产的积极性，扩大规模，在具体的政策制定中，政府可以根据减排目标将二者复合使用。

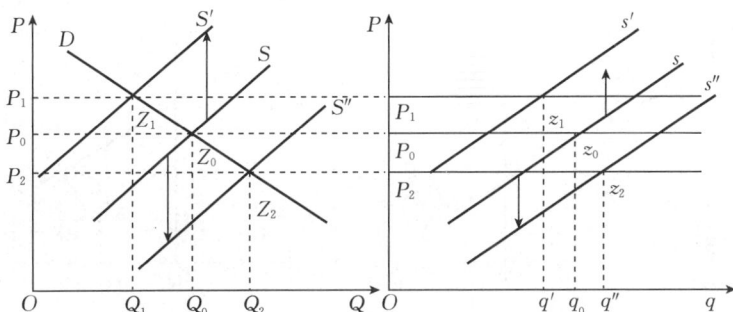

图 2-1　税收与补贴政策对市场与厂商的作用机理

（2）额度配给

污染许可证交易是额度配给的主要形式，属于间接的激励机制。它通过给相关生产者分配定额，创建交易市场，生产者用完自己的排放额度，可选择停止生产或者向有剩余额度的生产者购买排放额度。理想状态下，适当的市场价格能够利用生产者减污成本的差异实现调控作用，使生产者恰好达到合意的产量，为生产者提供通过创新、减产等手段出售排放额度的获利途径。额度配给交易制度有利于促进绿色低碳生产，在控制排放总量的情况下，维持生产并减小限额对经济增长的负面影响。

污染许可证是一种减少生产者排污直至更符合社会效率的方法。其目标是使污染许可证的价格尽可能接近减污边际成本。分四种情况讨论许可证价格的变化，其中，P_1 代表初始价格，P_2 代表调整后价格。当企业产生污染的需求增加，排放许可量减少时，可交易许可证的价格从 P_1 上升到 P_2，如图 2-2（a）所示。当企业产生污染的需求减少，排放许可量不变时，可交易许可证的价格从 P_1 下降到 P_2，如图 2-2（b）所示。当企业产生污染的需求减少，排放许可量减少时，可交易许可证的价格可能不变，如图 2-2 （c）所示。当企业产生污染的需求增加，排放许可量不变时，可交易许可证的价格从 P_1 上升到 P_2，如图 2-2 （d）所示。可见，许可证的价格与排放许可量及排污需求相关。

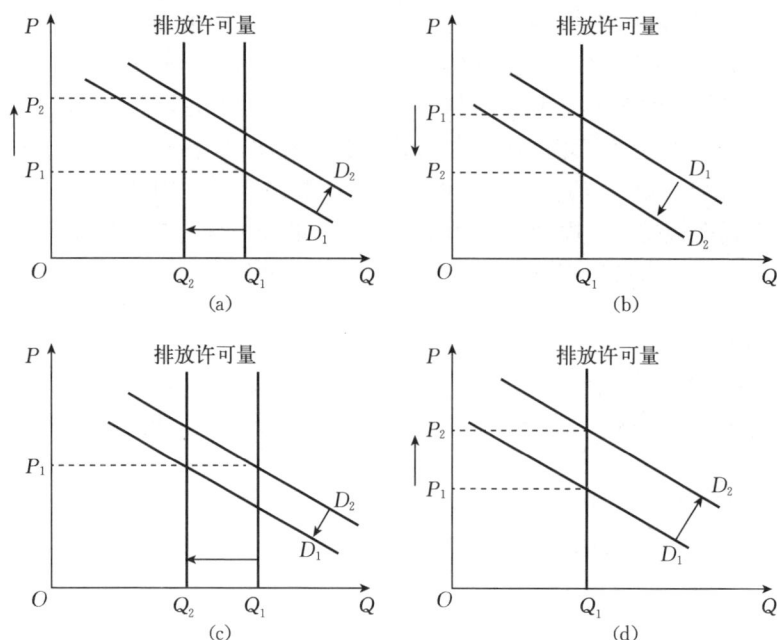

图 2-2 污染许可证交易的作用机理

（3）责任规制

责任规制将难以获取的污染信息和减排举证责任统一归于生产者，要求其主动提供环境保护信息。具有强制性的排放税费政策能够明显降低污染水平，但不易在信息不对称下量化污染水平。责任规制则利用信息公开解决该问题，包括排污费—返还、押金—返还等方式。依据污染总水平为生产者设定一个社会可接受的准则，生产者污染水平超过该水平时，将受到违约金和超额污染费的惩罚；或是针对可能会污染环境的企业征收押金或排污费，监测一定时期后，如果环境污染程度达标则退还押金或排污费，以此激励生产者减少污染排放，解决缺乏承诺约束的问题。

2.1.2.4 命令控制型环境规制与市场激励型环境规制的对比

由于畜牧业与气候变化息息相关，提高农业生态系统应对气候变化的能力，维持生态系统碳循环的平衡运转，实现生物圈的碳平衡，是发展低碳畜牧经济的关键。减缓碳排放，达到动态平衡的碳中和，提高畜牧业经济效益是低碳畜牧业的根本目标所在。从经济效率上，市场激励型环境规制优于命令控制型环境规制。其具体表现在：

一是在命令控制型环境规制下，生产者用于控制污染的成本远远大于降低产量的成本，大多数企业通过减少产量来降低成本，根据供求原理，此时产品价格将会提高。而市场激励型环境规制则主要是运用经济手段来进行环境规制，旨在把环境成本包含在企业的商品和服务的价格之内。根据价值规律，利用价格、税收、补贴等经济杠杆来调整环境保护政策，使得控制污染的成本降到较低水平，通过提高生产效率来获得更高的利润。

二是不同发展水平的企业在命令控制型环境规制下要执行相同的标准，企业即使采用低碳技术，也不能获得直接的经济效益，不利于企业进行技术创新。而市场激励型环境规制并不规定相应的污染控制标准和技术，它是借用市场机制、市场信号作用来激励企业在追求利润最大化的过程中选择对控制环境污染最有利的决策。

三是命令控制型环境规制在控制环境污染方面见效快、可靠性强，但同时具有高成本、低激励的弊端。为解决这些问题，1972年，OECD颁布"污染者付费原则"，以市场为基础的环境规制受到世界各国广泛重视，从长期经济效率角度来看，市场激励型环境规制更能促进环境、经济与社会的协调发展、长远发展。

虽然各种市场激励型环境规制工具的目标都是促进碳减排，但在推动低碳畜牧业发展方面的作用具有差异性。在排污权交易中，当市场达到均衡时，排放额度的价格恰好使得生产者达到合意的产量，促使生产者通过技术创新或减产等方式，将空余的碳排放额度销售给其他主体，实现获利，达到控制碳排放总量和刺激经济增长的目的；在税收手段中，政府通过对致污生产者征税，约束其污染环境的行为，降低畜牧业碳排放的总体水平，但税收同样可能抑制畜牧业经济增长，因此，需要引入低碳补贴政策。政府对符合低碳标准的畜牧业生产者发放补贴，刺激其努力推动生产及技术创新，实现经济发展与环境治理的平衡。因此，市场激励型环境规制在缓解低碳畜牧业发展矛盾过程中能够有效实现"既要绿水青山，又要金山银山"。

2.1.3 碳排放税

2.1.3.1 碳排放税的内涵

"碳排放税"诞生于《福利经济学》一书，最早由英国经济学家阿瑟·庇古（Arthur Pigou）提出，也可简称为碳税。学术界将碳税一般定义为二氧化碳税，是以控制和减少二氧化碳排放量为目的，对石油、煤炭和天然气等化石燃料，根据其含碳量或燃烧时排放的二氧化碳量征收的一种税。

碳税的内涵与碳税制度设立的目的紧密相关。碳税之所以为学者及政府所推崇，是因为其能有效减少温室气体排放，起到保护环境的作用。实际上，碳税制度的产生和推行源于保护环境和节约能源的双重压力：

一方面，对环境问题的担忧催生了碳税制度。政府和公众逐渐意识到全球气候变暖已成事实，而过去一百余年的工业发展已极大地影响到我们的生态环境。在过去五十余年中，绝大部分温室效应是由人类活动所引起，并且由此导致冰川融化、海平面上升、生态系统失衡以及干旱加剧。持续上升的全球气温同样会带来频繁的气候灾难，引起诸如沿海低地下沉、飓风等现象。另一方面，决策者们也希望借由碳税制度，鼓励资源节约和带动清洁能源改革，从而实现经济增长。在现有全球石油资源分配体系下，出口国与进口国都面临着巨大的政治和经济压力。

以上两方面共同作用，促使决策者们探究更为科学的解决路径。碳税，作为一种市场化环境规制手段，通过对煤炭、天然气及石油生产和使用征税，向市场释放一种价格信号，以达到减少二氧化碳排放、促进资源节约及发展清洁能源的目的。

2.1.3.2 碳排放税的外延

碳排放税的外延，即指碳排放税的范畴。以化石燃料含量或碳排放量为依据进行课税的税种，在名称上有可能不叫碳排放税，但具有与碳排放税相同或类似的控制和减少二氧化碳排放量的性质。因此，碳排放税的外延应从广义和狭义两方面来理解。现有研究认为广义上的碳排放税主要包括以下几种：

一是碳关税。碳关税也被称为"碳边境税"，中心观点是指考虑到进口产品与本国产品在碳含量上的不同，采取一定方法进行价格调整，来缩小两者价格差的一种关税。李平等将碳关税定义为针对进口的高耗能产品所特别征收的 CO_2 排放税。这是当前学术界较多采用的碳关税的定义，但也有其他学者提出了不同观点，认为碳关税是与碳有关的边境调节税。黄卓将碳关税称作碳边境调节税，其内涵是指出于保护本国低碳产品竞争不处于劣势，而针对那些没有在国内征收碳税的商品出口国或者隐性的对出口商品进行能源补贴的国家的商品遵照其 CO_2 排放量所征收的进口关税。

二是碳税。Poterba 认为碳税是针对化石燃料燃烧导致碳排放所征收的税。三种主要的化石燃料是指煤炭、石油和燃气，其中煤炭产生的 CO_2 量最高，其次是石油和燃气。碳税是一种特别的税收，并不是一成不变的，其目的是使得碳排放的外部成本内部化，所以它的税率应该随着化石燃料价格的调整而调整。李齐云等认为碳税是出于环境保护目的并基于每种燃料含碳量来确定税率而征收的一种税。宋俊荣认为碳税是以化石燃料燃烧所产生的 CO_2 排放量为开征依据，按不同碳含量进行折算后计税的一类税种。

三是航空碳税。2008 年欧盟宣布一项法案决定把国际航空领域归入欧盟碳排放交易体系，并于 2012 年 1 月 1 日起开始实施，这一交易体系规定，所有经由欧盟机场的飞机都要向欧盟交纳碳排放税，这就是航空碳税。

四是航海碳税。据统计，因为船舶运载能力远远大于陆运和空运，全世界约 90% 的货物都靠航海运输，所以海运业也是温室气体排放的重要来源之一。在此背景下，欧盟于 2008 年首次提出征收航空碳税但遭到全球多个国家强烈反对，迫于压力，推迟了航空碳税的实施计划，进而提出航海碳税计划。

本研究中的碳排放税是针对与碳排放相关的能源（包括煤炭、石油及天然气等）燃烧征收的费用。它以环境保护为目的，是一种有效减少化石能源使用的政策。碳排放税是真正能够让制造碳排放的污染者付费的方式之一。它能够成为一种负向的货币激励机制，使付费者通过采用清洁能源生产并提高能源使用效率，以达到碳减排的目的。

2.1.3.3　碳排放税的分类

结合全球已开征或即将开征的碳排放税，可将碳排放税按不同标准做以下分类：

第一，按照计税依据的不同，碳税可被分为直接计征碳税和 BTU（British Thermal Unit，英国热量单位）碳税。直接计征碳税的特征是将二氧化碳的排放量作为计税依据，由于现实生活中难以直接准确测算二氧化碳排放量，所以通常用化石燃料中的含碳量来估算出碳排放量，只需知道化石燃料的消耗量就可以推算出二氧化碳排放量。BTU 碳税则将计税依据规定为化石燃料消耗时所释放的热量。

第二，按照税收管辖权行使范围的不同，可将碳税分为国内税、国际税以及协调国家税。国内税只在一个主权国家或地区内部实行；国际税是指在国际税收体系内，各主权国家按统一的税制标准征收碳税；协调国家税即各国可以自行决定具体税制，但需在一个相对统一的国际税收框架中。

第三，按照实施目的不同，可将碳税分为环保型碳税和财政型碳税。环保型碳税通过鼓励温室气体减排，提高环境质量，并进一步开发清洁型能源、可再生能源，推动经济与环境的良性循环发展。财政型碳税则以筹集财政资金为归宿，通过征收碳税形成一笔较为稳定的财政收入，进而扩大国有财政规模。

第四，按照收税标准不同，碳税有统一碳税和差别碳税两类。统一碳税是指实施国采用统一的税率，对不同地区和行业的纳税人不加以区分；而差别碳税是指针对地区和行业间的实际差异，采用不同税率。从效率的角度，统一碳税征收效率更高；但从公平的角度，差别碳税兼顾到不同经济发展水平的个体，更能体现税收政策的公平性。

2.1.3.4 碳排放税与碳排放权交易、排污费及其他税的比较

（1）碳排放税与碳排放权交易的比较

碳排放权交易，简称碳交易，是指国家为了控制温室气体排放总量、以政府强制制定的一定时期内碳排放总量目标为依据，行政主体将排放额度转化成一定数量的排放权，以某种特定方式分配给排放二氧化碳的经济主体，且这种排放权是可以进行交易的。企业在考虑减排成本与碳交易成本后，可根据自身情况，选择在市场上购进不足的排放许可或出售剩余的排放许可，从而在达到减排目标的前提下实现成本最小化。自《京都议定书》签订后，适用于不同国家或区域的碳排放权交易机制也相继问世。

作为目前在减少碳排放上运用最广泛的两种手段，碳税和碳排放权交易都能对气候变化和节能减排产生极大的作用，但具体分析，两者在作用机理、实施效果等方面都存在差异：

第一，作用机理不同。碳税通过价格信号引导市场主体减排，由政府确定碳排放价格，具有确定性和可预见性，而由市场确定的碳排放总量会经常处于变动状态。碳排放权交易则是由政府确定碳排放总量，由市场各方博弈产生碳排放的市场价格，可能会由于决定价格的各种因素影响而产生较大波动。

第二，环保效果不同。碳税只是通过征税对纳税主体行为进行引导，无法对碳排放总量明确控制，因此无法确切保证减排环保效果。碳排放权交易的前提是政府规定了温室气体减排主体生产、交易活动中能排放的二氧化碳总量，此外，更直接规定了各义务主体的初始配额，这就确实保证了温室气体减排目标的实现，所以在环境保护效果的确定性上，碳排放权交易略胜一筹。

第三，实施成本不同。在大部分国家现有税制条件下，征收碳税只需增加极少的管理成本，简单易行，因为实行碳税政策，只需在现有的税收体系中增加一个税种或在原有的资源税或环境税中增加一个税目，并不改变征管体系。相对而言，碳排放交易体系的建立要更为复杂烦琐。首先，需要依据推测出的二氧化碳排放临界值，确定一定时间内的碳排放量；其次，要建立科学透明的分配机制，即如何确定碳排放权在各减排主体之间的合理分配；最后，完善的交易平台、高效的支付清算制度及全面的监控体系都是必不可少的。尽管近年来我国陆续开展了一些碳交易活动，并在北京、上海等地建立了碳交易所，但碳交易仍处于起步阶段，仅有极少数量的自愿碳交易，碳交易市场仍需培育。相较而言，碳税更易实施，行政成本更低。

在如何达到温室气体减排目标的问题上，国际社会和国内外专家学者对到底是使用碳税还是碳排放权交易一直有着激烈的讨论。相对于单独运用碳税或单方面建立碳排放权交易体系，越来越多的学者指出这两者是并行不悖的。碳税制度和碳交易制度具有替代性且可以相互补充，一些国家也在实践这种共存

模式。例如，可以根据企业的碳减排潜力采用不同的碳减排制度。碳减排可能性小的企业采用碳交易制度，碳减排可能性大的企业采用碳税制度。前者可以将个人纳入碳交易市场中，扩大碳排放主体的范围，使全社会都承担减少碳排放的义务，提高碳交易市场的活跃度；后者可以更好地发挥碳税的激励作用。也有学者认为，碳税制度和碳交易制度不存在交互强化的关系，只实行其中之一即可。在实际的制度设计中可以赋予碳减排主体更多的自主选择权，让碳税和碳排放交易可以相互转化，被纳入配额管理范围的企业可以将碳排放权交易费用按照相应的比例转换成碳税，碳税也可以按照相应的比例转换成碳排放权交易费用，这有利于提高碳税制度的可接受度。

作为不同作用机理的两种环境规制手段，我们更应总结两者适用范围，充分发挥两者长处，形成有益补充，为碳市场的合理价格水平提供参照基准，然后再协调发展两种减排方式，推动经济转型和能源结构调整。

（2）碳排放税与排污费的比较

排污费是指环保部门对向环境排放污染物或者超过国家或地方排放标准排放污染物的排污者，按照所排放的污染物的种类、数量和浓度，依据法定的征收标准，征收的一定数额的费用。对污染者征收排污费，在一定程度上制约了排污者的污染行为，也能较快速地筹集当地治污资金，是环境治理初级阶段最为有效的行政手段之一。排污费一般涉及水污染、大气污染、固体废弃物污染、噪声污染等几个部分。对大气污染所征收的排污费与碳税作用有所交叉，都能对温室气体减排起到促进作用，两者也都是财政收入的组成部分，但同时存在一定的区别。

第一，强制性的比较。排污费是由环保部门征收的行政费用，是不具有法律效应的收费，其特征为适度强制性；而碳税是税收的一种，由税务部门依据税法强制征收，在执行力度上，碳税征收的强制力更强，能有效避免收费的拖欠、拒缴等问题。

第二，固定性的比较。排污费制度的具体规定通常由地方政府制定，各地结合当地实际情况制定收费细则，有一定的灵活性；而碳税制度以法律形式确定，在全国统一且不可随意变更，有极强的固定性。

第三，便捷度的比较。收取排污费的成本低，相对来说，制定行政规章政策程序简单、运行快速；而碳税征收成本相对略高，由国家立法决定并经过一系列程序后才能颁布实施。因此，排污费相对更具便捷度。

排污费与包括碳税在内的环境税各有优劣，不同国家、地区依据当地实际对两者的使用各有侧重，但将排污费改为环境税在很多国家都被证实对环境改善有积极作用。针对我国现状，由于排污费存在征收标准低、征收力度弱、地方差距大等问题，并且我国已基本具备建立环境税制的条件，所以适时开征碳税是大势所趋。

（3）碳排放税与能源税的关系

能源税是指对使用能源征收的一切税种的总称，我国对成品油征收的消费税就属于能源税的范畴。碳税与能源税既有概念交叉又存在着一定的不同。首先，两者存在相同之处：在具体的征收对象上，碳税与能源税都对化石燃料征税；在实施效果上，两者都能对限制温室气体排放、改善空气质量起到显著作用。另一方面，碳税与能源税的区别显而易见：从征收范围上看，能源税不仅对化石燃料征税，还对其他所有能源征税，这就比碳税的范围广得多；在计税依据上，碳税是对石油、煤炭等化石燃料的碳排放量或含碳量征税，而能源税则针对的是能源的数量或重量；在出现时间上，能源税的出现比碳税早，碳税是在全球气候变暖，温室气体减排压力增大的情形下才产生。某种程度上，能源税的内容涵盖了碳税，在实践中，两者也经常混合使用。当实行独立碳税时，碳税与能源税属并列关系，两者交叉部分就要有相应的调整，以维持税制的稳定。

（4）碳排放税与环境税的关系

环境税也有广义和狭义之分，狭义的环境税通常指国家政府为了控制环境污染的程度而专门设立的一个税种。广义的环境税则是指一切基于环境保护目的而征收的税种或采取的有关税收措施，这就包括了多个税种和部分税种的相关税目。按照OECD的定义，可以理解为：能很大程度影响环境保护效果的税收，其税基可以是自然资源、能源、污染物等。从广义环境税的概念出发，碳税隶属于环境税。从狭义的环境税角度看，如若碳税是独立税种，则二者是平行关系。

（5）碳排放税与碳关税的关系

碳关税不同于一般意义上的关税，它是对高耗能产品进口征收特别的二氧化碳排放关税，即主要针对进口产品中的碳排放密集型产品，如铝、钢铁、水泥、玻璃制品等产品而征收的关税。碳关税最早由欧盟国家提出，随后美国也颁布即将推行碳关税的法案，声称为了本国产品免受不公平竞争，对来自不实行碳减排国家的进口产品征收一道特别的"关税"。从某种意义上说，碳关税是发达国家对本国碳税的外向延伸，但实质上，发达国家利用碳关税以保护环境之名实行贸易壁垒，在保护本国产业的同时，遏制了发展中国家的发展，这与碳税节能减排、运用经济手段推动环境保护的目的大相径庭。开征碳关税对于既要发展经济又要防治环境污染的广大发展中国家是极不公平的，同时，它涉嫌违反国际气候条约的"共同而有区别的责任"原则及WTO的非歧视原则。

2.1.3.5 碳排放税的特征

（1）碳排放税简便易行

税收系统的优势同样体现在碳税中。首先，碳税易操作、好管理、方便监督、执行成本低。我国早已建立用于向化石燃料征税的基本管理设施，而且在向包括石油在内的多种产品征税方面有着丰富的经验，政府不需投入额外成本便可实施碳税制度。实际上，与碳交易制度的启动不同，碳税可以更加简便地广泛应用于经济生活的各个领域，而不需要花费大成本进行新的立法。其次，如果征税对象涉及源头，如水源、矿产，或者进口产品，那么碳税的管理优势还能被扩大。向这些需要更大监管成本的对象征税会将该成本转移至它们的下游产品，由此控制排放。另外，税收管理系统中的现有的消费税征收管理人员，可以同时对碳税征收进行监管。

（2）碳排放税可预测性强

对于私人投资者来说，与碳交易市场碳补贴数额极度易变不同，税收制度能带来对排放成本的长期可预测性。由于碳交易缺乏透明度，因此不可能在数年内提供一个清晰稳定的价格信号来影响投资决策。而碳税制度则能提供一个稳定的基准，使企业可据此制定更为有效的长期目标，投资于最好的技术来减少排放。

由于税收的自动调节功能可以抵消掉碳排放成本的波动，这使得碳税更具可预测性，有利于保证税收的一致性。与设置固定的碳排放价格不同，碳税直接对温室气体排放量定价，不会引起金融上的不良后果。同时，监管部门也能够根据价格信号的变化更加简便地调整税率。

（3）碳排放税起效迅速

国家采取碳税制度，可以在短期内看到效果，这种手段相对碳交易体系能更快控制和减少温室气体的排放。全球目前面临着严重的气候问题，在这种情况下，一个快速的应对机制对于预防极端的气候变化是相当重要的。碳交易体系有可能因为在科学探索和政策制定方面需要投入长时间的努力而产生滞后效应。

（4）碳排放税能产生大量政府收入

碳税能更简单可靠地增加政府收入。碳税收入有利于优化国家税收结构，政府将碳税收入用于减少其他征税并抵销递减效应，可以使税收征管更加中立。同时，碳税收入有利于我国能源结构调整，该收入既可用于有益环境的项目，又可用于再生能源的研究和开发，促进诸如清洁煤产业等新能源行业的发展。

2.1.3.6　碳排放税的优势与劣势

（1）碳排放税的优势

① 有利于调整产业结构。国家征收碳税的目的不是增加企业生产成本，而是有利于调整产业结构，促进节能减排。根据国外开征碳税国家的经验，征收碳税通过价格杠杆将二氧化碳排放的成本传递到企业产品成本中去，迫使或者引导企业为了降低生产成本而主动采用低碳能源，以此达到减缓二氧化碳排

放和增长速度的目的，促进产业转型，加速清洁能源和节能减排技术的研发，调动企业节能减排的积极性。

碳税征收对于促进产业结构调整具有重要作用：首先，产业的发展在很大程度上依赖于消费的需求刺激，碳税征收会增加高碳产业的生产成本，最终通过消费品价格机制传导给消费者。碳税征收能够鼓励企业节约能源、提高能源使用效率。碳税的价格影响效应引导消费者的消费品选择偏好，降低高碳产品在总消费中的比重，促进消费结构升级，从而间接推动产业由高碳型向低碳型的转变。

其次，碳税征收会冲击高能耗产业，有利于控制高能耗产业的规模，加速淘汰落后产能。征收碳税并不是要消灭高碳产业，我国仍处于工业化发展的中期阶段，从产业结构发展变化规律看，我国重化工业阶段是不可逾越的，工业尤其是重化工业仍将是经济发展的重要支柱。碳税征收的目标是利用税收政策带动产业结构升级，利用税收优惠和补贴等方式鼓励企业采用清洁能源，研发节能减排技术，实现高碳产业低碳化，从而优化第二产业能源结构。

② 有利于促进节能减排技术的发展。开征碳税必然会导致企业生产成本增加，理性经济人追求利润最大化和低成本，由此激励企业改进生产技术、能源利用技术，积极引用绿色低碳技术，从而提高能源利用率，减少二氧化碳排放。同样，对奶牛养殖开征适度的碳税，会加重一些高耗能、高排放奶牛养殖场负担，抑制高耗能、高排放奶牛养殖产业的发展。同时，征收碳税有利于激励和刺激奶牛养殖企业探索和利用可再生能源，锻造绿色低碳奶牛养殖工厂，加快淘汰耗能高、碳排放量大的落后养殖和生产工艺，研究和使用碳回收技术等节能减排技术，结果必然是促进产业结构的升级，减少二氧化碳排放以及减少其他污染物排放。

③ 有利于转变经济增长方式。经济结构不合理，经济发展方式粗放，是我国经济发展主要症结之一。节能减排是调整经济结构、转变经济发展方式的重要途径。

改革开放以来我国的经济发展虽然取得了令世人瞩目的成就，但目前在经济增长方式上仍存在着"高投入、高消耗、高污染、不循环、低效率"的问题，经济的快速增长在一定程度上是依靠资本、劳动力和资源等生产要素的高投入来实现的，粗放（或外延）型经济增长特征还相当突出。

我国节能减排机制在逐渐完善过程中，除了依靠政府推动的自上而下的行政手段外，还开展了碳排放权交易试点。但是这些方式的激励效果有限，未能充分发挥节能减排的作用。碳排放税给予企业有效激励，从而形成自下而上的节能减排动力，并与自上而下的行政手段形成合力，提高节能减排的效果，促使产业结构调整，促进经济发展方式转变和低碳经济的发展。

目前，由于东部地区生产力水平较高，第三产业相对发达，高耗能产业占比较低，开征碳税产生的影响有限。我国中西部以及东北大部分地区的工业发展还处于粗放型的阶段。虽然重工业基础较好，但从发展水平上讲，还处于工业化中期的初级阶段，企业规模普遍偏小，优势工业还主要集中在一些技术含量不高、附加值较低、污染比较严重、资源和能源消耗量大的传统产业上，发展后劲不足，竞争力弱。征收碳税将给这些地方的经济带来很大的负面效应。一方面，普遍的能源消耗型企业正是征税的重灾区；另一方面，这些能源型企业本来利润就非常单薄，碳税成本增加会进一步降低利润。企业为了生存，必须探索和利用可再生能源，加快淘汰高能耗、高排放的落后工艺，转变企业经济增长方式。

综上可知，开征碳税，有利于我国经济增长方式由粗放型向循环经济转变。开征碳税将会淘汰一批高投入、高消耗、高污染、技术含量不高、附加值较低的企业，加快转变生产方式，着力推动经济向规模化、产业化、标准化、低碳化方向发展。

（2）碳排放税的劣势

① 增加生产成本。企业生产成本包括直接成本和间接成本。碳税的直接成本应该被界定为企业为减排而付出的经济成本。直接成本一般是企业为控制减排所采用的新技术的投资成本，或为缴纳税收和购买排污许可证等产生的直接成本；间接成本可以包括减排机构和制度的建设及运行成本，监督成本，谈判成本，交易成本等。

从直接成本方面看，企业的减排成本就是为碳排放而缴纳的税收。其不能实现企业总减排成本最小化。开征碳税，会增加高排放企业的生产成本，压缩企业的营利空间，倒逼高碳消耗生产主体改善生产工艺，也会提高研发新技术投入的成本。碳税的间接成本在短期内体现不明显，主要涉及长期的成本。

此外，还有可能出现二氧化碳税转嫁问题，即在对生产者征收碳税的情况下，由于市场方面的特点，企业可以把税收的成本转嫁到下游企业或者消费者，使得减少二氧化碳排放的目的削弱。而且企业的效益受到冲击，会间接导致员工收入水平降低，企业所能提供的就业岗位相对减少，特别是会对一些脆弱产业的发展产生较大影响。

② 短期内降低经济增长速度。征收碳税会降低企业投资的积极性，对经济增长产生抑制作用。世界经济发展的经验数据表明，当国家和地区的人均GDP处于500～3 000美元的发展阶段时，往往对应着人口、资源、环境等瓶颈约束最为严重的时期。中国目前仍属于发展中国家，为发展经济，提高人民生活水平，能源消耗势必会加速增长，温室气体排放的增长速度也会有较快的增长，中国的温室气体排放应属于"生存性排放"。征收碳税，意味着企业的

运营成本的增加，利润的减少，而企业的设立和运营是以营利为目标的，对成本高、利润少的领域，企业主投资的积极性会大大降低，从而对经济增长产生抑制作用。

征收碳税可能降低产量。碳税虽然可以促进环境保护，但对于碳排放量较大的行业，不得不减少生产量，才不至于超出政府给其的碳排放量，致使碳税具有降低产能的潜在风险。

碳关税影响国内出口。广义上碳税涵盖了碳关税，它实际上是发达国家凭借先进的环保技术，设定特殊标准以阻碍他国产品进入本国市场，从而保护本国贸易的一种手段，本质上是"以环境保护之名，行贸易保护之实"。部分发达国家对我国征收碳关税，意味着出口产品的价格将失去竞争优势。

征收碳税影响就业。目前中国人均 GDP 处于世界平均水平左右，仍有较大提升空间，同时中国又处于经济发展的重要阶段。由于国内产业转型升级尚未完成，低碳技术尚不成熟，实现节能减排需要在一定程度上压缩产量，这将对就业产生一定影响。由于节能减排，国内的就业岗位年均损失十多万个，进一步加大了就业压力。

③ 征收碳税存在技术难点。开征碳税涉及征税范围、税率等技术性问题，确定应纳入征税的化石燃料范畴，需要较高的碳含量与碳排放量技术检测水平。含碳量高的化石燃料在单位时间内碳排放量不一定高，反之亦然。以含碳量和排放量作为征税标准，将面临严峻的技术考验，同时税率的设计如何能秉持社会公平、公正，这直接关系到环境效应与经济效应能否平衡的问题。这些问题的解决不仅要依靠税务机关、环境监测机关的极力配合，而且需要大量的先进技术人员与先进设备才能完成，这是一项复杂而又艰巨的任务。由于现今科技水平的局限，这些问题尚不能有效解决，这也正是我国在设计碳税制度方面面对的技术难题。未来如果对奶牛养殖征收碳税，原料奶生产的碳排放将如何测定是亟待解决的重要问题，因为在实际生产中，牧场温室气体排放测定难度较大，需要配备相应的技术检测设备和检测方法，但目前对原料奶生产过程中的温室气体排放进行测定还不够完善。

2.1.3.7 碳排放税的分配效应

碳税作为一种财政税收，天然具有收入再分配的性质，但是关于其产生的分配效应是累退性的还是累进性的，还没有统一的结论。许多学者认为，碳税的分配效应在发展中国家和发达国家有所不同，在发达国家一般会呈现累退性，而在发展中国家会呈现中性甚至是累进性。还有学者发现，碳税的分配效应在农村和城市有所不同，在农村呈现累进性，在城市呈现累退性。主要原因在于城市住房的刚性需求，但随着城市中汽车等交通工具逐渐成为必需品，碳税对于高收入家庭的影响也逐渐变大。相比而言，碳税对于低收入家庭的影响更大，它会给纳税人带来一定的"额外负担"，为了减小这些负面影响，确保碳税制度的落地，需要根据税收中性原则来确定合理的碳税分摊机制。

2.1.4 碳减排补贴

财政补贴是政府采取的一种协调社会利益分配模式的宏观调控手段，目的是促进市场经济有序运行。其作为经济杠杆可被政府用来稳定市场价格、保障人民生活等，但如果补贴政策制定不当，如补贴范围过宽或数额过大，就会扰乱市场秩序，造成市场价格扭曲的现象。

其中环境补贴是政府为了解决环保问题，帮助企业升级环保设备、推广环保技术等支付的资金。其采取的形式主要有：税收返还、税收豁免、提供优惠贷款或政府环境保护投资等。随着气候变暖的加剧，根据污染者付费原则，会对污染企业采取约束机制，大多数企业无力承担治理污染的费用，因此为了降低企业环境成本，这就要求政府给予一定的环境补贴。本书在征收碳税的基础上，针对低碳奶牛养殖主体，以税收返还形式作为碳税政策的补充，分析碳税与税收返还对黑龙江省奶牛养殖业碳减排的影响。

2.1.5 奶牛养殖规模划分

（1）奶牛养殖规模

在我国，根据奶牛存栏量的不同，可以将奶牛养殖划分为不同的规模。但规模化奶牛养殖的划分标准存在一定差异。从规模化畜禽养殖场概念上讲，其是指经当地农业、工商等行政主管部门批准，具有法人资格及一定规模的养猪、奶牛、蛋鸡、肉鸡的养殖场。其中规模化奶牛养殖场是指奶牛存栏量大于或等于 100 头，具有一定规模的奶牛养殖场。

根据中国奶业协会的划分标准，奶牛养殖规模按照奶牛的存栏量不同，可以划分为散养、小规模、中规模和大规模四大类。散养的饲养规模小于 10 头奶牛，小规模的饲养规模在 10～50 头奶牛，中规模的饲养规模在 50～500 头奶牛，大规模的饲养规模多于 500 头奶牛。按照此标准，奶牛存栏量大于 10 头的养殖主体都可以称之为规模化奶牛养殖主体。

（2）低碳奶牛养殖与高碳奶牛养殖

由于各地区奶牛品种、规模化水平、养殖技术等因素的不同，根据现有文献研究成果无法明确指出多大规模的养殖属于低碳养殖或高碳养殖。总结文献主要有两种分类观点，第一种分类方法是根据平均每头牛的碳排放量进行划分，通过分析历年奶业年鉴数据得知我国奶牛单产水平与饲养规模正相关，现有畜产品碳足迹文献的研究结果表明，奶牛碳足迹与单产呈正相关关系（王效琴，2012；黄文强，2015；石鹏飞，2017）。在技术水平不变的情况下，养殖规模越大，平均每头奶牛的碳排放量也越高（Shi，2019），由此单位奶牛碳排放量由低到高是散户、小规模、中规模、大规模。第二种分类方法是根据养殖规模化水平划分，规模化养殖对规范畜牧养殖、保障畜产品稳定供给和提高畜产品品质具有重要作用，但国家也加大了规模化养殖的污染治理力度，2018年1月1日起正式实施的《中华人民共和国环境保护税法》对规模化养殖主体设置了税收管理要求，这无疑加速了规模化奶牛养殖主体低碳化、绿色化发展。因此部分学者认为规模化养殖主体相比较而言拥有完善的养殖模式和较高的机械化水平，碳排放量较低。而散户因为粗放的养殖模式和不科学的粪便处理方式无法达到污染处理要求，应属于高碳养殖行列（Qian，2017）。

本书针对低碳、高碳奶牛养殖的划分采用上述第一种分类方式，考虑因素为以下两点：一是近年来黑龙江省政府大力发展规模化养殖，根据中国奶业协会数据统计，散户受成本收益影响大面积退市，散户数目较少且数据不易获得，无法作为单独的研究样本。二是随着社会经济的进步，发展适度规模化养殖是时代所需，但构建规模化养殖主体并非"求大"，从经济和环境的角度分析，规模过大，边际收益下降，养殖主体将出现"规模不经济"现象（梁亚静，2012）。大规模奶牛场由于投入大，经济效益不容乐观（花俊国，2012），与环境的矛盾更加突出。同时大规模奶牛养殖主体管理工作难度大，污染治理措施有待加强，因此大规模奶牛养殖主体减排空间巨大。本研究基于大规模养殖主体的矛盾和特点，将大规模养殖主体划分为高碳养殖主体，散户及小规模、中规模养殖主体划分为低碳养殖主体。政府依据碳排放量征税，依据低碳养殖的原料乳产量进行补贴。这样的设定既符合适当规模化发展趋势，又突出碳税与补贴政策的实施效果。

2.2 相关理论

2.2.1 低碳经济理论

虽然低碳经济术语在20世纪90年代中后期就曾出现在文献中（Kinzig，1998），但一直到2003年，英国在其发布的能源白皮书《我们未来的能源——创新低碳经济》中才正式明确提出了低碳经济概念（Hartman，2003）。其指出，低碳经济是基于较少的资源消耗与较轻的环境污染获取较多的经济产出，是为了创造更高的生活标准与更好的生活机会，也为先进科学技术的研发、应用、推广与输出积极创造机会，还能使商家数量保持增加进而创造出更多的就业机会（付允等，2008）。为此，英国政府还制定了较为明确的计划，即2050年温室气体排放量相比1990年需减少60%，使英国成为一个名副其实的低碳经济国家（刘再起等，2010）。不过，英国虽然率先提出了低碳经济观点，但由于其出自政府文件，对其概念的界定多基于实际工作，更多的是对生态经济现象的描述，而对其理论内涵的诠释却较为缺乏（刘思华，2010）。接下来将对低碳经济的提出过程、基本内涵、特征及评价等进行探讨。

（1）低碳经济的提出

一般说来，低碳经济的提出基于三大背景。一是全球气候变暖带来的严峻挑战。早在 1896 年，瑞典化学家阿累利乌斯就预测：以化石燃料燃烧为基础的工业文明，将会大大增加大气中二氧化碳的浓度，导致全球气候变暖。今天，这一预测不仅得到充分验证，而且全球气候变暖带来的严重后果，生态系统退化、自然灾害频发，以及由此带来的粮食问题、水资源问题、卫生问题、能源问题等，已经全方位影响了人类的生存和发展。控制温室气体排放，应对全球气候变暖被公认为是未来 20 年内影响世界的首要问题。二是化石能源的有限性问题。化石能源利用是现代工业文明建立和发展到今天的基础，但是化石能源有限性和经济发展需求无限的矛盾越来越明显，人类利用化石能源的成本也越来越高。人类的发展迫切要求提高化石能源的利用效率，开发其他非碳基清洁能源，可再生能源，逐步摆脱对化石能源的依赖。低碳经济的提出正是出于可持续发展的要求，出于能源可持续利用的战略考虑。三是发达工业化国家提出的引领发展的新模式。低碳经济的概念最早是由英国提出的，得到了美国、日本、欧盟等发达国家和地区的较广泛的支持和响应。从工业化进程看，这些国家现在已经完成了工业化和城市化的历史任务，走过了以大量消耗化石能源为基础支撑的发展阶段。近 20 年来，发达国家重点发展以信息服务业和现代金融产业为代表的新经济，把以制造业为核心的实体经济转移给了发展中国家。发展中国家的经济实力不断增强，而西方发达国家由于金融危机的打击，经济竞争力受到明显冲击。从这个意义上说，低碳经济就是发达国家提出重塑经济竞争力和引领地位的经济模式，通过这一新的平台，利用其技术优势地位，制定新的标准和国际规则，树立起经济竞争优势和世界经济发展的主导权，拉大与发展中国家的差距。按照发达国家的低碳思路，在全球经济格局中，发达国家和发展中国家将因经济活动的"低碳"标准而再次拉开差距。

相比之下，中国的情况更不容乐观，中国的能源消费量已经从 1978 年的 5.7 亿吨标准煤增加到 2010 年的 32.5 亿吨标准煤。2009 年中国二氧化碳排放量已经达到 64 亿吨（美国是 58 亿吨），中国成为全球二氧化碳排放量最多的国家，二氧化碳排放量约占全球的 1/4。按照党的十八大绘就蓝图，未来的 30 年，中国的工业化、现代化和新型城镇化"三化"并进，全国人口的生活质量要不断提高，生产领域、消费领域和流通领域的能源需求也必将快速增长，必然导致温室气体的高排放，带来一系列政治、经济、外交、生态等严重问题。这些严峻问题，使得我们必须尽快转变经济增长方式，将发展低碳经济作为国家战略加以推进。

（2）低碳经济的特征

低碳经济是以减少碳排放来适应气候变化的经济模式。低碳经济的特征主要是通过创新节能技术和加大相关技术研发力度，在提高能源效率，保障经济发展的同时，减少对传统碳基能源的依赖，降低碳排放量的同时实现环境保护，促进社会、经济与环境发展可持续。

第一，低排放。低碳经济中的低排放主要通过制定和实施各项低碳经济政策，加大碳减排力度、促进经济循环发展，开发和使用低碳产品，借助技术研发和推广、机制创新等最大限度地降低温室气体排放量，使因发展经济产出的温室气体排放大大减少，从而降低大气中二氧化碳排放强度，缓解气候变暖。低碳排放的核心是实现产业结构优化、推行绿色生产，最终实现社会整体的低排放，达到温室气体排放量的降低，以大量减少碳排放来适应气候变化的经济模式。

第二，低能耗。在保持经济增长的同时，尽可能降低能源消耗量。低碳经济具有提高资源能效的技术特性，借助技术、机制创新和新能源的开发利用，主要通过节能技术研发和产业化来实现新能源推广，通过提高可再生能源和清洁能源在生产生活中的比重，改变能源结构，提高能源效率，获得社会经济整体发展的最大产出效应，降低能源消耗强度，在保障能源安全的同时，保持经济增长不变，不降低人们享受到的能源服务质量，保证人们的生活水平和福利水平。

第三，低污染。低污染的低碳经济是需要实现环境危害最小的一种经济发展模式，主要通过制度和技术创新，促进经济发展观念的转变，建立清洁能源体系，减少生产过程中碳消耗和废弃物排放，将对环境造成的危害程度降到最低，在全球范围实现生产模式、生活方式、价值观念的可持续发展。低碳发展的核心是大力推广低碳技术，实现结构转型、转变社会生活观念、改变民众消费模式等，开发和利用新能源、清洁能源，减少对传统化石能源的依赖和对环境与大气的污染，实现社会经济与环境协调发展可持续。

（3）低碳经济的评价

付加锋等（2010）认为，低碳经济应包含四个核心要素，分别是发展阶段、资源禀赋、技术水平与消费模式，并以此为基础，构建了多层次、多维度的评价指标体系。其中，目标层为低碳经济发展水平，准则层为低碳产出、低碳消费、低碳资源、低碳政策与低碳环境，每个准则层由2～5个二级指标组成。同时，为了保证核算的准确性，采用了层次分析与数据包络分析相结合的指标赋值法。冯碧梅（2011）基于低碳经济理论内涵，立足于系统层、状态层和变量层等三个层次，并以湖北省为例构建了全新的低碳经济评价指标体系，其中系统层包括自然、产业与人文生态系统，状态层由碳排放、碳源控制和碳汇建设三部分组成，变量层包括碳排放总量、强度等细分指标。吕学都等（2013）通过对国内外 28 套评价指标进行比较，并基于全面性、有效性、适用性、相关性与前瞻性等五方面视角考虑，构建了一套较为客观的低碳经济评价指标体系，由经济发展、碳排放、环境能源、社会人文等四个一级指标构成，而每个一级指标均包含四个二级指标。

（4）低碳经济理论的形成

低碳经济学理论是由环境经济学理论不断发展的阶段性成果，从人类社会的历史来看，在原始社会，人口较少，经济生活按照平均主义的方法进行分配，生产生活或是以采食渔猎为主，或是以采集经济为主，或是以简单的自然农业为主，对环境几乎是无污染、无破坏状态，人与自然环境能够和谐共处。在农业社会，环境条件直接影响生产行为，但此时对环境的破坏程度也不高。在 18 世纪欧洲工业革命之后，由于蒸汽机、电力的广泛应用，人们开始进行复杂的社会再生产，主要依靠煤、石油等不可再生的化石燃料进行生产，这些燃料基本上都表现出高污染、高排放、低效能的特点，人类生产活动的增强使得这些化石燃料储量不断减少，资源出现短缺，资源的限制使得人类的可持续发展受到严重影响，同时化石能源的利用对环境造成严重污染，温室效应日益严重，人类与环境的关系越发紧张。人类与环境的关系恶化使得人们对环境问题更加关注，以期能够解决危机，环境经济学顺时产生。环境经济学是基于环境科学和经济学的交叉学科，就是要解决人类经济发展与环境之间的关系问题，使其能够和谐发展。由于不同的经济发展阶段人的生产行为对环境的影响表现出阶段性，环境经济学的发展也出现阶段性的特征。

第一个阶段是 20 世纪 60—70 年代。该阶段是环境经济学的形成时期，这个时期的人口规模迅速扩大，并且生产规模急剧增长，资源环境问题越发严重，大气、水体、固体废弃物污染严重，人类意识到发展经济要与环境和谐相处。Boulding（1966）把经济系统比喻为生态系统，在这个生态系统中利用能源来改造物质原料必然会产生废物，认为无节制地使用不可再生资源，生态环境必然要受到破坏，经济发展也会受到资源和环境的制约，最终会被利用可再生资源，追求资源的高效回收和利用的经济形式所取代。Leontief（1970）利用投入产出法研究环境影响与经济结构的关系，结果发现生产活动中产生的各种污染物对经济的发展存在明显的影响。Tiao（1975）运用干扰分析的方法研究经济与环境的问题，也说明了环境污染对经济增长能够产生直接或间接影响。还有一些学者如 Little（1973）、Henry（1978）等从不同角度研究环境与经济的问题，结果都表明，环境因素对经济发展的重要影响不容忽视。

第二个阶段是 20 世纪 80—90 年代初。在这个时期可持续发展理论和循环经济理论逐渐发展成熟并且在一些领域得到了实际应用，在环境方面表现为资源枯竭、各种污染日益严重，人类开始更加重视环境与经济的关系。Brown（1981）认为可持续发展的实现可以依靠对人口增长进行控制、对资源环境进行保护和开发可再生能源。可持续发展的定义是由 1987 年世界环境与发展委员会提出的，"既要满足当代人的需求，又不损坏后代人对其需求的能力"。循环经济在 20 世纪 90 年代的美国、西欧等国家和地区成为研究的热点，循环经济概念的提出是针对传统经济而言的，具体模式是"资源—产品—再生资源"的物质利用。Pearce（1989）提出以生态和经济协调发展为核心的可持续发展的绿色经济理论，强调清洁生产和循环利用。从经济学的角度来讲，发展循环经济需要两个基本条件——制度创新和技术创新，制度创新和技术创新分别为循环经济的发展提供所需的动力和必要的手段。

第三个阶段是 20 世纪 90 年代以来。低碳经济理论在该时期形成，这是由于酸雨的存在、温室气体增多、气候变暖问题日益突出，特别是气候问题已经引起了国际社会的广泛关注。经济学家在环境科学家研究成果之上对环境和经济问题进行分析，发现环境与经济的矛盾主要在于当今经济的发展过度依靠化石能源的使用，使用过程中释放大量的温室气体，并伴随着一定程度的环境污染，同时化石能源的稀缺性导致经济的发展不具有可持续性，这种普遍认识推动环境经济学进入了低碳经济理论的发展阶段。Rees（1992）提出了"生态足迹"的概念，将一个国家或地区的资源、能源消费同自己所拥有的生态承载能力进行比较，来衡量一个国家或地区可持续发展状况。它也是一种定量可持续性测量方法，从一个崭新的视角考察人类及其发展与生态环境之间的关系。赵卓（2010）认为低碳经济发展的核心动力是技术创新，面对环境和经济的严重矛盾，低碳技术创新必然朝着高效、减排和节能方向发展。韩冬（2011）认为应该从观念创新、市场创新、技术创新以及政府考评创新方面来创新低碳经济发展模式。胡宗义等（2013）认为贸易和能源强度对环境具有恶化作用。如果把近些年来对低碳经济的研究成果分为理论与应用研究，那么，理论层面的研究包括经济增长与碳排放的脱钩理论、经济增长与碳排放的倒 U 形曲线理论、碳排放权交易等，应用层面的研究主要集中于技术和政策措施等方面。

低碳经济的提出是以政策的形式出现的，其提出的意义不仅仅是政策本身，还引起了经济学家的广泛关注，研究低碳经济的潮流逐渐兴起，这些都促使低碳经济理论形成和不断完善，充分体现出用低碳经济的理论来指导实践，以实践不断丰富和完善低碳经济理论，两者相互补充和促进。在英国政府及各国政府的气候专业部门的协助下，世界各国纷纷开始探索低碳经济的发展模式，特别是在近些年来全球金融危机爆发的背景下，低碳经济的发展使人们越来越多地开始关注全球生态环境问题，而这也在相当程度上促进了环境经济学的进一步发展。

2.2.2 成本与收益理论

2.2.2.1 成本理论

成本是商品经济的价值范畴，是商品价值的组成部分。人们要进行生产经营活动或达到一定的目的，就必须耗费一定的资源，其所费资源的货币表现及其对象化称之为成本。会计学中的成本与经济学中的成本是较常见的两类成本，但二者的内涵不同。会计成本是会计记录在公司账册上的客观的和有形的支出，包括生产、销售过程中发生的原料、动力、工资、租金、广告、利息等支出。经济学中的成本概念不同于会计成本，是指厂商生产经营活动中所使用的各种生产要素的支出总和，称为"经济成本"。经济成本除了会计成本，还包括未计入会计成本中的厂商自有生产要素的报酬。这种报酬通常以企业"正常利润"的形式出现，主要补偿企业主自有资本投入应获的利息、企业主为企业提供劳务应得的薪金等。

按照不同标准，成本可以分成不同类别。

（1）显成本与隐成本

在经济分析中，正常利润被作为成本项目计入产品的经济成本，又被称为"隐成本"。它是组织生产所必须付出的代价，也可理解为生产经营过程中使用自有生产要素的机会成本。与此相应，会计成本也被称作"显成本"。经济成本等于显成本与隐成本之和。

（2）短期成本与长期成本

短期，是指在这期间厂商不能调整其生产规模，即在厂商投入的全部生产要素中，只有一部分生产要素是可以变动的，而另一部分则固定不变。短期成本是指厂商在短期内生产一定产量需要的成本总额，它是短期内每一产量水平的固定成本和可变成本之和。固定成本，如无论产量多少，都要支出厂房的租赁费；可变成本，如随着原材料投入，逐渐增加的材料费用。长期是指所有投入品都是可变的时间期限。长期成本是指规模可以变动，各种要素数量都能够变动情况下，生产一定产量必须花费的可能的最低成本。

（3）总成本、平均成本和边际成本

总成本（Total Cost，TC）是指企业生产某种产品或提供某种劳务而发生的总耗费，即在一定时期内为生产和销售所有产品而花费的全部费用。总成本是总固定成本（Total Fixed Cost，TFC）和总变动成本（Total Variable Cost，TVC）之和。平均成本（Average Cost，AC）是指一定范围和一定时期内成本耗费的平均水平，即总成本与总产量的比值。

边际成本（Marginal Cost，MC）是指增加一单位的产量随即而产生的成本增加量，$MC=\Delta TC/\Delta Q$。

（4）固定成本与变动成本

按照成本是否随产量变化而变化，成本可以分为固定成本和变动成本。固定成本不随产量的增加而增加，主要包括固定资产折旧、地租、利息等每年固定发生的费用。产量越大，平均固定成本（单位间接成本）越小。

变动成本（Variable Cost）指支付给各种变动生产要素的费用，如购买原材料及电力消耗费用和工人工资等。这种成本随产量的变化而变化。

不同规模的奶牛养殖成本在固定资本投入方面差异较大。奶牛的养殖规模越大，奶牛养殖的地租成本、牛舍成本等越高。因此，为探究碳排放税对各规模奶牛养殖成本的影响，本研究将在长期和短期两种研究方案下分别探讨奶牛养殖的成本。在长期考虑奶牛养殖的总成本情况，在短期不考虑奶牛养殖的资本成本，仅考虑奶牛养殖的运营成本。其中，资本成本指奶牛养殖的固定资产折旧和地租，运营成本是指与奶牛养殖生产经营直接相关的成本，资本成本与运营成本共同构成奶牛养殖的总成本。

2.2.2.2 收益理论

收益被亚当·斯密在《国富论》中定义为"那部分不侵蚀资本的可消费的数额"，在这本书里，收益被看作财富的累积。一些经济学家继承、发展了这一理念。马歇尔在经典著作《经济学原理》中，将亚当·斯密的收益观引入企业，形成区分实体资本和增值收益的经济学收益思想。20世纪初，美国经济学家欧文费雪进一步丰富了这个理论。他在《资本与收益的性质》中，首先从表现形式上定义了收益，还指出三种不同收益的形态：①精神收益——精神上获取的满足；②实际收益——物质财富的增加；③货币收益——增加资产的货币价值。以上三种收益中，有的是可以计算的，有的是不可以计算的。一般认为：精神收益有较强的主观性而难以计算，而货币收益若是一个不考虑币值变化的静态概念就会相对容易计算。

总收益 TR 是每个时期生产者总的销售额，即生产者销售一定数量的产品或劳务所获得的全部收入，它等于产品的销售价格 P 与销售数量 Q 的乘积，记为 $TR=P\times Q$。经济学中总收益指一种物品的买者支付从而卖者得到的量，用该物品的价格乘以销售量来计算。总收益与该物品是否具有需求弹性有关，当需求缺乏弹性，价格与总收益同方向变动；当需求富有弹性，价格与总收益反方向变动；当需求是单位弹性，当价格变动，总收益不变。

本研究中奶牛养殖的收益来源于主产品和副产品两部分，主产品为生鲜乳，主产品收益即生鲜乳的价格与数量相乘，其收入高低直接决定奶户的生产决策。奶牛养殖的副产品包括牛犊、淘汰牛等。副产品收益源于犊牛及淘汰牛售出的收益。

2.2.3 市场理论

市场是从事物品买卖的交易场所或接洽点。任何一个交易物品都有一个市场。根据市场的竞争程度来划分市场类型。影响市场的竞争程度的因素有：市场上厂商的数目、厂商之间各自提供商品的差别程度、单个厂商对市场价格的控制程度、厂商进入或退出市场的难易程度。市场类型有：①完全竞争市场；②垄断竞争市场；③寡头市场；④垄断市场。后三个类型也称为不完全竞争市场。

2.2.3.1 完全竞争市场

（1）完全竞争市场的条件

①市场上有无数的买者和卖者。单个厂商与消费者都不能控制价格，都只是价格的接受者。②市场上每一个厂商提供的产品是同质的。即同一行业中的每一个厂商生产的产品是完全无差别的。③所有的资源具有完全的流动性。④信息是完全的，即市场中每一个买者和卖者都掌握与自己的经济决策有关的商品和市场的全部信息。

理想的完全竞争市场是不存在的。之所以要研究它，主要是因为从中可以得到关于市场机制及其配置资源的一些基本原理，并且可以为其他类型市场的经济效率分析和评价提供一个参照对比。

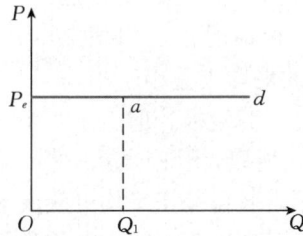

（2）完全竞争厂商的需求曲线

① 完全竞争厂商的需求曲线，指在完全竞争市场条件下市场对某一个厂商产品的需求状况。②完全竞争行业的需求曲线，指在完全竞争市场条件下市场对全部厂商产品的需求状况，也就是市场需求曲线。

完全竞争市场中，单个厂商面对的是一条具有完全弹性的水平的需求曲线 d，并且厂商的平均收益曲线 AR、边际收益曲线 MR 和需求曲线 d 是重叠的，即 $P=AR=MR=d$，都是水平线。完全竞争市场的需求曲线一般是一条向右下方倾斜的曲线（图 2-3），而完全竞争厂商的需求曲线是一条由既定市场价格出发的平行线（图 2-4）。

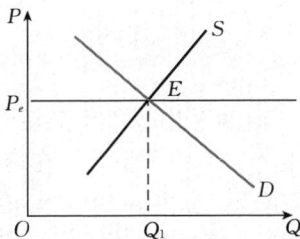

图 2-3　完全竞争市场的需求曲线　　图 2-4　完全竞争厂商的需求曲线

尽管厂商只能被动地接受给定的市场价格，但完全竞争厂商的需求曲线会随着完全竞争市场的供求变动而变动。D增加，均衡点由E_1移至E_3，均衡价格由P_1移至P_3；S减少，均衡点由E_3移至E_2，均衡价格由P_3移至P_2……不管怎么变化，厂商的需求曲线总是呈水平线状况（图2-5）。

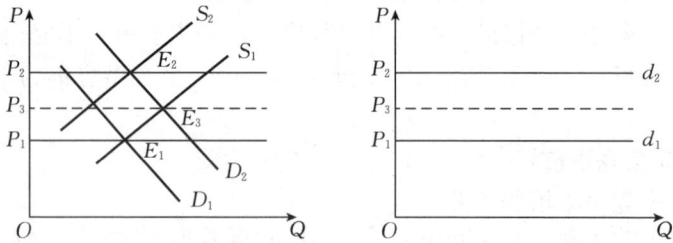

图2-5　完全竞争市场的需求曲线与完全竞争厂商的需求曲线的变动

（3）完全竞争厂商的短期均衡

① 短期均衡的情况。完全竞争厂商的短期行为理解：第一，价格既定，不变要素投入量固定。第二，厂商在这一期限内只能变动可变生产要素来调整产量，通过对产量的调整来实现$MR=SMC$（SMC为短期边际成本）的利润最大化的均衡条件。第三，可能高于、等于、低于厂商的平均成本。第四，厂商可能处于盈利、盈亏平衡或亏损等不同状态。

均衡是指厂商生产水平保持不变，既不扩大，又不缩小的状态。

完全竞争厂商短期均衡的五种情况：第一种情况，在均衡点E_1厂商的平均收益AR大于平均总成本，厂商获利（图2-6）。第二种情况，在均衡点E_2厂商的平均收益等于平均总成本，厂商既无利润，又无亏损。该点也称为厂商的收支相抵点。第三种情况，在均衡点E_3厂商的平均收益小于平均总成本，厂商亏损。但由于在Q_3的产量上，厂商的平均收益大于平均可变成本AVC，所以，厂商虽然亏损，但仍然继续生产。第四种情况，在均衡点E_4厂商的平均收益等于平均可变成本，厂商可以生产，也可以不生产。在这一均衡点上，厂商处于关闭企业的临界点，所以，该均衡点也被称作停止营业点或关闭点。第五种情况，在均衡点E_5厂商的平均收益小于平均可变成本。在这

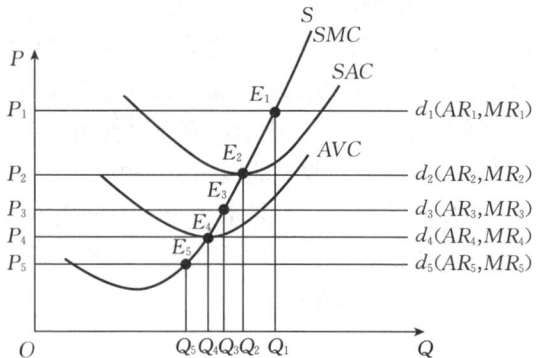

图2-6　完全竞争厂商的短期均衡

种亏损情况下厂商全部收益无法弥补可变成本，生产越多亏损越大。只有将可变成本降为零时亏损最少，所以厂商将停止生产。

②完全竞争厂商的短期均衡条件。综上所述，短期内，在完全竞争的市场条件下，无论市场价格怎样变化，由于厂商不能根据市场需求情况来调整全部生产要素，厂商只能按 $SMC=MR$ 原则来调整自己的产量点。企业应该将生产点推进到边际成本与边际收益相等点。也就是我们在上面所说的企业的最佳产量点 Q_1、Q_2、Q_3、Q_4、Q_5。在上述的最佳产量点上，厂商或者可以获得最大利润，或者可以利润为零，或者可以蒙受最小亏损。

因此，完全竞争厂商短期均衡的条件为：$SMC=MR$。

（4）完全竞争厂商的长期均衡

①完全竞争厂商长期行为的理解。全部生产要素都是可以调整的。厂商是通过对全部生产要素的调整，来实现 $MR=LMC$（LMC 为长期边际成本）的利润最大化的均衡原则。

厂商行为条件为必须使得自己所出售的产品的平均收益能够弥补平均总成本（$AR=P\geqslant SAC$），显著不同于短期行为条件：只要厂商出售产品的平均收益大于平均变动成本（$AR=P\geqslant AVC$），就可以开工生产。如果做不到，则企业应该退出该行业，而转入那些其平均收益可以弥补其平均成本的行业生产。

②完全竞争厂商在长期生产中对全部要素的调整表现为两个方面。一是单一厂商对最优生产规模的选择。在短期，厂商只能根据 $MR=SMC$ 原则，在既有的生产规模 SAC_1 与 SMC_1 所表示的曲线下将均衡点选择在 E_1 上，最佳产量点选择在 Q_1 上，所获

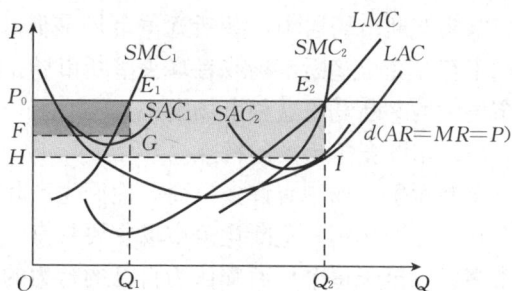

图2-7　完全竞争厂商最优生产规模的选择

利为矩形 P_0E_1GF（图2-7）。在长期，厂商便根据 $MR=LMC$ 原则，努力调整并最终找到由 SAC_2 与 SMC_2 曲线所表示的最优生产规模，厂商在最优生产规模下将均衡点选择在 E_2 上，最佳产量点选择在 Q_2 上，所获利为矩形 P_0E_2IH。

二是单一厂商对进入或退出一个行业的选择。当市场上存在产品供不应求的情况时，市场价格为 P_1，有经济利润，吸引厂商进入，导致价格回落；当市场上存在产品供过于求的情况时，市场价格为 P_3，存在亏损，部分厂商退出，导致价格回升（图2-8）。在供给和需求反复调整中，最终达到均衡点 E，

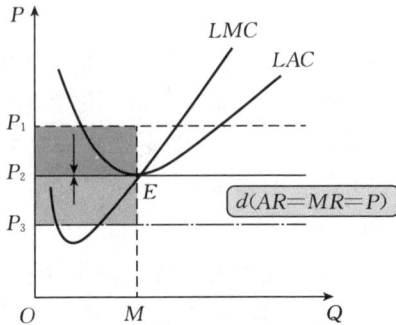

图 2-8　完全竞争厂商进入或退出行业的选择

这时没有厂商会进入和退出该行业。因此，利润最大化原则 $MR=MC$，E 点为厂商决策点，相应的产量为 OM，价格为 OP_2。此时，厂商既无超额利润，又无亏损。

综上，完全竞争市场长期均衡的条件为：$MR=AR=LMC=SMC=LAC=P$。

2.2.3.2　不完全竞争市场

不完全竞争市场是相对于完全竞争市场而言的，除完全竞争市场以外的所有的或多或少带有一定垄断因素的市场都被称为不完全竞争市场。它们是完全垄断市场、寡头垄断市场和垄断竞争市场。其中，完全垄断市场的垄断程度最高，寡头垄断市场居中，垄断竞争市场最低。在我国的奶牛养殖中厂商众多，因此不存在完全垄断市场或者寡头垄断市场。因此，本研究主要介绍不完全竞争市场中的垄断竞争这种市场类型。

（1）垄断竞争市场的特点

垄断竞争市场中有许多厂商，他们生产和销售的是同种产品，但这些产品又存在一定的差别。垄断竞争市场主要具有以下特点：第一，市场上厂商数量非常多，以至于每个厂商都认为自己的行为的影响很小，不会引起竞争对手的注意和反应，因而自己也不会受到竞争对手的任何报复措施的影响。第二，各厂商生产有差别的同种产品，这些产品彼此之间是非常接近的替代品。一方面，由于市场上的每种产品之间存在着差别，或者说，由于每种带有自身特点的产品都是唯一的，因此，每个厂商对自己的产品的价格都具有一定的垄断力量，从而使得市场中带有垄断的因素。一般说来，产品的差别越大，厂商的垄断程度也就越高。另一方面，由于有差别的产品相互之间又是很相似的替代品，或者说，每一种产品都会遇到大量的其他相似产品的竞争，因此，市场中又具有竞争的因素。如此，便构成了垄断因素和竞争因素并存的垄断竞争市场的基本特征。第三，厂商的生产规模比较小，因此，进入和退出市场比较容易。

（2）垄断竞争市场的需求曲线

垄断竞争市场厂商所面临的需求曲线分两种，d 需求曲线与 D 需求曲线（图 2-9）。

① d 需求曲线定义：表示在垄断竞争集团中的某个厂商改变价格、其他厂商产品价格都保持不变时，该厂商的产品价格和销售量之间的关系，又称为主观需求曲线。

② D 需求曲线定义：表示在垄断竞争集团中的某个厂商改变价格、集团内其他所有厂商也使产品价格发生相同变化时，

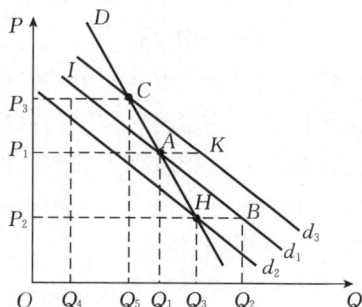

图 2-9　垄断竞争市场的需求曲线

该厂商的产品价格和销售量之间的关系，又称为客观需求曲线。

（3）垄断竞争市场的均衡

① 短期均衡。在短期内，垄断竞争厂商是在现有的生产规模下通过对产量进而对价格的调整，来实现均衡的。厂商在短期均衡时所要满足的条件与完全竞争的厂商以及完全垄断的厂商所要满足的条件相同，即要把产出推进到边际成本等于边际收益的产出点，即 $MR=SMC$（图 2-10）。

② 长期均衡。在长期，厂商可以任意变动一切生产投入要素。如果一个行业出现超额利润或亏损，会通过新厂商进入或

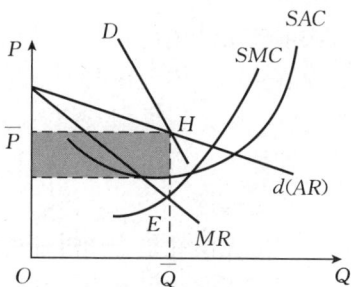

图 2-10　垄断竞争市场的短期均衡

原有厂商退出，最终使超额利润或亏损消失，从而在达到长期均衡时整个行业的超额利润为零。因此，垄断竞争与垄断不同（垄断在长期拥有超额利润），而是与完全竞争一样，在长期由于总收益等于总成本，只能获得正常利润。

垄断竞争厂商长期均衡的条件为：

$$LMC=MR=SMC$$
$$AR=LAC=SAC$$

在图 2-11 中，长期内垄断竞争厂商仍然会维持在 $MR=MC$ 条件下生产，即图中的 E 点。E 点所决定的产量为 OQ^*，价格为 OP。在长期均衡时，平均收益等于平均成本，因此，利润为零。此时不会有新厂商加入，也不会有厂商退出，市场达到长期均衡。

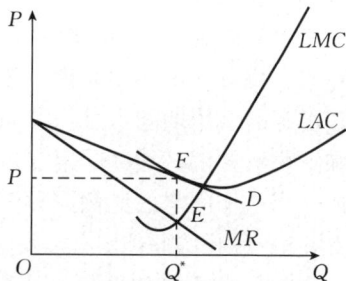

图 2-11　垄断竞争市场的长期均衡

2.2.4 税收理论

2.2.4.1 税收的内涵

税收是国家（政府）公共财政主要的收入形式和来源。税收的本质是国家为满足社会公共需要，凭借公共权力，按照法律所规定的标准和程序，参与国民收入分配，强制取得财政收入所形成的一种特殊分配关系。它体现了一定社会制度下国家与纳税人在征收、纳税的利益分配上的一种特定分配关系。

2.2.4.2 税收的特性

税收与其他分配方式相比，具有强制性、无偿性和固定性的特征，习惯上称为税收的"三性"。

（1）强制性

税收的强制性是指税收是国家以社会管理者的身份，凭借政权力量，依据政治权力，通过颁布法律或政令来进行强制征收。负有纳税义务的社会集团和社会成员，都必须遵守国家强制性的税收法令，在国家税法规定的限度内，纳税人必须依法纳税，否则就要受到法律的制裁，这是税收具有法律地位的体现。强制性特征体现在两个方面：一方面税收分配关系的建立具有强制性，即税收征收完全是凭借国家拥有的政治权力；另一方面是税收的征收过程具有强制性，即如果出现了税务违法行为，国家可以依法进行处罚。

（2）无偿性

税收的无偿性是指通过征税，社会集团和社会成员的一部分收入转归国家所有，国家不向纳税人支付任何报酬或代价。税收这种无偿性是与国家凭借政治权力进行收入分配的本质相联系的。无偿性体现在两个方面：一方面是指政府获得税收后不需向纳税人直接支付任何报酬，另一方面是指政府征得的税收不再直接返还给纳税人。税收无偿性是税收的本质体现，它反映的是一种社会产品所有权、支配权的单方面转移关系，而不是等价交换关系。税收的无偿性是区分税收和其他财政收入形式的重要特征。

（3）固定性

税收的固定性是指税收是按照国家法令规定的标准征收的，即纳税人、课税对象、税目、税率、计价办法和期限等，都是税收法令预先规定的，有一个比较稳定的试用期间，是一种固定的连续收入。对于税收预先规定的标准，征税和纳税双方都必须共同遵守，非经国家法令修订或调整，征纳双方都不得违背或改变这个固定的比例或数额以及其他制度规定。

2.2.4.3 税收的职能

税收分为国税和地税。地税又分为资源税、个人所得税、个人偶然所得税、土地增值税、城市维护建设税、车船使用税、房产税、屠宰税、城镇土地使用税、固定资产投资方向调节税、企业所得税、印花税等。

税收主要用于国防和军队建设、国家公务员工资发放、道路交通和城市基础设施建设、科学研究、医疗卫生防疫、文化教育、救灾赈济、环境保护等领域。

税收的职能和作用是税收职能本质的具体体现。一般来说，税收具有以下几种重要的基本职能：①组织财政。税收是政府凭借国家强制力参与社会分配、集中一部分剩余产品（不论货币形式或者是实物形式）的一种分配形式。组织国家财政收入是税收的最基本职能。②调节经济。政府凭借国家强制力参与社会分配，必然会改变社会各集团及其成员在国民收入分配中占有的份额，减少了他们可支配的收入，但是这种减少不是均等的，这种利益得失将影响纳税人的经济活动能力和行为，进而对社会经济结构产生影响。政府正好利用这种影响，有目的地对社会经济活动进行引导，从而合理调整社会经济结构。③监督经济。国家的征收过程，必然要建立在日常深入细致的税务管理基础上，具体掌握税源，了解情况，发现问题，监督纳税人依法纳税，并同违反税收法令的行为进行斗争，从而监督社会经济活动方向，维护社会生活秩序。

税收的作用就是税收职能在一定经济条件下，具体表现出来的效果。税收的作用具体表现为能够体现公平税负，促进平等竞争；调节经济总量，保持经济稳定；体现产业政策，促进结构调整；合理调节分配，促进共同富裕；维护国家权益，促进对外开放等。

2.2.4.4 税收的分类

税收的分类是从一定的目的和要求出发，按照一定的标准，对各不同税种隶属税类所做的划分。我国的税种按课税对象主要分为：

①流转税。流转税是以商品生产流转额和非生产流转额为课税对象征收的一类税。流转税是我国税制结构中的主体税类。②所得税。所得税亦称收益税，是指以各种所得额为课税对象的一类税。所得税也是我国税制结构中的主体税类，包括企业所得税、个人所得税等税种，内外资企业所得税率统一为25%（《企业所得税法》2008年1月1日起施行。1991年4月9日第七届全国人民代表大会第四次会议通过的《中华人民共和国外商投资企业和外国企业所得税法》和1993年12月13日国务院发布的《中华人民共和国企业所得税暂行条例》同时废止）。另外，国家给予了两档优惠税率：一是符合条件的小型微利企业，减按20%的税率征收；二是国家需要重点扶持的高新技术企业，减按15%的税率征收。③财产税。财产税是指以纳税人所拥有或支配的财产为课税对象的一类税。④行为税。行为税是指以纳税人的某些特定行为为课税对象的一类税。我国现行税制中的城市维护建设税、固定资产投资方向调节税、印花税、屠宰税和筵席税都属于行为税。⑤资源税。资源税是指对在我国

境内从事资源开发的单位和个人征收的一类税。我国现行税制中资源税、土地增值税、耕地占用税和城镇土地使用税都属于资源税。

2.2.4.5　计算依据

① 从量税。从量税是指以课税对象的数量（重量、面积、件数）为依据，按固定税额计征的一类税。从量税实行定额税率，具有计算简便等优点。如我国现行的资源税、车船使用税和土地使用税等。

② 从价税。从价税是指以课税对象的价格为依据，按一定比例计征的一类税。从价税实行比例税率和累进税率，税收负担比较合理。如我国现行的增值税、营业税、关税和各种所得税等税种。

2.2.4.6　课税对象

① 正税。正税指与其他税种没有连带关系，有特定的课税对象，并按照规定税率独立征收的税。征收附加税或地方附加，要以正税为依据。我国现行各个税种，如增值税、营业税、农业税等都是正税。

② 附加税。附加税是指随某种税收按一定比例加征的税。如外商投资企业和外国企业所得税规定，企业在按照规定的企业所得税率缴纳企业所得税的同时，应当另按应纳税所得额的3%缴纳地方所得税。该项缴纳的地方所得税，就是附加税。

2.2.4.7　税率形式

① 比例税。比例税即对同一课税对象，不论数额多少，均按同一比例征税的税种。

② 累进税。累进税是随着课税对象数额的增加而逐级提高税率的税种，包括全额累进税率、超额累进税率、超率累进税率。

③ 定额税。定额税是对每一单位的课税对象按固定税额征税的税种。

2.2.5　外部性理论

18世纪开始，人类社会进入了工业化时代，社会生产力得到了极大的发展，社会经济得到了高速的发展。随着人类社会经济的不断发展，现有的资源及生态环境无力承担人类日益增长的生产需求，自然资源与生态环境的压力在不断扩大，这极大地限制了企业大规模生产，也使得企业在追求利润最大化的同时，总是希望将环境污染及资源开发利用的成本转移到社会其他团体或个人的身上，这无疑对整个社会是极端不公平的，也促使了外部性理论的诞生及发展。

2.2.5.1　外部性定义

外部性理论最早诞生于马歇尔的"外部经济"及"内部经济"这一对概念。随后庇古运用边际分析方法，从福利经济学角度出发分析社会资源配置最优，最终正式提出了外部性概念，这也奠定了政府征收环境税的理论基础。20

世纪60年代，科斯进一步发展了外部性理论，提出了科斯定理：在交易费用为零时政府可以不用出面对企业生产过程中产生的外部性问题进行干涉，企业通过内部交易解决这些外部性问题。随后外部性理论得到了进一步地发展，出现了正、负外部性的研究。

不同的经济学家对外部性有不同的定义。一类从外部性的产生主体来定义，如萨缪尔森和诺德豪斯将外部性定义为"那些生产或消费对其他团体强征了不可补偿的成本或给予了不需补偿的收益的情形"；另一类从接受主体来定义，如兰德尔认为"当一个行动的某些效益或成本不在决策者的考虑范围内的时候所产生的一些低效率现象，也就是某些效益被给予，或某些成本被强加给没有参加这一决策的人"。这些叙述性的定义只强调了一个经济主体的经济活动对其他人的影响，但并没有给出什么样的影响，怎么施加的影响，直接影响还是间接影响等问题的定义，因此造成了外部性概念内涵上的模糊。

形式化定义将自身以外的影响都称为外部性，但在现实中，所有经济主体的活动都会对自身以外的其他经济活动产生影响，所以所有的经济主体间都有相互影响。但在这一定义中没有区分出交互式影响和外部性，也正是因为如此，外部性缺少其形式化发展的基础。

虽然目前经济学中对外部性的研究很多，但外部性的定义是经济学中的一个难题，目前仍然没有达到统一。科斯定理中的交易费用完全否定了外部性理论，也使得在产权不明确的情况下，外部性的主体及客体不明确，这样外部性完全没有意义。虽然如此，外部性依然在社会诸多领域得到了广泛的应用。

2.2.5.2　外部性理论发展

许多经济学家都对外部性理论的发展作出了重大贡献，但一般认为外部性理论的发展有三个重要的里程碑，分别由三位经济学家提出，他们是马歇尔、庇古和科斯。

（1）马歇尔的"外部经济"理论

外部性理论最早起源于马歇尔在1890年发表的《经济学原理》中的"外部经济"的概念。在这一论著中，除了人们多次提出的土地、劳动、资本这三大生产要素外，马歇尔提出还有一种要素能导致产量的增加，这一要素就是"组织"。组织的内容十分丰富，包括分工、机器的改良、大规模生产及企业的管理等。马歇尔用"外部经济"和"内部经济"这两个概念，说明了组织这一要素的变化对产量的影响。

马歇尔提出对于经济中出现的生产规模扩大，可以将它分为两种类型，第一类是生产的扩大依赖于产业的普遍发展，第二类是生产的扩大来源于单个企业自身资源组织和管理的效率。对于第一类，我们将其称为外部经济，第二类称为内部经济。内部经济指企业内部的各种要素所导致的生产费用的减少，这些要素包括劳动者工作热情、工作技能的提高、内部分工的完善、管理水平的提高、先进设备的采用等。外部经济指企业外部各种因素所导致的生产费用的减少，这些因素包括企业离产品销售市场的远近、市场容量的大小、交通运输的便利、其他相关企业的水平等。马歇尔并没有提出内部不经济和外部不经济的概念，但他从内部经济和外部经济考察了影响企业成本变化的各种因素，为后来的外部性理论的发展提供了无限的想象空间。

首先，如上所述，有内部经济必然有内部不经济，有外部经济必然有外部不经济，从最简单的层面可以发展马歇尔的理论。

其次，马歇尔考察的外部经济是外部因素对本企业的影响，由此自然会想到本企业的行为如何会影响其他企业的成本与收益。研究这一问题正是由著名的经济学家庇古来完成的。

第三，从企业内的内部分工和企业间的外部分工这种视角来考察企业成本变化，自然会让我们想到，科斯的《企业的性质》与《社会成本问题》这两篇重要文献是不是受到马歇尔思想的影响。

（2）庇古的"庇古税"理论

庇古是马歇尔的弟子，在其 1920 年出版了其代表作《福利经济学》。这本书是西方经济学中第一部系统论述福利经济学问题的专著，庇古也因此被称为"福利经济学之父"。在这本书中，庇古扩充了外部性理论，提出了"外部不经济"的概念和内容，将外部性问题的研究从外部因素对企业的影响转向了企业或居民对其他企业和居民的影响效果，这正是外部性理论研究内容的核心。

庇古通过分析边际私人净产值与边际社会净产值的背离来说明外部性问题。边际私人净产值指的是一个企业在生产中多生产一个生产要素时所得到的产值，边际社会净产值指从全社会的角度出发多生产一个生产要素时所增加的产值。庇古认为生产一个生产要素的边际私人净产值等于边际社会净产值时，产品价格就等于边际成本，资源配置也就达到了最佳状态。庇古认为，边际私人净产值与社会边际净产值之间还存在下列关系：如果在私人净产值之外，还有其他人得到利益，则边际社会净产值大于边际私人净产值；反之如果其他人在这一过程中受到损失，则边际社会净产值小于边际私人净值。这种生产者的生产活动带给社会的有利影响，庇古称之为"边际社会收益"，生产者的生产活动带给社会的不利影响称为"边际社会成本"。

在边际私人收益与边际社会收益、边际私人成本与边际社会成本相背离的情况下，依靠自由竞争是不可能达到社会福利最大的。政府应采取适当的措施来对这种背离进行补偿和纠正。政府应对边际私人成本小于边际社会成本的部门，就是对存在外部不经济的部门进行征税；对边际私人收益小于边际社会收益的部门进行奖励或发放津贴，也就是对存在外部经济效应的企业进行补贴。

庇古认为，通过这种征税和补贴能够实现外部效应的内部化。庇古的这种政策建议被称为"庇古税"。

庇古税在后来各国的经济活动中得到了广泛的应用，如在基础建设中的"谁受益，谁投资"政策，环境保护领域中的"谁污染，谁治理"政策都是庇古税的具体应用。但庇古理论的前提是存在"社会福利函数"，政府是公共利益的天然代表者，并能自觉按公共利益对产生外部性的经济活动进行干预。然而，事实上，公共决策存在很大的局限性。庇古税应用的前提是政府要明确引起的外部性及受其影响的所有边际私人成本和社会成本，但在现实中政府很难拥有这样的足够信息，因此实际的执行效果往往与理想存在较大的偏差。另外政府干预导致自身也会产生成本，如果政府干预成本大于外部性的损失，则经济效率就得不到保证。在庇古理论中，其假设是政府能够自觉按公共利益对产生外部性的经济活动进行处理，但在现实中，政府的公共决策存在很大的局限性。而且在庇古税的实施过程中会出现寻租活动，这会导致资源浪费和资源配置的扭曲。

（3）科斯的"科斯定理"

科斯是新制度经济学的奠基人，在对庇古税批判的过程中形成了自己的理论。其批判主要集中在：

① 外部效应不是一方侵害另一方的问题，而是一个具有相互性的问题。如化工厂与居民区间的环境纠纷，在没有明确化工厂是否具有污染排放权的情况下，一旦因为化工厂排放废水就对它征收污染税，这是不严肃的事情。因为，如果化工厂建造在前，而居民区建造在后，那化工厂拥有污染排放权，居民区要向化工厂购买污染排放权。

② 在交易费用为零的情况下，庇古税是没有存在的必要的。因为通过双方协商就可以达到资源配置的最佳结果，政府实行庇古税会增加额外的成本。

③ 在交易费用不为零的情况下，解决外部效应的内部化问题要通过对各种政策手段的成本与收益进行比较才能确定，在这种情况下，庇古税可能是有效的，也可能是无效的。

在上述三个情形的界定下，形成了科斯定理：如果交易费用为零，无论权利最终如何界定，通过市场交易和自愿协商就可以达到资源的最佳配置；如果交易费用不为零，解决外部性问题也有可能通过自愿协商的市场行为替代庇古税。

科斯定理将庇古税理论纳入了自己的理论框架下，在交易费用为零的情况下，解决外部性问题不需要庇古税；在交易费用不为零时，要通过进行成本的比较，才能决定是否使用庇古税。科斯定理是外部性理论研究的重要进展，环境保护领域中的排污权交易制度是其重要应用。

　　科斯定理也有其重大的局限性，在市场化程度不高的经济体中，科斯定理不能发挥作用；在一个法制不健全、不讲信用的社会环境中，自愿协商会产生巨大的交易费用，这会使得自愿协商不具备普遍的现实适用性；自愿协商的前提是产权明确界定，环境资源这类公共物品产权很难明确界定，这也使自愿协商变得十分困难。

2.2.5.3　外部性分类

　　根据不同的外部性表现形式，可以从以下七个角度对其进行分类。

　　（1）根据影响效果，分为外部经济和外部不经济

　　外部性可以分为外部经济（正外部性）与外部不经济（负外部性）。外部经济指的是一些人的生产或者消费使另外一些人受益但无法向后者进行收益的现象；外部不经济是指一些人的生产或者消费使另外一些人受损但不需对后者进行补偿的现象。如私人的花园给路人带来了享受，但花园主人无法向路人进行收费，这样花园主人就对路人产生了外部经济效果。再如，建筑工地的工业灰尘及噪声影响了路人及周边居民，但路人及周边居民无法得到补偿，这样建筑工地就对路人及周边居民带来了外部不经济效果。在日常生活中，对外部不经济的研究更为普遍，它是环境领域的重要研究课题之一。

　　（2）根据其产生领域，分为生产外部性及消费外部性

　　生产活动中产生的外部性称为生产外部性，消费过程中的外部性可称为消费外部性。

　　（3）根据产生的时空，分为代内外部性和代际外部性

　　一般意义上的外部性考虑的是资源是否合理配置，这是指代内的外部性问题；而代际外部性主要是指人类代际行为的相互影响，就是当代人在发展的同时，要消除对后代人的影响。这种分类源于可持续发展理论。

　　（4）根据产生的前提条件，分为竞争条件下的外部性与垄断条件下的外部性

　　鲍莫尔认为竞争条件下的外部性问题与垄断条件下的外部性问题是不一样的，竞争条件下的外部经济（或外部不经济），在垄断条件下不一定就是外部经济（或外部不经济）。

　　（5）根据其稳定性，分为稳定的外部性与不稳定的外部性

　　稳定的外部性指人们可以掌控的外部性，通过各种协调方式能将稳定的外部性内部化。当前绝大多数文献分析的是这类外部性。不稳定的外部性指蕴含不可控因素的外部性，如科技成果带来的不确定性等。

　　（6）根据方向性，分为单向的外部性和交互的外部性

　　单一的一方对单一的另一方带来的外部性称为单向的外部性。多个对象间的交互作用产生的外部性称为交互的外部性。如所有的企业都对生态环境造成

损害，同时其彼此间都有对另一方的外部不经济性，这就是交互的外部性。

（7）根据其理论来源，分为科斯外部性与马歇尔外部性

科斯外部性指的是主体方在经济活动过程中对直接参与者产生的影响，这一类的外部性影响是最直接的，受影响的一方对行为方的反馈也是最直接的。因此其特点是"直接性和简单性"，这使得主体方与受影响方之间的关系是简单的，其反馈途径很简洁，反馈效果也很明显，比较容易进行判断及处理。这一类的外部性重要的是受影响方能直接反馈到主体方，从被动转向主动，这正是科斯理论的价值，因此称之为科斯外部性。

马歇尔外部性将外部性扩展到了所有的经济活动参与者，即将与主体方经济活动有关的其他相关产业及经济体等间接参与者都纳入外部性。在这一类外部性中，许多受影响方并没有直接受到主体方的影响，但间接地受到了影响，这些影响难以进行直接的反馈，是间接地通过市场机制反馈到受影响方。这一类外部性是马歇尔经济所研究的范围，因此称之为马歇尔外部性。

2.2.6　双重红利理论

庇古针对环境税收的研究主要集中在解决市场的负外部性问题，没有太关注税收的收入功能。Tullock（1967）等人提出的超额收益是早期"双重红利"理论的雏形。它于 1991 年由 Pearce 正式提出，受到理论界的广泛关注。其中，第一重红利和第二重红利分别体现在环境税收可以抑制污染、改善环境质量和征收环境税可以减轻政府财政负担，同时有助于生产方式的转变、促进就业等。

从三个方面总结目前"双重红利"的研究：一是环境税收通过减少原本的扭曲型税收达到减轻超额税收负担的目的，这种效应被称为"弱式双重红利论"；二是利用环境税收提高现行税收制度效率的"强式双重红利论"进一步增加环境收益，提高社会福利水平；三是体现"就业双重红利论"。开征环境税不仅改善了生态环境，而且促进了相关产业的发展，从而促进了就业。目前，已有大量研究从理论和实证两个方面对该理论进行了验证。大多数学者认为税收有助于改善环境质量和保护环境。但也有学者对这一理论持怀疑态度，问题主要集中在上述的后两个方面，至今没有形成统一的认识（Goulder，1996；Bovenberg，1998；邢丽，2010；何平林，2019）。

本书基于双重红利理论，兼顾税收政策的碳减排效果与政府财政收入等经济因素，探究适宜的碳税与税收返还配比，为政府制定相关经济政策提供决策依据。

3 黑龙江省奶牛养殖碳排放的现状

征收奶牛养殖碳排放税前，首先应该掌握区域奶牛养殖碳排放的基本情况。因此，本章将在阐述奶牛养殖碳排放来源的基础上，运用碳足迹方法刻画黑龙江省奶牛养殖碳排放的现状。

3.1 奶牛养殖碳排放来源

碳排放是关于温室气体排放的一个总称或简称。温室气体排放是人类活动产生或者自然形成的温室气体，如水汽、氟利昂、二氧化碳、一氧化二氮、甲烷、臭氧、氢氟碳化物、全氟碳化物、六氟化硫等的排放。碳排放量是指在生产、运输、使用及回收该产品时所产生的平均温室气体排放量。

奶牛养殖的碳排放是指奶牛养殖各个环节涉及的温室气体排放，排放的主要气体有甲烷、二氧化碳及一氧化二氮等。奶牛养殖碳排放来源于多个方面，具体包括奶牛养殖的胃肠道发酵、粪便管理系统、畜禽饲养环节耗能、饲料粮种植、饲料粮运输加工和畜禽产品屠宰加工等部分。①饲料生产与加工环节的碳排放，包括氮肥生产和氮肥田间施用的排放，谷物（大豆、小麦）加工成饲料成分（豆粕、麦麸等）时耗能的排放，全价料、浓缩料加工的温室气体排放；奶牛的饲料组分主要包括青饲玉米等粗饲料，玉米、麦麸和豆粕等精饲料。麦麸和豆粕是谷物深加工的副产品，它们在整个作物生产和谷物深加工过程的排放量需根据排放量分配系数进行计算。与饲料相关的排放量包括：氮肥生产过程消耗能源的排放量，种植饲料作物时施用氮肥产生的田间排放；谷物深加工成饲料组分的能源消耗排放量；全价饲料和浓缩饲料加工消耗的能源排放量，在此只计奶牛场外购全价饲料和浓缩饲料的加工能耗，奶牛场自己购买饲料组分进行混合、加工的能耗不计入该部分，而计入奶牛场的能源消耗中。②奶牛肠道发酵排放。③粪便贮存和处理的温室气体排放，包括粪便堆放储存和处理时的甲烷和一氧化二氮排放。④奶牛场能源消耗的温室气体排放，指养殖场内生产活动的电、化石能源消耗，包括锅炉、冷贮罐、饲料搅拌车、挤奶机等设备运营的电、煤、柴油消耗。⑤与运输有关的温室气体排放，主要包括饲料运输、粪便运输及生鲜乳运输等消耗能源的排放量，主要包括柴油、汽油及电力等能源。⑥粪便田间施用的温室气体排放。国内学者对奶牛养殖温室气体排放量占比的研究表明，奶牛场温室气体排放主要来自奶牛肠道发酵、饲料生产与加工、粪便贮存，其排放量分别占排放总量的 48.86％、18.97％、16.39％；奶牛养殖主要排放的温室气体是甲烷和一氧化二氮，分别占总排放量的 55.56％和 26.9％。

3.2 奶牛养殖碳排放的核算方法

3.2.1 奶牛养殖碳排放核算方法选择

从前文对奶牛养殖碳排放核算方法的综述得出，国内外对奶牛养殖碳排放的核算主要应用碳足迹方法。碳足迹研究方法主要有生命周期评价和投入—产出法两类。由于我国的投入产出表每五年更新一次，数据具有滞后性，导致投入—产出法不适合对奶牛养殖碳排放进行核算。生命周期评价是一种用于评估产品在其整个生命周期，即从原材料的获取、产品的生产直至产品使用后的处置，对环境影响的技术和方法。生命周期评价提供了一种从系统的角度来分析问题的思路和评估的标准方法。经济合作组织国家已采用生命周期评价方法研究奶牛养殖业的环境影响和温室气体排放问题。

系统边界是碳足迹评估中极为重要的一个环节，系统边界的范围直接影响最终研究结果的不确定性。在奶牛养殖碳排放中按照系统边界不同，主要分为部分生命周期评价和全生命周期评价。部分生命周期评价的奶牛养殖碳足迹核算主要是专注于奶牛养殖环节的直接碳排放，包括奶牛肠道发酵的碳排放、粪便贮存和处理的碳排放、奶牛场能源消耗的碳排放及粪便田间施用的碳排放。全生命周期评价的奶牛养殖碳足迹核算还包括与奶牛养殖相关的间接碳排放，即奶牛的饲料生产及运输、生鲜乳加工及运输等环节的碳排放情况。

已有对奶牛养殖碳排放核算是将各碳排放环节的碳排放量加总，但该种方法不易将各规模奶牛养殖的碳排放量区分开，也不利于核算奶牛进入和退出市场导致的碳排放量变化的情况。因此，本研究采用基于生命周期的碳足迹系数法对黑龙江省各规模奶牛养殖的碳排放情况进行核算。

3.2.2 奶牛养殖碳足迹系数选择及核算方式

（1）奶牛养殖的碳足迹系数选择

国内外学者对我国奶牛碳排放情况的核算主要以从饲料生产到农场大门为系统边界。饲料环节是奶牛养殖系统碳排放中除奶牛胃肠道甲烷排放外最大的排放环节，而且饲料的结构不但直接影响饲料环节的排放量、奶牛胃肠道甲烷排放、粪便管理和田间施用的一氧化二氮排放，而且影响奶牛产奶量及其品质，并最终影响单产排放量，因此在评估奶牛养殖系统碳排放量时，饲料环节是一个不可或缺的重要部分。现有研究或是依托全国各省份的面板数据，以省份为单位对畜牧业生产的碳排放情况进行研究，或是以单个奶牛养殖场为例研究其碳排放情况。在各省份数据中，未有单独研究奶牛碳排放的文献，多是研究牛类（奶牛和肉牛等）的碳排放。其中孟祥海（2013）对 2011 年全国畜牧业碳排放的研究表明黑龙江省畜牧业碳排放总量为 1 927 万吨，根据近二十年全国牛类碳排放的占比 41.64% 及 FAO 认为奶牛的碳排放量为肉牛两倍的研究结论，可以估算出 2011 年黑龙江省奶牛的碳排放约为 540 万吨，但该碳排放量仅是根据全国牛类碳排放平均占比的估算结果。黑龙江省是我国奶牛养殖的主要区域，奶牛存栏量和产奶量均居全国前列，因此黑龙江省的奶牛实际碳排放量应高于此值。

不同学者以某一规模化奶牛养殖场为例研究其碳排放情况，并给出奶牛养殖的碳足迹系数。王效琴（2012）以某一奶牛存栏量为 950 头的养殖场为例，其中 550 头泌乳奶牛、200 头育成牛、200 头母犊牛，年产奶 3 630 吨。该奶牛养殖系统生产 1 千克生鲜乳的温室气体排放量（以二氧化碳当量计）为 1.34 千克，生产 1 千克按脂肪和蛋白质纠正的生鲜乳（FPCM）的排放量为 1.52 千克，低于全球平均的混合饲养模式生鲜乳排放量 1.63 千克，高于欧洲国家生鲜乳生产的排放量：0.93～1.3 千克，1.4 千克（FPCM）。黄文强（2013）以某一奶牛存栏量为 5 367 头的规模化奶牛养殖场为例进行碳排放研究，该养殖场均为进口荷斯坦牛，采用舍内饲养，泌乳牛 2 603 头，每头泌乳牛日产奶量为 21 千克。研究结果表明每千克牛奶生产碳足迹为 1.21 千克二氧化碳当量（FPCM）。同时可得出，当系统边界为截止到农场大门时，平均每头牛每年产生的温室气体总量为 4.53 吨二氧化碳当量。石鹏飞等（2017）以某一奶牛存栏量为 1 400 头牛的养殖场为例，其中犊牛 420 头，平均体重 180 千克，育成牛 700 头，平均体重 450 千克，泌乳牛 280 头，平均体重 600 千克，该养殖场年产奶量为 1 460 吨。研究结果表明：生产 1 千克生鲜乳和 1 千克按蛋白质和脂肪纠正的牛奶（FPCM）的温室气体排放量（以二氧化碳当量计）分别为 1.04 千克和 1.14 千克，低于全球平均水平。但该例子中的泌乳牛占比仅为 20%，远低于规模化奶牛养殖场 50% 的比例水平，这可能是其每千克牛奶碳足迹较低的原因。综合国内现有对奶牛养殖碳足迹研究的结果可以得到：奶牛单产与碳足迹正相关，即奶牛单产越高，相应的碳足迹越高。

影响奶牛碳排放的因素较多，主要包括奶牛品种、存栏量及奶牛养殖结构、奶牛单产及奶牛重量等。国内外学者的研究表明：中国生产 1 千克牛奶的碳足迹在 1.01～1.52 千克二氧化碳当量。鉴于黑龙江省的玉米及大豆等奶牛饲喂资源丰富，且黑龙江省在种植业中施用的农用化学物质均低于全国平均水平。因此，奶牛养殖中饲料生产部分的碳排放应低于全国平均水平。其中，饲料生产加工部分碳排放占总碳排放的比例约为 21%，仅低于奶牛养殖的胃肠道发酵的碳排放占比 52%。因此，本研究分别对散户、小规模、中规模、大规模奶牛养殖中每千克牛奶的碳足迹取值为 1.01、1.19、1.21、1.3 千克二氧化碳当量。

各规模奶牛养殖中均包含泌乳牛和非泌乳牛两大类，非泌乳牛包括犊牛、育成牛及淘汰牛等。根据相关统计数据及对黑龙江省奶牛养殖业的调研数据，得到各规模奶牛养殖中非泌乳牛的比重。奶牛养殖规模越大，非泌乳牛的占比越高，黑龙江省的散户、小规模、中规模和大规模的非泌乳牛占比分别为30%、35%、40% 和 50%。泌乳牛的碳排放量可以根据牛奶的碳足迹系数得出，非泌乳牛的碳排放量则按照牛肉的碳足迹系数核算。根据我国学者对国内规模化肉牛养殖场的牛肉碳足迹系数的研究结果，本研究中每千克肉牛的碳足迹系数取值为 10.16 千克二氧化碳当量。

(2) 奶牛养殖的碳足迹核算方式

各规模奶牛养殖的碳足迹主要来源于奶牛养殖的主产品生鲜乳的碳足迹及副产品牛肉的碳足迹两种途径。

$$E_i = f_1 \times Q_{mi} \times f_2 \times Q_{ni} \qquad (3-1)$$

$$Q_{ni} = W_i \times (f_3 \times N_i) \qquad (3-2)$$

$$E = \sum_{i=1}^{n} E_i (n = 1,2,3,4) \qquad (3-3)$$

f_1 和 f_2 分别为生鲜乳和牛肉的碳足迹系数，Q_{mi} 和 Q_{ni} 分别代表某奶牛养殖规模的生鲜乳数量和牛肉数量，其中 Q_{ni} 是根据某规模中非泌乳牛的数量（n）和平均重量（W_i）得出，非泌乳牛的数量由各规模中非泌乳牛占牛群总量的比重（f_3）及牛群总量（N_i）决定。

3.3 奶牛养殖碳排放分析

3.3.1 奶牛养殖碳排放总量分析

2008—2018 年，黑龙江省奶牛养殖的碳排放量呈先升高后降低的态势。与 2008 年相比，2018 年的碳排放量降低了 18.9%。其中，2011 年奶牛养殖的碳排放量最高，达到 1 140 万吨。与其他学者对黑龙江省奶牛养殖碳排放的数据具有一定的可比性。孟祥海（2013）的研究结果表明黑龙江省在 2011 年奶牛的碳排放量约为 540 万吨，但该碳排放量仅是根据全国牛类碳排放平均占比的估算结果。黑龙江省是我国奶牛养殖的主要区域，因此，该区域的实际碳排放量应高于该值。黄文强（2015）的研究结果表明规模化奶牛养殖场平均每头牛每年产生的碳排放为 5.05 吨二氧化碳当量，根据该结果，2011 年黑龙江省奶牛存栏量为 285 万头，则碳排放量约为 1 439 万吨。但非规模化奶牛的年均碳排放量应低于该例子中的规模化奶牛养殖的平均碳排放量，因此，黑龙江省实际的碳排放量应该低于 1 439 万吨，与本研究中奶牛养殖的碳排放结果基本一致。

3.3.2　各规模奶牛养殖的碳排放分析

从各规模奶牛养殖的碳排放来看，散户的碳排放总体呈现降低态势。从 2008 年到 2010 年小幅下降，从 2011 年到 2018 年大幅下降，年均降低约 4％（图 3-1）。小规模奶牛养殖的碳排放也总体呈降低态势，但降低幅度比散户小，年均降低 1％。中规模和大规模奶牛养殖的碳排放均呈上涨态势。中规模奶牛养殖碳排放分三个阶段上涨，2008 年到 2011 年及 2017 年到 2018 年均小幅上涨，2012 年到 2016 年大幅上涨。总体看，中规模奶牛养殖碳排放的年均增长率约为 4％。大规模奶牛养殖碳排放总体呈上涨态势，年均增长率约为 1％。其中从 2008 年到 2013 年平稳上涨，年均增长率为 0.6％，从 2014 年到 2017 年年均涨幅为 1.1％。

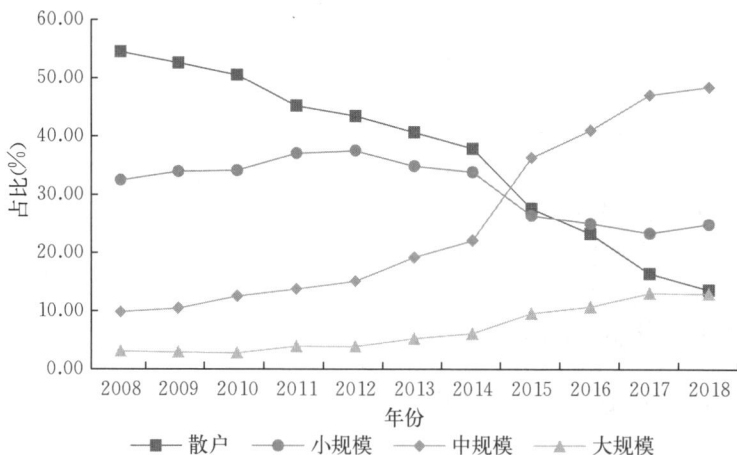

图 3-1　黑龙江省各规模奶牛养殖的碳排放占比

从各规模奶牛养殖碳排放的综合排名来看，在研究期开始阶段，碳排放从高到低排序为散户、小规模、中规模和大规模，占比分别为 55％、31％、10％和 3％；在研究期中，由于散户和小规模碳排放逐渐降低，中规模和大规模逐渐上涨，在研究期结束阶段，碳排放从高到低排序依次为中规模、小规模、散户和大规模，占比分别为 49％、23％、13.5％和 13％。这种变化与黑龙江省奶牛养殖产业结构调整有关，即从 2013 年开始黑龙江省采用政府引导的形式发展规模化奶牛养殖，兴建奶牛存栏量百头、千头的中、大规模牧场。

3.3.3 非泌乳牛碳排放分析

从奶牛的生长周期来看，在实际生产中可以把奶牛分为犊牛、育成牛、泌乳牛、干奶牛几个阶段。犊牛是 0～6 月龄的小牛，育成牛是 7～18 月龄的牛。在实际生产中常常分两个大群饲养管理，7～12 月龄叫小育成，13～18 月龄为大育成。泌乳牛指投入泌乳生产的奶牛。干奶牛是从停奶到产犊前的经产牛和妊娠 7 个月以上到产犊前的初孕牛。成母牛包括泌乳牛与干乳牛。奶牛的妊娠期是 280 天，生下牛犊后产奶 305 天，从它产下头胎小牛后的第 60 天就要接受人工授精，它是边产奶边孕育小牛，直到预产期前的两个月，才可以断奶休息。而两个月后第二胎小牛落地，它就又进入下一个产奶、怀孕循环。因此，并非所有奶牛养殖场的存栏奶牛都全年产奶，处于干奶期的成母牛及犊牛、育成牛等均为非泌乳牛。非泌乳牛虽然不产奶，但仍然产生碳排放，本研究根据相关统计数据及对黑龙江省奶牛养殖业的调研数据，得到各规模奶牛养殖中非泌乳牛的比重，并按照肉牛的碳足迹系数核算其碳排放量。

图 3-2 为黑龙江省各规模奶牛养殖中非泌乳牛碳排放占碳排放总量的比重，由高到低的排序依次为：散户、小规模、大规模和中规模。各规模的非泌乳牛碳排放量占比均总体呈下降态势。其中大规模的非泌乳牛碳排放占碳排放总量的比例由 27％下降到 21％，中规模由 22％下降到 20％，小规模由 27％下降到 21％，散户由 30％下降到 27％，规模化奶牛养殖的非泌乳牛碳排放占碳排放总量的比例差距在逐步缩小。

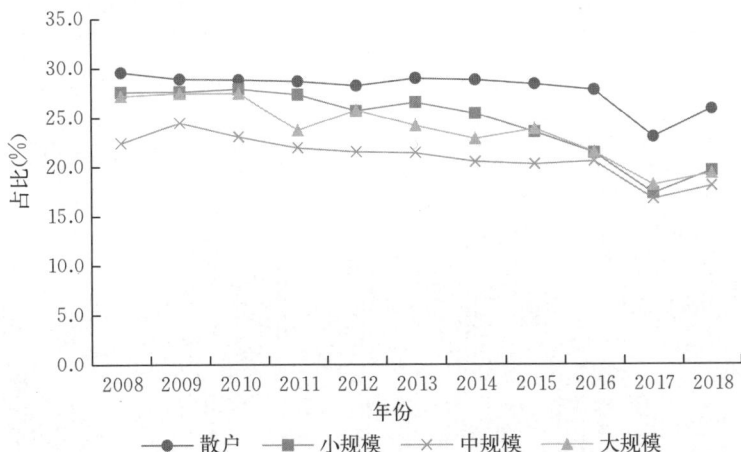

图 3-2　非泌乳牛碳排放占碳排放总量的比例

规模化奶牛养殖非泌乳牛碳排放占比降低的原因包括以下几方面：一是规模化奶牛养殖的规范化繁育技术，提高了奶牛的配种成功率并能确保母犊牛出生率较高；二是牛群管理规范，新生牛存活率提高，奶牛疾病预防到位，奶牛的淘汰率降低；三是加强泌乳牛护理，使奶牛的泌乳期相对散养更长，干奶期短。

4 黑龙江省奶牛养殖碳减排的影响因素研究

由于畜牧业研发能力薄弱而很难改变传统的粗放型生产方式，对此政府需要用好"有形的手"制定政策从而达到碳减排目标，但是仅靠单方面因素无法实现快速碳减排，极大地阻碍了区域低碳经济的发展。充分考虑政策因素、技术因素、资金与市场和人力因素的影响，可以使参与者之间互补，发挥各自的优势，发挥系统的协同效应，进而实现碳减排。

4.1 奶牛养殖业的碳减排影响因素确定

为促进奶牛养殖业实现碳减排，首先需要建立合理的奶牛养殖业碳减排影响因素指标体系。为客观反映影响因素内涵及因素间的相关作用关系，奶牛养殖碳减排影响因素的确定需要遵循系统性、全面性、可行性等基本原则。通过对奶牛养殖业碳减排问题进行总结和梳理，概括出以下会导致奶牛产业碳排放量发生变化的因素，其中包括政策因素、技术因素、资金与市场因素、人为因素。

4.1.1 政策因素

尽管各级政府已出台有关畜牧业碳减排的政策指导，以及支持和规范畜牧业资源化利用的相关文件，但是目前农业碳减排的政策法规体系并不完善，而且缺乏具体可执行的标准。具体来说，一是对碳排放的约束机制不健全。约束机制可以减少生产要素过度使用，提高各要素使用效率，可以直接抑制碳排放。我国目前已实施的措施包括碳排放权交易制度、部分行业的污染税收等。其中碳排放权交易虽然取得了一定的减排效果，但覆盖的行业多为工业，有关农业方面的碳排放权交易尚未实施。其中税收是约束机制的常用方式，碳税是针对碳排放设定的专门税收，已经得到国际普遍的认可，就碳税在农业碳减排中的具体应用和实现路径还需进行广泛调研和深入研究。二是补贴政策和激励机制不到位。我国对农业生产的扶持措施不足，没有形成以低碳发展为导向的补贴政策，畜禽养殖废弃物处理难以享受与高能耗工厂污染治理同等的条件，畜禽污染处理缺乏配套政策，导致养殖主体在低碳建设上面临资金压力。三是现行的政策、法规在碳减排方面还存在诸多盲点，如政府监管力度不够，法律执行力不高等。

4.1.2 技术因素

我国畜牧业低碳化发展起步比较晚，配套技术和基础设施较弱方面的不足已成为阻碍发展的主要因素。王建华（2019）通过问卷调查发现 30% 的养殖户表示技术的缺乏是现阶段产业发展面临的重要困难，通过对全国规模化畜禽养殖业污染调查技术报告的分析，我国约 80% 的规模化畜禽养殖业缺乏必要的污染防治设施，50% 以上养殖主体干湿分离设施不完善，90% 的规模化养殖主体未通过环境影响评价，处理设备配套率低，严重制约了畜禽养殖废弃物的收集、贮存、运输和资源化利用。此外，现有技术推广转化率不足，设施设备投资不达标，设备运转不足，闲置率高，造成资源利用效率低下。

4.1.3 资金与市场因素

低碳发展需要机械设备投资大，投资周期长，运营成本高，资本回报率低。养殖主体往往注重短期效益，不愿意投入基本建设。此外，政府补贴和激励政策不足，因此资金缺乏成为低碳养殖的重要阻碍。此外，低碳养殖下的产品成本高，销路不畅，与其他产品相比缺乏竞争力，市场利用困难。

4.1.4 人为因素

农户作为参与者对促进碳减排起重要作用，随着城市化的发展，农村劳动力涌向城市，造成了农村劳动力的短缺，此外农业现代化不仅需要简单的基本劳动力，还需要具有专业知识和技能的高级劳动力。目前只有少部分的养殖户有机会接受技术培训，总体农户的专业知识和技能维持在中低水平。一些地方政府对畜牧业碳减排重视度不够，没有设立专门的领导机构，工作缺乏统筹考虑，分工不清，主管部门对养殖主体的监督和技术指导普遍不够。

将四种阻碍奶牛养殖碳减排主要因素进行划分，具体见表 4-1。

表 4-1　奶牛养殖业碳减排壁垒因素

因素	壁垒	解释	参考
政策因素	S1 约束机制	约束机制可以减少生产要素过度使用，提高各要素使用效率，可以直接抑制碳排放，税收是其有效方式，目前我国针对碳减排的税收体系不健全	（田素妍等，2012；谢美雅，2020）

（续）

因素	壁垒	解释	参考
政策因素	S2 激励机制	在促进低碳发展中，政府应提供充分的财政支持，如优惠政策、财政支持政策和补充补贴机制。然而，目前政府缺乏科学依据的优惠和补贴政策	（秦小丽等，2016；司瑞石等，2019）
	S3 法律环境	地方官员缺乏环保意识，政策的监管力度不够，法律的宣传和推广工作不到位	（姜海等，2015；申雪伟等，2013）
技术因素	S4 低碳技术推广	低碳技术的推广机制不灵活，环境治理、碳减排领域的新技术未能得到必要的研究，低碳技术的开发和推广受限	（杜红梅等，2016；周晶等，2018；黎孔清等，2018）
	S5 机械化水平	各种设施的机械化尚未普及，导致生产规模较小，专业化尚处于初级阶段	（刘恒新等，2012）
	S6 资源利用效率	现有基础设施薄弱，生产要素配置不合理，导致资源利用效率低	（孟军等，2020；庞丽，2014）
资金与市场因素	S7 产品竞争力	缺乏低碳产品的品牌和市场开发，导致利润低下，低碳产品在市场供需中没有体现竞争力	（Xi，2010；Wang et al.，2016）
	S8 居民消费水平	居民消费水平的增加会对行业发展起推动作用，从而造成碳排放量的增加，因此，消费因素会间接影响碳排放量	（孔凡斌等，2016；姚成胜等，2017）
	S9 资金投入	低碳发展要求机械设备投资大、投资周期长、运营成本高、资本回报率低。养殖主体往往重视短期效益，不愿意投入基本建设	（姚勇，2016）
人为因素	S10 低碳认知	目前大部分养殖主体（户）还采用传统的养殖模式，对低碳认知不够，环保意识淡薄，总体积极性不高	（王建华等，2019；毛薇等，2016）
	S11 专业知识	养殖主体（户）缺乏低碳化养殖的专业知识，没有经历相关培训，对污染物的处理方式和利用途径都不够清晰	（董会忠等，2015）
	S12 主管部门的引导	主管部门职员业务能力不足，对低碳政策的理解不足，对低碳经济的推进没有起到重视和指导作用	（陆晓莉，2018；刘雪芬等，2013）

4.2 模糊 DEMATEL – ISM 的影响因素模型构建

4.2.1 模型概述

以往研究影响因素的文献大多采用大规模、有针对性的问卷调查，然后根据数据调查结果构建结构方程模型（SEM），分析影响因素的性质。但由于有关奶牛养殖业碳减排的推广并未普及，很难获取满足要求的大量数据样本。美国巴士底国家实验室（Bastille National Laboratory）提出了一种利用图论和矩阵理论分析系统因素的新方法。通过系统中各因素之间的因果关联，构造综合关系影响矩阵，计算各因素的中心度和因果度，分析各因素是原因因素还是结果因素。传统的 DEMATEL 方法中认为专家的意见是确定的，不能准确描述思想的模糊性。为了解决这个问题，本研究采用模糊法建立了灵活的数学决策模型。DEMATEL 在模糊环境中的应用使研究者能够分析模糊变量之间的逻辑关系，确定影响因素之间的相互影响程度，定量地揭示各种影响因素的综合影响，同时可以使分析变得清晰，避免歧义并更好地接近现实。因此，本研究将模糊逻辑推理与 DEMATEL 方法有效地结合起来，并用它们来分析影响奶牛养殖业碳减排的因素。

DEMATEL 和 ISM 属于系统结构建模方法，两者均使用矩阵进行分析系统中任何两个因素之间的关系。一方面，模糊 DEMATEL 模型通过综合影响矩阵将难以量化的因素进行评估，从而获取更多影响因素间的隐性信息，如因素间的影响关系、影响权重等。另一方面，ISM 的可达性矩阵的计算结果可用于构建系统结构图。目前，集成的 DEMATEL – ISM 已广泛应用于企业管理等相关领域，解决因果关系分析中经济、社会和技术因素影响复杂系统的问题。因此，本研究将两种方法结合起来分析奶牛养殖碳减排的影响因素。DEMATEL– ISM 集成方法的流程如图 4 – 1 所示。

通过综合影响矩阵获得总体影响矩阵，并使用总体影响矩阵计算邻接矩阵来划分复杂系统的层次结构。

两种方法在影响因素分析过程中发挥各自的优点，用于处理不同的问题。模糊 DEMATEL 用于识别复杂影响因素体系的关键因素和影响程度，侧重于划分影响因素系统原因和结果因素；通过设置阈值构建的 ISM 模型用于建立系统影响因素间的层次关系，从而识别复杂系统中根本元素、影响因素间因果传递的路径和所有影响因素间的层次网络关系。

4.2.2 模型构建

本研究将结合奶牛养殖业碳减排影响因素的特点，使用集成的模糊 DE-

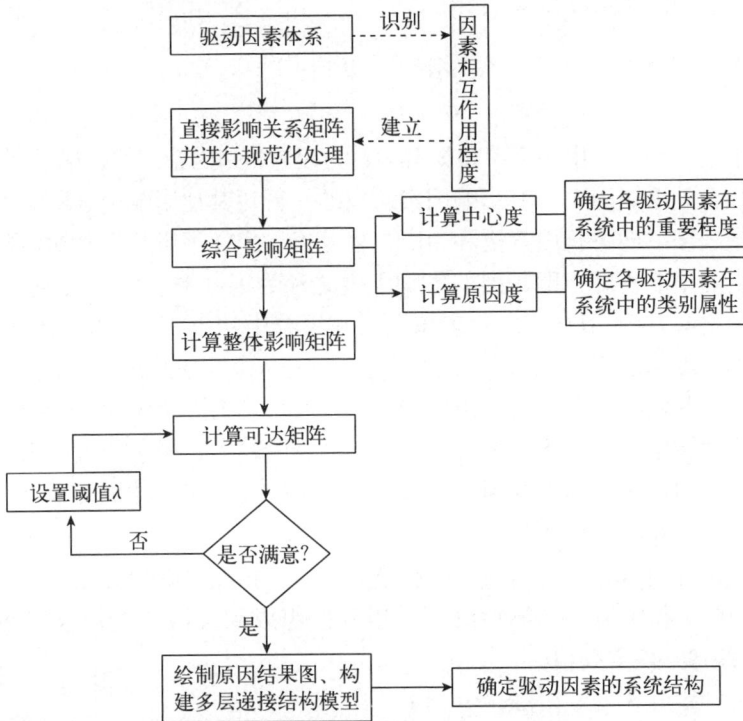

图 4-1 DEMATEL-ISM 集成的简要过程

MATEL-ISM 模型，建立影响因素的多层次结构模型。模糊 DEMATEL-
ISM 模型构建的主要步骤如下。

步骤 1：查询和收集影响因素数据。

根据上文分析，以下从 4 个方面的 12 个影响因素总结奶牛养殖业碳减排
影响因素。本研究 DEMATEL 方法中专家的语言判断属于模糊问题，因此采
用三角模糊数方法对收集整理后得到的直接影响矩阵进行三角模糊逻辑推理，
为了评估各种标准之间的关系，设计专家评价等级问卷，每一位专家都要对定
义的变量因素进行两两比较影响程度，本研究选取 0~4 打分法，将影响程度
的大小分为无影响"0"、影响力极低"1"、低影响力"2"、高影响力"3"、极
高影响力"4"。

步骤 2：利用模糊 DEMATEL 法筛选关键因素。

运用 CFCS（Converting Fuzzy Data into Crisp Scores）算法将专家判断矩阵模
糊数进行反模糊化，得到直接影响矩阵 A。标准化直接影响矩阵 N 如下式：

$$N = \frac{A}{\lambda} \qquad (4-1)$$

$$\lambda = \max\{\max_{1 \leqslant i \leqslant n} \sum_{j=1}^{n} x_{ij}, \ \max_{1 \leqslant j \leqslant n} \sum_{i=1}^{n} x_{ij}\} \qquad (4-2)$$

运用下式将 N 转换为综合影响关系矩阵 $T = (t_{ij})_{m \times n}$：

$$T = \lim_{m \to \infty}(N + N^2 + \cdots + N^m) = N(I-N)^{-1} \qquad (4-3)$$

其中式（4-3）中 I 为单位矩阵，t_{ij} 为因素 i 和因素 j 的影响关系。

在综合关系矩阵中，将影响因素对应的一行对其他影响因素的影响程度定义为影响程度，即每行因素之和为影响程度 D，定义了影响因素对应的一列受其他因素的影响程度，即每列的影响程度之和为 R，中心性定义为 D 与 R 的影响程度之和，记为 $D+R$，代表该因素在系统中的重要性。定义原因度为影响程度 D 与影响程度 R 之差，记为 $D-R$，表示因素的影响程度与影响程度之差，用于判断因素在因果系统中的因果属性。当原因度计算结果为正数时，表示该因素在影响因素体系中对其他因素的影响较大，属于原因因素。当原因度小于零，则说明该因素受其他因素的影响较大，属于结果因素。

步骤 3：建立 ISM 可达矩阵。

邻接矩阵表示元素之间的对应连接关系，已知综合影响力矩阵，根据下式求邻接矩阵 L。阈值 λ 影响后续可达矩阵的组成和层次结构，根据参考文献（薛伟，2019）确定阈值。

$$L_{ij} = \begin{cases} 1, & t_{ij} \geqslant \lambda \\ 0, & t_{ij} < \lambda \end{cases} \quad i, \ j = 1, \ 2, \ \cdots, \ n \qquad (4-4)$$

给定邻接矩阵 L，运用下式进行迭代计算，得到可达矩阵 R。

$$R = (L+I)^{k+1} = (L+I)^k \neq (L+I)^{k-1} \qquad (4-5)$$

式中 I 是与 L 维数相等的单位阵。若可达矩阵 R 的元素 R_{ij} 为 1，则表示元素之间有任意长的相互连接的通路，R_{ij} 为 0 则表示两种元素间没有通路。使用 $R(s)$ 表示元素可到达的因子集合，即可达集，使用 $L(s)$ 表示能够到达元素的因子集合，即前因集，若 $R(s) \bigcap L(s) = R(s)$ 成立，则 $R(s)$ 为最高级因子集。重复以上规则对碳减排影响因素进行层次划分，并绘制结构模型图。

4.3 结果分析

4.3.1 DEMATEL 分析

本研究梳理出 4 个方面的 12 个奶牛养殖业碳减排影响因素。邀请黑龙江省相关领域的 40 名专家对各种因素之间的影响关系进行打分，专家涉及领域较广，具体包括黑龙江省从事奶牛养殖的专家 27 名（奶牛养殖年限超过 10 年）、农业局职员 6 名、高校低碳经济研究领域方面的专家 7 名。假设专家权重相同，对收集到的专家问卷按照上一节模糊 DEMATEL 方法中的步骤 1 处理专家意见。根据步骤 2 中定义计算 12 种因素的影响度 D、被影响度 R、中心度 $D+R$、原因度 $D-R$，计算结果如表 4-2 所示。

表 4-2 碳减排因素影响等级

	影响 因素	影响 度 D	被影响 度 R	中心度 $D+R$	中心度 排序	原因度 $D-R$	因素 属性
S1	约束机制	6.677	3.402	10.079	10	3.275	原因因素
S2	激励机制	6.256	3.484	9.740	11	2.772	原因因素
S3	监督环境	5.686	5.053	10.739	8	0.632	原因因素
S4	低碳技术推广	5.104	6.239	11.343	5	−1.135	结果因素
S5	机械化水平	4.899	6.449	11.349	4	−1.550	结果因素
S6	资源利用率	3.960	6.982	10.942	7	−3.022	结果因素
S7	产品竞争力	4.659	6.488	11.146	6	−1.829	结果因素
S8	居民消费水平	3.047	5.912	8.959	12	−2.865	结果因素
S9	资金投入	7.416	4.689	12.105	1	2.728	原因因素
S10	主体低碳认知	4.377	6.034	10.410	9	−1.657	结果因素
S11	专业知识	5.927	5.592	11.519	2	0.334	原因因素
S12	主管部门引导	6.906	4.589	11.495	3	2.317	原因因素

影响程度 D 越大，说明该影响因素对其他因素的影响越大。被影响度 R 的数值越大，说明其他因素对该影响因素的影响越大。中心度 $D+R$ 代表该因素在影响因素系统中的重要性，因此数值越大，说明该影响因素的重要性越大。原因度 $D-R$ 反映了该影响因素的属性。

根据中心度排序可知，S9＞S11＞S12＞S5＞S4＞S7＞S6＞S3＞S10＞S1＞S2＞S8。在所有影响因素中，S9 资金投入重要程度最高，S8 居民消费水平重要程度最低。S9 资金投入、S12 主管部门引导、S1 约束机制和 S2 激励机制对其他影响因素的影响最大。根据原因度确定 {S1，S2，S3，S9，S11，S12} 为原因因素，{S4，S5，S6，S7，S8，S10} 为结果因素。但无法确定影响因素的层次和该因素在影响因素体系中的作用。

根据求得的原因度和中心度以中心度为横坐标、以原因度为纵坐标在坐标轴上绘制奶牛养殖业碳减排影响因素属性分布图。令纵坐标原因度以 $D-R=0$ 为界，横坐标中心度以 $D+R$ 的均值 10.9 为界，划出 4 个象限（图 4-2）。

根据影响因素坐标所在象限位置，将 12 种碳减排影响因素划分为以下 4 种类型：

（1）驱动型：$D-R$ 为正，$D+R$ 较小

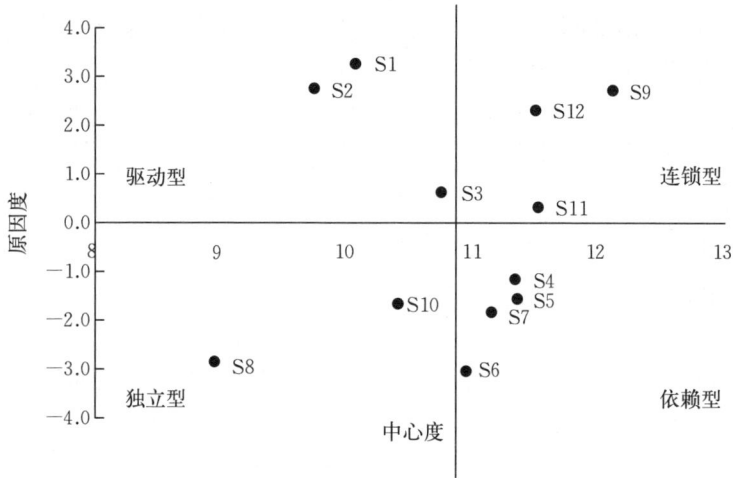

图 4-2 奶牛养殖碳减排原因

该类因素是解决问题的最关键因素。驱动型因素是解决问题的基础和依据。S1 约束机制、S2 激励机制和 S3 监管环境属于驱动型因素。

（2）连锁型：$D-R$ 为正，$D+R$ 较大

该类因素起到影响力的承接作用，而且对其他因素具有较强影响。S9、S11 和 S12 属于连锁型因素。

（3）独立型：$D-R$ 为负，$D+R$ 较小

这类因素在碳减排过程中能较为独立地发挥作用，并仅受其他少数因素的影响。S8 和 S10 属于独立型因素。

（4）依赖型：$D-R$ 为负，$D+R$ 较大

该类因素属于结果因素，受原因因素的影响，无法直接改进。但对碳减排目标的改善更为直接和快速，具有较强的可实施性。S4、S5、S6 和 S7 属于依赖型因素。

4.3.2 ISM 分析

按照步骤 3 对可达矩阵进行迭代计算，碳减排影响模型的最终层次分解结果为：$L1 = \{S1\}$；$L2 = \{S2，S9，S12\}$；$L3 = \{S3，S11\}$；$L4 = \{S4，S5\}$；$L5 = \{S6，S7，S8，S10\}$。建立奶牛养殖碳减排影响因素 ISM 结构模型如图 4-3 所示。

ISM 法能最直接呈现奶牛养殖碳减排影响因素间的相互作用和层级结构，分析结果表明：

（1）以多级递阶结构模型为介质，所有影响因素被划分为三阶五层

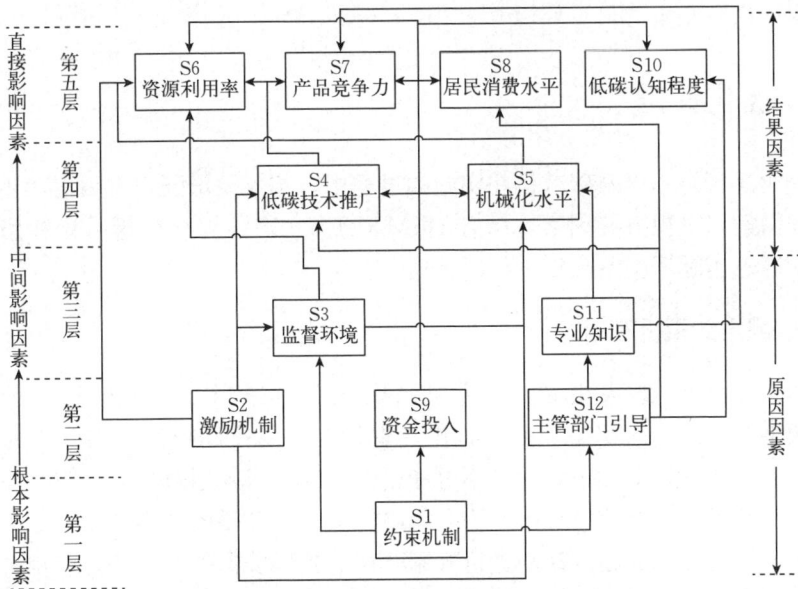

图 4 - 3　奶牛养殖碳减排影响因素 ISM 结构模型

第一层被称为根本性影响因素，S1 约束机制对奶牛养殖碳减排起关键作用；第二、三、四层为中间影响因素，包括激励机制、资金投入等；S6 资源利用率、S7 产品竞争力、S8 居民消费水平和 S10 主体低碳认识处于模型第五层，属于直接影响因素，对奶牛养殖碳减排有着直接推动作用。

（2）约束机制作为根本影响因素，对于奶牛养殖碳减排有着关键影响

S1 约束机制会直接影响 S3、S9 和 S12，继而通过作用于 S4、S5、S6、S7、S8、S10、S11 等间接因素对奶牛养殖碳减排施加影响。显然，要想从根本上促进奶牛养殖碳减排，建立约束机制十分关键。第二层至第四层影响因素通过对直接因素发挥影响而发挥作用，在直接影响因素中，S6、S7、S8、S10 四者都对奶牛养殖碳减排有重要意义。

4.3.3　DEMATEL - ISM 综合分析

对 DEMATEL - ISM 进行综合分析可发现，ISM 分析出的根本影响因素 S1 约束机制是 DEMATEL 筛选出来的驱动因素，ISM 分析得出的直接影响因素对应于 DEMATEL 中的结果因素，DEMATEL 影响度、中心度排名前三的因素与 ISM 模型的中间影响因素相吻合。由于上述分析可发现两种方法在对奶牛养殖碳减排影响因素的重要程度和类型划分上有高度一致性，也进一步证明了模型分析的科学性和准确性。综合分析结果表明约束机制是最关键的根本

影响因素；在中间影响因素层中，激励机制的重要性最高；在直接影响因素中，提高产品竞争力最重要。

4.4 优化策略

黑龙江省奶牛养殖碳减排在实施的过程中，不仅要增强根本因素，还要落实中间因素，重视直接因素，结合 DEMATEL - ISM 综合分析结果和黑龙江省奶牛养殖实际情况给出如下优化策略。

4.4.1 健全约束机制

加快健全 S1 约束机制，约束机制属于 DEMATEL 驱动因素，又处于 ISM 模型的底层，对奶牛养殖碳减排具有强有力的驱动作用，因此成为根本因素。黑龙江省奶牛养殖碳减排不可能自发实现，必须通过环境规制手段加以干预。环境规制是指政府、行业协会等组织通过行政手段、市场手段等约束手段，对主要污染源的经济活动进行规制，以达到环境保护与经济发展相协调的目的。其中市场激励型环境规制是政府利用市场机制、借助市场信号引导企业的排污行为，相比其他环境规制手段来说更加灵活，同时可以提高经济主体技术创新的积极性。目前，我国实施的市场激励型环境规制工具主要包括碳排放权交易、部分行业的污染税收和专项补贴等，但碳排放权交易的试点覆盖领域多为工业，有关农业方面的碳排放权交易暂未实施。碳税作为有效的减排手段已得到国际社会普遍认可。2020 年，全国人大代表曹仁贤在全国"两会"中提交了《关于尽快开征碳税的建议》，提出国家有关部门应尽快就碳税在农业碳减排中的具体应用和实现路径进行广泛调研和深入研究。

4.4.2 落实激励机制

S2 激励机制、S3 监管环境作为 DEMATEL 驱动因素，也是 ISM 模型的中间因素，故属于中间因素中较为重要的，在促进黑龙江省奶牛养殖碳减排中也应足够重视。目前畜牧业缺乏碳减排的财政补贴政策，监管机制不完善，导致低碳技术的推广等依赖型因素的改善缺乏资金和政策支持，挫伤了养殖主体的积极性。我国制定的绿色低碳发展以及碳中和目标形成了势在必行的倒逼机制，意味着经济发展、生产生活方式的根本转变。碳达峰和碳中和的目标绝不是不发展，更不是社会经济的倒退，而是在碳排放刚性约束机制下以提高经济发展质量为手段，更好地实现低碳发展远景目标。在这个转变过程中，碳排放作为生产要素的重要组成部分，市场将充分发挥资源配置的积极作用。从过去经验看，缺乏激励机制而只依靠传统的行政性任务分解的方式往往很难完成碳中和任务，"十四五"规划建议中高度重视激励机制，对温室气体排放的激励机制主要有两种方式，即采用碳税和依靠碳排放市场。碳税作为目的税实施简单有效，但必须明确用于特定目的的支出，如明确碳税税收只用于碳减排、低碳补贴等专项支出，从而确保财政的最优配置。

4.4.3 统筹其他因素

S6 资源利用效率、S7 产品竞争力是奶牛养殖碳减排的强有力的直接影响，但这些因素属于 DEMATEL 依赖型因素，说明其依赖于底层原因因素以及大环境的改善。S8 居民消费水平和 S10 主体低碳认知对奶牛碳减排同样有直接影响，属于 DEMATEL 独立型因素，相比依赖型因素受驱动型因素影响较小，独立性较强。因此应该将以上四者的各自属性作为着力点，重视直接因素，进而促进奶牛养殖碳减排。同时，S9 资金投入是影响奶牛养殖碳减排的主要中间因素，目前财政政策没有得到政府的足够重视。而且，对支持发展循环经济的主体没有相应的财政补贴，类型单一的金融政策导致畜牧业融资渠道有限。资金短缺阻碍了奶牛养殖业低碳循环经济的发展。此外，由 S11、S12 可知，养殖主体缺乏专业知识和缺乏主管部门的引导也是亟待解决的问题。

综上所述，促进黑龙江省奶牛养殖碳减排应充分发挥各层级因素的传导作用，政府制定合理的约束机制是碳减排的根本因素，碳税政策作为国际普遍认可的约束机制将成为本书后续的研究重点。因为碳税可能会造成对奶牛养殖经济的负面冲击，在研究碳税的同时，也将激励机制考虑在内，激励机制作为 DEMATEL 驱动因素之一应引起足够重视，具体在本书表现为对低碳奶牛养殖主体给予税收优惠。因此，后续内容将围绕研究碳排放税与税收返还对黑龙江省奶牛养殖业碳减排的影响展开，也是本书的核心内容，同时开展对其他碳减排影响因素的研究，作为黑龙江省奶牛养殖业碳排放税制度的配套措施，并给出对策建议。

5 黑龙江省征收奶牛养殖
碳排放税的现实基础

开征碳排放税需要具备一定的内部与外部条件，也存在一定的制约因素。本章在描述现有控制奶牛养殖碳排放措施的基础之上，剖析征收碳排放税的必要性并分别从技术操作、政策条件及征收时机等方面论述征收碳排放税的外部可行性；从黑龙江省奶牛养殖的主产区地位和经济效益两方面论述奶牛养殖业开征碳排放税的内部可行性，为碳排放税制度设计提供研究基础。最后，从碳排放税对经济发展带来的负面影响、增加政府管理成本及对温室气体总量控制力度有限方面论述征收碳排放税的制约因素。

5.1 现有控制奶牛养殖碳排放的措施

中国向世界庄严承诺，二氧化碳排放力争于 2030 年前达到峰值、2060 年前实现碳中和。"十四五"时期是我国实现碳达峰的关键期，"双碳"目标的实现需要各行业的共同努力。根据世界资源研究所 2020 年发布的报告，农业碳排放占全球碳排放的 18.4%，其中，畜牧生产及粪污排放占农业排放的 31.5%，在总排放中占比 5.8%。反刍动物由于其瘤胃发酵的作用，产生的温室气体要多于猪、鸡等单胃动物。数据显示，一头高产奶牛一年温室气体的排放量相当于一辆小汽车的排放量。可见，控制奶牛养殖碳排放的问题亟待解决。虽然我国已经采取一定的措施控制奶牛养殖业的碳排放，但这些措施主要集中于奶牛养殖碳减排技术方面。奶牛养殖业已在调整饲料配比、升级粪污处理技术、种养结合等方面采取技术措施控制碳排放。

（1）提高奶牛的生产性能

现有奶牛养殖多通过选择高产品种，培育生产性能高的奶牛品种，做好干乳期和奶牛养殖的日常护理，增加日粮中营养物质的降解率，保证奶牛在泌乳期的营养，提高奶牛养殖集约化、规模化、标准化养殖水平等措施，提高其生产性能。能够实现减少养殖数量，提高奶牛养殖效益并减少单位产品的温室气体排放量。

（2）调整奶牛养殖饲料成分

奶牛养殖中通过使用高能量饲料，提高饲料转化率，增加饲料中蛋白质含量，调整奶牛氮磷元素的摄入，减少奶牛甲烷的排放量；合理搭配饲料的粗精度，避免动物为获得足够营养，增加饲料的食量，增加碳排放量的情况，协调奶牛生产健康、原料乳供应与碳减排的关系。

（3）升级粪污处理技术

现有规模化奶牛养殖场通过建设粪污处理收集和资源化利用设施，对奶牛养殖场的"三废"实行生化处理，用牛粪生产有机肥或制成沼气。集中处理奶牛排泄物，把发酵后产生的沼气运用到生产过程中，替代化石燃料，用作发电的清洁燃料，不仅能有效提高能源的利用率，减少农村面源污染，还能降低二氧化碳排放量。通过干湿分离技术，将湿粪转化为干粪，不仅能提高粪便的收集率，减少污水产生量，还能降低甲烷的排放量。

（4）调控瘤胃甲烷的生成

瘤胃产生的甲烷不仅是饲料能量的损失，而且是一种重要的温室气体。随着全球温室效应加剧，奶牛养殖中减少瘤胃甲烷生成的技术被广泛使用，具体包括：提供电子释放新途径；利用疫苗、生物控制剂（噬菌体和细菌素）及化学抑制剂等抑制产甲烷菌，以及去原虫、添加植物提取物或有机酸等促进产乙酸菌增加，降低产甲烷菌可利用的氢含量。

综上可知，现阶段各级奶牛养殖主体主要通过采取各种碳减排技术实现奶牛养殖的碳减排。这些措施既能提升牧场竞争力、推动牧场持续盈利，又能控制奶牛养殖的碳排放量。随着我国提出"双碳"目标，碳排放权交易的覆盖面将逐渐增大。未来有可能会将具有一定规模的奶牛养殖场纳入监管范畴。2020年生态环境部审议通过的《碳排放权交易管理办法（试行）》中第八条提到，年度温室气体排放量达到 2.6 万吨二氧化碳当量的单位，都将被列入温室气体重点排放单位，应纳入监管。基于上述规定，以每千克标准奶产生 1.2 千克二氧化碳当量的温室气体排放估算，年生产 2.17 万吨以上生鲜乳的牧场，都将符合列入温室气体重点排放单位的标准。

因此，未来奶牛养殖业有很大可能性被划入碳排放交易。低碳牧场在未来的碳交易市场上将更有竞争力。在牧场的碳排放配额确定的情况下，新建牧场或扩大生产，就需要购买碳排放配额。由于有偿碳排放配额的价格由市场决定，即能在每单位温室气体排放中产出更多经济价值的牧场，才有机会获得更多的碳排放配额。此外，低碳牧场可以出售多余的碳排放配额以获得额外收入，也可保留多余的配额以扩大养殖规模。不符合低碳生产标准的牧场则将受到碳排放权交易的长期制约。

5.2　征收碳排放税的必要性

中国共产党第十九届中央委员会第五次全体会议提出了到 2035 年基本实

现社会主义现代化远景目标，广泛形成绿色生产生活方式，碳排放达峰后稳中有降，生态环境根本好转，美丽中国建设目标基本实现。推动绿色发展，促进人与自然和谐共生。坚持绿水青山就是金山银山理念，坚持尊重自然、顺应自然、保护自然，坚持节约优先、保护优先、自然恢复为主，守住自然生态安全边界。深入实施可持续发展战略，完善生态文明领域统筹协调机制，构建生态文明体系，促进经济社会发展全面绿色转型，建设人与自然和谐共生的现代化。要加快推动绿色低碳发展，持续改善环境质量，提升生态系统质量和稳定性，全面提高资源利用效率。

全会提出了"十四五"时期经济社会发展主要目标有：生态文明建设实现新进步，国土空间开发保护格局得到优化，生产生活方式绿色转型成效显著，能源资源配置更加合理、利用效率大幅提高，主要污染物排放总量持续减少，生态环境持续改善，生态安全屏障更加牢固，城乡人居环境明显改善等。

国家需要采取相应的手段保障该战略目标的实现。行政手段和经济手段是国外最常采用的手段，我国也是如此。国外碳税的成功实施对我国征收碳税施加了一定的压力。因此不论是从国内还是从国际来说，碳税的开征都是刻不容缓的。

5.2.1　保护环境的需要

改革开放以来，我国经济取得了举世瞩目的成就，也付出了很大的代价，资源枯竭、环境污染和生态恶化给人们的生产生活带来了巨大的影响，因此，以低排放、低能耗、低污染、高效率为特征的低碳经济发展方式成为未来经济社会发展的必然选择。畜牧业作为重要的产业部门，在为居民提供生活所必需的肉、蛋、奶等营养物质的同时，也造成了环境污染和温室气体排放。畜牧业温室气体减排关乎生态环境的保护和畜牧业的可持续发展，既符合中国建设资源节约型和环境友好型社会的特定目标，又顺应了中国改变现有经济增长方式不合理的基本国情。

随着我国生活水平的提高，人们更加注重绿色、健康的生活方式，对乳制品的需求量及品质要求也不断提高，间接引致对奶牛的养殖数量、规模要求提升，同时也带来了环境保护的压力。有研究数据显示，一头高产奶牛一年排放的温室气体相当于一辆小汽车一年的排放量，奶牛养殖碳减排对环境保护的重要性不言而喻。奶牛养殖产生的温室气体已经成为中国农业面源污染的主要污染源，制约奶牛养殖可持续发展。虽然奶牛养殖业已经实施了一些碳减排的技术措施，以控制或减少奶牛养殖碳排放，但碳税可以作为市场激励型环境规制工具，应该成为中国应对气候变化的政策手段，以实现节能减排和保护环境的目的。

5.2.2　实现碳减排承诺的需要

（1）在全球气候变化中承担共同但有差别的责任

1992 年《里约环境与发展宣言》原则 7 界定了"共同但有区别的责任"原则："各国应本着全球伙伴精神，为保存、保护和恢复地球生态系统的健康和完整进行合作。鉴于导致全球环境退化的各种不同因素，各国负有共同的但是又有差别的责任。发达国家承认，鉴于他们的社会给全球环境带来的压力，以及他们所掌握的技术和财力资源，他们在追求可持续发展的国际努力中负有责任。"显而易见，"共同但有区别的责任"原则包括"共同责任"和"区别责任"两个概念要素。"全球伙伴关系"是"共同责任"的规范性表达。"全球伙伴关系"则源于国际社会"认识到我们的家园——地球的整体性和相互依存性"。"区别责任"的前提性事实是发达国家和发展中国家在环境压力和技术与财力资源两个方面的既有差异。

在气候变化领域中，"共同责任"在语义上来源于"人类共同关切事项"。"人类共同关切事项"表明了一种明显不同于永久主权、共同财产、共享资源和共同遗产的法律地位，但是这个概念要求国际社会把气候变化作为一个全球整体问题来对待。《联合国气候变化框架公约》不仅"承认地球气候的变化及其不利影响是人类共同关心的问题"，而且将"共同责任"具体化为各缔约方的合作义务。公约各缔约方"承认气候变化的全球性要求所有国家根据其共同但有区别的责任和各自的能力及其社会和经济条件尽可能开展最广泛的合作，并参与有效和适当的国际应对行动"。这意味着所有国家，不论其是发达国家，还是发展中国家，都要积极参与气候变化国际法的谈判、缔结和实施。尽管各国对"人类共同关切事项"的解释可能有所不同，但是各国都同意在应对气候变化上承担"共同责任"。然而，"共同责任"并不必然意味着共同的义务。"共同"意味着在保护全球环境方面的团结，因而也隐含着在实现所追求的目标方面以公平的方式分担义务。这可能意味着在某些特定情形下对不同主体之间的"区别责任"的接受。伦敦大学学院桑兹教授认为，"共同责任"确保所有国家参与国际环境法，"区别责任"确保国际环境法在政治上为各国所接受。

"区别责任"植根于"污染者付费原则"和"公平原则"理论，被国际法学者统称为"应得权益理论"。在气候变化领域，"区别责任"其次来源于发达国家的能力优势（技术和财力资源）。《联合国气候变化框架公约》第四条（承诺）规定："发展中国家缔约方能在多大程度上有效履行其在本公约下的承诺，将取决于发达国家缔约方对其在本公约下所承担的有关资金和技术转让的承诺的有效履行，并将充分考虑到经济和社会发展及消除贫困是发展中国家缔约方的首要和压倒一切的优先事项。"就发达国家事实上拥有应对全球环境威胁的能力优势而言，发达国家往往将它们应当承担更多的责任与福利主义考虑联系起来。换言之，在发达国家看来，它们是基于慈善援助来支援发展中国家应对气候变化。这种主张"区别责任"植根于"福利主义考虑"的理论被一些国际法学者称为"能力/考虑理论"。

我国是世界上最大的发展中国家，世界第二大经济体，经济增长与二氧化碳的排放量均备受关注。我国是《联合国气候变化框架公约》和《京都议定书》的参与国家，节能减排的国际压力与日俱增。在国际政治经济局势日益严峻的形势下，我国在限制排放、减少排放方面具有义不容辞的责任，这是树立国际形象的需要，更是促进我国经济、资源与环境可持续发展的需要。因此，开征碳排放税，一方面有效降低温室气体排放量，另一方面可以更好地履行全球最大发展中国家的责任。

（2）履行碳减排承诺

随着经济的发展，能源生产和重工业制造过程中碳排放逐渐增加，使我国一跃成为全球碳排放量第一的国家。国际社会对我国在未来国际气候合作中的表现异常期待，要求我国承担具有约束性减排义务的呼声也越来越高。气候变化问题关系全球利益，在国际舆论的压力下，各国都希望树立一个良好的国际形象。我国在加入了《联合国气候变化框架公约》之后，虽然没有强制性的减排义务，但是作为能源使用大国，国际给予的限排和减排压力与日俱增。在这种情况下，我国已提出了2030年前实现碳达峰、2060年前实现碳中和的目标，以此应对巨大的国际压力。

我国碳排放总量自2000年到2013年持续增加，2013年到2016年呈现减少趋势，从2016年开始碳排放量又呈现出增加趋势，直到2019年碳排放量达到历年来碳排放量巅峰（图5-1）。根据世界资源研究所的统计，中国碳排放主要来源于电力、建筑、工业生产、交通运输、农业等领域，其中：能源电力占比最大，为40%左右；其次是建筑领域，占比超20%；工业生产、交通运输、农业领域各自占比为5%～10%。原煤、原油、天然气的使用是构成碳排放的主要因素，使用原煤所制造的碳排放占总体碳排放的72.6%以上，使用原油所释放的碳排放占总体碳排放的20.2%以上，天然气产生的碳排放占总体的1.2%。

根据《BP世界能源统计》数据，2019年我国化石能源燃烧产生的二氧化碳排放量约为98亿吨，其中电力行业二氧化碳排放量约占全国总排放量的40%，燃煤电厂是电力行业中最主要的碳排放源。然而，火力发电中的天然气发电因其清洁性、环保性、灵活性等，将会是减少电力行业碳排放的重要手段。除了天然气外，清洁能源还有水能、风能和光能等。在"双碳"目标推动下，能源结构将趋于优化。

但仅仅采用清洁能源替代原煤等技术形式来推进我国"双碳"目标实现，

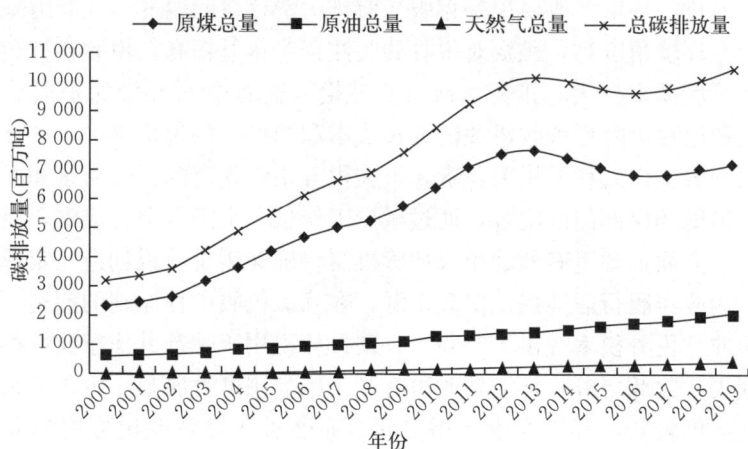

图 5-1 中国碳排放趋势

仍具有一定局限性。应充分发挥市场激励型环境规制工具的减排作用，以碳排放权交易与碳排放税相结合的方式，快速高效推进"双碳"目标的实现。

在我国征收碳排放税，不仅顺应了国际气候制度的发展趋势，而且是对发达国家对我国无端指责的一种反击。推进全球气候合作进程，掌握后京都气候谈判的主动权，能够帮助我国在国际社会中更好地树立负责任大国的良好形象。

5.2.3 转变经济发展方式的需要

全面深化经济体制改革，要求转变经济发展方式，促进产业结构调整和升级，这是全面建设小康社会，实现中华民族伟大复兴的必经之路。我国经过长期的粗放式经济发展模式，高污染、高耗能、资源性带来了经济发展与环境保护的不协调。开征碳排放税能够增加奶牛养殖的原料成本，推动化石燃料价格上涨，抑制化石能源消费，达到减少化石燃料使用的目的。通过增加能源密集型企业的税负，抑制"两高一资"产业的发展。同时，征收碳排放税还有利于刺激奶牛养殖业开发与利用可再生能源，淘汰传统落后产能，研究和使用节能减排技术，最终必然会促进奶牛养殖业产业结构的调整和升级，从宏观上促进奶牛养殖业转变经济发展方式，发展低碳经济。因此，开征碳排放税会产生一种"倒逼效应"，促使奶牛养殖相关主体转变资源消费结构，从而推动经济向着稳定、健康、可持续的方向发展，协调经济发展与环境保护的关系，推进生态文明建设。

5.2.4 适应环境费改税政策的需要

推动环境保护费改税改革，是党的十八届三中全会在财税改革领域重点强调的工作安排。环境费改税也是克服当前排污费存在问题的一大有力举措，从政策的社会环境角度讲，民众对税收的关注普遍日益提高，税收在社会中的影响力和认可度越来越大，排污费改税必然会提高社会对环境保护的重视。其次，排污费改税可降低税收机关的征管成本和纳税人的税负水平。一方面，碳排放税的征管工作由税务机关负责，可在税务系统现有的征管力量和配套设施基础上，借助环保部门的配合，通过减少工作量，来降低征管成本，提高征管效率。另一方面，规范有效的税收征管机制将确保碳排放税创造一定规模的财政收入，为政府履行职能提供财政来源，在确保税收中性原则的前提下，为降低其他扭曲性税种税率提供了空间，将碳排放税用于弥补其他扭曲性税收造成的福利损失。除此之外，环境费改税有利于减少制度性腐败。由于排污费的规范性和透明度较弱，容易产生寻租空间。而通过环境费改税可使制度更加规范，提高透明度，保证有法可依、依法征收，在很大程度上杜绝出现腐败的可能。碳排放税是环境税体系中的一个税种，开征碳排放税无疑是加快完善税收体制，深化财税体制改革的配套措施。

5.3 征收碳排放税的外部可行性

有学者通过实证分析发现，碳税是最适合发展中国家的碳减排制度。首先，碳税作为一种财政收入，可以在一定程度上提高政府应对全球变暖的财政能力。其次，碳税具有税收主权的特点，可以进行边境调整，还可以征收碳关税和退税等，以提高产品的国际竞争力。最后，由相关制度有机配合的碳关税的征收符合共同而有区别的责任原则，也满足税收中性原则，具有一定的可行性。

5.3.1 技术操作易行

我国对各种废气、废水和固体废物等直接排放的污染物基本都实行了收费制度，通过多年的实施和改革，我国针对排污收费制度已经建立了一套比较完善的征管体系。同时，伴随着我国税制改革的不断深化和完善，我国税收征管的水平也不断提高。现有的税收征管系统可以为环境税的开征提供有力的技术保障。相比于硫税、废水税等其他环境税税种，碳税具有计量简单、成本较低、操作易行、检测便利等优势特点。在开征之初，碳排放的确定主要是由各能源的含碳量计算而来，因此，并不一定需要准确的检测技术，免去了较为复杂的检测过程。这一简单的碳税计量方式有益于税务人员的实际操作。随着我国在碳减排技术和回收利用等相关领域研究的不断深入，相信在不远的未来，我国也将具备对碳排放进行直接检测的能力。此外，我国不断完善的税收征管体系更是为开征碳税奠定了征管与技术支持。

5.3.2 政策条件有利

政策是立法的先导。自 20 世纪 90 年代以来，我国逐渐意识到了气候变化的严峻性问题，颁布了一系列旨在控制二氧化碳排放的相关政策，例如，2007 年我国发布了首部应对气候变化的政策性文件《中国应对气候变化国家方案》。在 2009 年的哥本哈根联合国气候变化大会召开前夕，我国政府第一次以约束性指标方式宣布，到 2020 年，我国单位 GDP 的二氧化碳排放将比 2005 年下降 40～50 个百分点的减排目标。而 2015 年巴黎气候大会召开之际，中国又提出了到 2030 年，单位 GDP 的二氧化碳排放量比 2005 年下降 60%～65% 的行动目标。国务院最新印发的《控制温室气体排放工作方案》中则对"十三五"期间碳减排目标进行明确，提出到 2020 年，单位 GDP 的二氧化碳排放比 2015 年下降 18%，有效控制碳排放总量。有利的国家政策促使我国一大批有助于缓解气候变化的法律得到制定、修订和实施。1997 年通过的《中华人民共和国节约能源法》，分别于 2007 年、2016 年进行了再次修订，旨在保护和改善环境、节约能源。2003 年 1 月 1 日起施行的《中华人民共和国清洁生产促进法》鼓励和促进企业转变生产方式，大力发展清洁生产工艺与技术。2014 年修订通过《中华人民共和国环境保护法》，则从监督、防治污染、新能源开发使用等方面对环境做了具体规定。而号称"史上最严"的《中华人民共和国大气污染防治法》则于 2015 年进行了重新修订，不仅在法条数量上近翻一倍，内容上也基本对所有现行法条作出修改。2016 年 12 月 25 日最新通过的《中华人民共和国环境保护税法》则为我国第一部专门体现绿色税制、推进生态文明建设的单行税法，这一税法表示要将大气、水、固体、噪声等四类污染物纳入征税范围，我国绿色税收体系得到进一步完善，2018 年 1 月 1 日起正式施行。从政策层面来看，我国政府高度支持与出台鼓励节能减排的财税政策，开征碳税存在政策上的可行性。

5.3.3 域外经验借鉴

目前世界范围内开征碳税的国家以发达国家为主，但也不乏一些发展中国家，如爱沙尼亚。我国作为一个处在转型阶段的发展中国家，社会经济发展模式和环境资源条件决定了我国在温室气体减排事项中有自己的利益衡量标准。因此域外碳税制度不可全搬照抄，但是一些有益的实施经验和注意事项是可以被参照和借鉴的。早在 20 世纪 90 年代，以芬兰、瑞典、丹麦为代表的欧洲国家就已经开始实行了碳税政策，国内相关产业结构也在碳税的推动下持续优化升级，碳减排成效显著，低碳经济也得到了快速发展。上述国家在碳税领域所取得的成就，也为其他国家所积极效仿，瑞士、西班牙、美国、澳大利亚等国家也陆续加入开征碳税的队伍之中。2019 年 6 月 1 日南非《碳税法案》的生效，标志着南非成为非洲大陆第一个实施碳税制度的国家。截至目前，全世界已有 46 个国家和地区确定碳税制度。碳税制度从确立至今，实行碳税制度的国家和地区逐渐增多，碳税制度的发展也接近 30 年。随着碳税征收国数量的不断增多及时间的推移，各国积累了丰富的碳税实践经验，实行碳税的模式也基本固定成型。虽然我国还未确立碳税制度，但是我们可以充分利用自身的"后发优势"，充分借鉴世界上其他碳税开征国在实施过程中所积累的丰富立法及实践经验，学习其碳税具体要素的设计和安排，并结合我国目前资源税、环境税等相关环保税收所积累的立法及实践经验，设计并实施契合我国国情的碳税法律制度，可以降低走弯路的可能性。

5.3.4 征收时机成熟

（1）政府对运用环境税收手段给予了高度重视

纵观我国与化石能源相关的税制改革进程，我国开征碳税的时机逐渐成熟。2009 年我国进行燃油税费改革，取消养路费，将其以燃油税的形式包含在油价里征收，汽油、柴油消费税分别由 0.2 元/升提至 1 元/升，由 0.1 元/升提至 0.8 元/升。此次改革并未开征独立税种，税收负担并未增加，这在一定程度上为碳税的开征留下了空间。2010 年 6 月，新疆地区率先成为我国原油、天然气资源税从价计征改革的试验地，税率设定为 5%。2011 年 11 月，油气资源税改革则推广至全国范围。在 2014 年全面实施煤炭资源税改革的同时，涉煤收费基金被进行了全面清理。资源税改革可视为开征碳税前的一种准备，理顺了我国资源和能源的价格形成机制，同时在提高有关化石燃料税率时，有为后续碳税开征留下一定的税负空间。而走过六年立法之路、历经两次审议之后，《中华人民共和国环境保护税法》在 2016 年 12 月 25 日终获表决通过，2018 年 1 月 1 日起正式施行，环保税成为取代现行排污收费的新税种。

在开征狭义环保税的同时，我国国内还存在着开征减少二氧化碳排放的碳税需要，考虑到同一时期内税收政策出台不能太过密集，公众需要有一定的时间来接受与消化化石燃料价格上涨所带来的影响，故税制改革有必要设置一定的过渡期，一般来说，3～5 年较为合适，即可初步考虑在 2020 年及之后时期内开征碳税，进一步完善与优化整个环境税收体系。

（2）社会环保意识的普遍增强提供了重要的外部环境

随着国内对环境问题的关注程度日益提高，社会公众的环保意识也逐渐增强，对改善环境的要求日益强烈，传统的环境管制模式无法满足公众对环境的需求，要求政府有更为高效的管理手段来满足他们对环境质量的需求。同时，在逐渐严格的环境评价和管理制度下，企业对于环境保护的重视程度较过去已有很大提高，也开始注重树立企业的环保形象，对于环境治理成本的承担和环境支付意愿也逐步提高，对于国家环境经济政策的接受度也越来越高。社会环保意识的普遍增强，使得环境税的开征容易为社会公众和企业所接受，为其提供了良好的外部环境。

5.4 征收碳排放税的内部可行性

5.4.1 主产区地位的可行性

5.4.1.1 黑龙江省奶牛养殖的自然资源情况

黑龙江省奶牛养殖迄今已有近百年的历史，全省的自然条件和经济条件使发展奶牛生产具有得天独厚的优势。黑龙江省地处北纬 43°～53°，地域广阔、土壤肥沃、气候冷凉、资源丰富、大气及水质等生态环境优良。与荷兰、丹麦、加拿大、美国北部同处在"世界奶牛带"的纬度范围内，也处于我国北纬40°～47°的黄金奶牛养殖带中。全省属温带大陆性气候，奶牛耐寒畏热，不能长期生存于外界气温高于其体温 5 ℃的环境。黑龙江省具有适合奶牛养殖的自然资源优势。

黑龙江省现有耕地面积 2.4 亿亩*，其中玉米种植面积 1 亿亩，草原面积3 100 万亩，有足够的舍饲奶牛承载能力。畜禽养殖用地 60 万亩，完全能够满足奶牛养殖业建设用地及草场资源需要，发展奶牛养殖的土地资源空间巨大。

5.4.1.2 黑龙江省奶牛养殖的饲喂资源情况

奶牛的饲料可分为三大类：粗饲料、混合精料和多汁饲料。粗饲料包括干草（如野干草、羊草、苜蓿干草）、农作物秸秆（如干玉米秸、花生秧、甘薯藤）、青绿饲料（如野青草、玉米青饲、青大麦）、青贮饲料（如玉米青贮、大麦青贮、苜蓿青贮）。混合精料主要由能量饲料（玉米粉、麦麸）、蛋白质补充料（饼粕类、鱼粉）、矿物质盐类及维生素、微量元素（铁、铜、锌、锰、钴、硒、碘）添加剂按一定比例配制而成。多汁饲料主要有块根（如胡萝卜、甘薯）和糟粕料（如啤酒糟、豆腐渣、玉米淀粉渣）。奶牛养殖的饲料配比的一般原则为80％粗饲料和20％精饲料，但绝对不能超过50％粗饲料和50％精饲料的配比。因此粗饲料的价格是影响奶牛饲喂成本的主要因素之一。

按奶牛的生长期划分为生长牛和成母牛两个阶段，生长牛包括犊牛、育成母牛、青年牛，成母牛包括围产期母牛、泌乳期母牛和干乳期母牛几个不同阶

---

* 亩为非法定计量单位，15 亩＝1 公顷。——编者注

段。根据奶牛所处的生长期不同，其饲料的配比也存在一定差异。一般配比为玉米面占比 40%～60%，豆饼占比 20%～30%，麸皮占比 15%～30%。其中，玉米面、豆饼和麸皮既是奶牛养殖粗饲料的主要成分，又是奶牛的主要饲料组成部分，因此，其原料玉米、大豆及小麦的价格是影响奶牛养殖成本高低的重要因素。

黑龙江省是我国重要的奶牛养殖主产区，与排名第一的内蒙古相比，黑龙江省具有种植业优势。黑龙江省粮食产量全国第一，是我国重要的商品粮基地，也是我国玉米、大豆及小麦等饲草料的主要供应区，其中玉米产量占全国玉米总产量的比例约为 16%，大豆产量占全国大豆总产量的比例约为 30%，奶牛饲喂资源充足。黑龙江省奶牛养殖主体使用的青贮玉米主要源于自己种植或从本地采购，不仅本地饲料价格较其他区域低，还节省了运输成本。

5.4.1.3　黑龙江省奶牛养殖的存栏量及生鲜乳生产情况

（1）奶牛存栏量

黑龙江省是全国优质的奶源生产基地和优势产区，也是全国主要的奶牛养殖区域。2008 年至 2018 年黑龙江省的奶牛存栏量在 105 万头到 285.2 万头。从总体上看，奶牛存栏量呈现递减趋势。2014 年之前黑龙江省奶牛存栏量仅次于内蒙古，排名全国第二，但从 2014 年开始黑龙江省的奶牛存栏量低于河北省，在全国排名第三位。

表 5-1 为 2008—2018 年黑龙江省奶牛存栏量情况，可以看出黑龙江省奶牛存栏量呈现先增加后减少的态势，从 2008 年的 218.84 万头稳步增长到 2011 年的 285.2 万头，同比增长约 10%。这主要受益于定价机制的继续实行以及牛奶第三方检测制度的全面实施，奶农利益得到更有效的保护，使得黑龙江省奶业保持较好的发展势头，奶牛存栏量呈上涨态势。但从 2012 年开始由于市场的生鲜乳供求关系变化及自贸协定等内外因素，奶牛存栏量大幅减少了 29.1%，仅为 202.2 万头。黑龙江省奶牛规模化、标准化养殖得到快速推进。全省奶牛存栏 1 万头以上的养殖大县发展到 37 个，存栏 300 头以上的奶牛场（小区）1 086 个，存栏奶牛 64 万头，占存栏总量的 23.7%。2013 年黑龙江省奶牛存栏量继续减少，共 191.7 万头，占全国奶牛存栏量的 13.3%。2014 年黑龙江省奶牛存栏量略有增加，共 197.16 万头，黑龙江省优质荷斯坦奶牛存栏居全国第一。2015 年黑龙江省奶牛存栏 193.41 万头，与 2014 年相比，奶牛存栏量下降 1.9%，黑龙江省奶牛养殖业由数量增长型向质量效益型迈进。除 2013 年奶牛存栏量减少外，2012 年到 2015 年黑龙江省奶牛的存栏量相对稳定。由于黑龙江省奶牛养殖业的结构调整及优化，散户逐渐退出市场或是转型为小规模养殖主体，奶牛养殖业朝规模化发展。2016 年全省奶牛存栏 176.8 万头，生鲜乳产量 546 万吨，分别占全国总量的 13% 和 15%。2017 年黑龙江

省奶牛存栏量继续减少到 124.1 万头，与奶牛存栏量最多的 2011 年相比，黑龙江省奶牛存栏量减少了 56%。2018 年黑龙江省奶牛存栏量 105 万头，为十二年来最低水平，2018 年初，黑龙江省奶业渡过了转型升级期，其间由于饲养成本高且奶价低，一部分小规模、单产低的奶牛养殖场（户）持续亏损并退出养殖，导致奶牛存栏量下降。

表 5 - 1　黑龙江省奶牛存栏量

年份	2008	2009	2010	2011	2012	2013	2014	2015	2016	2017	2018
奶牛存栏量（万头）	218.84	246.14	259.1	285.2	202.2	191.7	197.16	193.41	176.8	124.1	105

图 5 - 2 为黑龙江省各规模奶牛存栏量的比重及规模化奶牛养殖的比重。从图中可以看出，黑龙江省散户和小规模养殖主体的市场占有率逐渐降低，中规模和大规模养殖主体占比逐渐提高，其中散户逐渐退出奶牛养殖市场，其市场占有率由近 50% 降低至 8%，降低幅度很大。小规模养殖主体变化较平缓，从 2008 年到 2014 年的占比在 30% 左右波动，2014 年到 2018 年下降较明显，减少了近 50%。中规模养殖主体从 2008 年到 2014 年平稳上涨，增长了约 1 倍，从 2014 年到 2018 年增速翻了近 1.5 倍。大规模养殖主体从 2008 年到 2014 年未有明显涨幅，相对平稳，从 2014 年到 2018 年的增速翻了 2.7 倍，增长至 19.42%。从规模化程度来看，黑龙江省规模化养殖比重从 2010 年到 2014 年以年均 2.5% 的增长率稳步提高，2014 年到 2018 年以年均 8.3% 的增长率大幅提高。

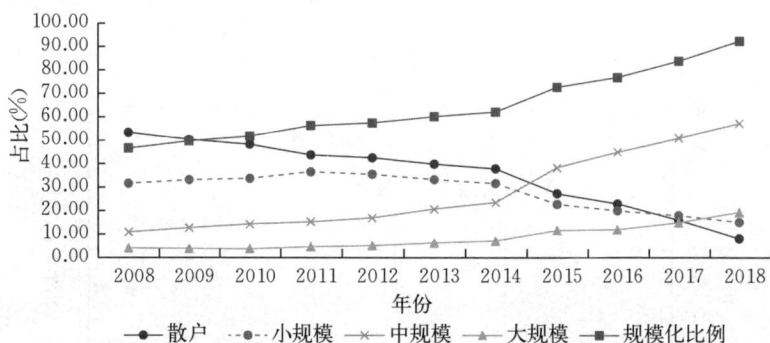

图 5 - 2　2008—2018 年黑龙江省各规模奶牛存栏量比重

综上，2012 年以来，虽然黑龙江省的奶牛存栏量减少，散户的养殖规模占比逐年呈下降趋势，但规模化奶牛养殖场数量、规模化奶牛养殖的存栏量及规模化奶牛养殖比例等各项指标大幅提升，优化了奶牛养殖的产业结构，提升了奶牛养殖业的整体素质。

（2）生鲜乳产量

图5-3为2012年到2018年黑龙江省生鲜乳的总产量和每头牛的单产。2012年黑龙江省生鲜乳产量560万吨，奶牛平均单产5.5吨；全省生鲜乳生产实现产值240亿元，奶农纯收入达到48亿元，农民人均纯收入增加了282元。2013年黑龙江省生鲜乳产量518.2万吨，较2012年减少了7.5%，主要与该年的奶牛存栏量减少有关。2014年黑龙江省生鲜乳产量556.58万吨，占全国总量的近14%。2015年黑龙江省生鲜乳产量570.48万吨，与2014年相比，奶产量增长2.5%，奶牛单产达到5.7吨。2016年全省生鲜乳产量546万吨，占全国总量的15%；2016年平均单产水平比2012年增加1.6吨，达到7.1吨。2017年黑龙江省奶牛的单产进一步提升到近8吨，生鲜乳产量465.2万吨，与2016年相比，产量减少15%，主要与奶牛存栏量大幅下降有关，此外奶牛单产比2016年增长12.7%，单产稳步增长。2018年黑龙江省生鲜乳产量为455.9万吨，是2012年以来生鲜乳产量最低水平，这与2018年黑龙江省奶牛存栏量减少有一定联系，虽然生鲜乳产量减少，但奶牛单产却达到8.12吨，创历史最高水平。2019年黑龙江省生鲜乳产量略有增长，达到465.2万吨，奶牛单产8吨。综上，近几年来全省的奶牛生鲜乳产量呈下降趋势，但奶牛单产水平有较大提升，其中从2012年到2015年单产水平增长较慢，年平均增长率为1.2%，从2016年开始单产的增速快速提高，年均增长超20%，使其生鲜乳总产量高于河北省，排在内蒙古之后，这主要受到黑龙江省奶牛养殖的规模化发展及奶牛养殖技术进步等因素影响。自2017年以后奶牛单产水平增长速度放缓。

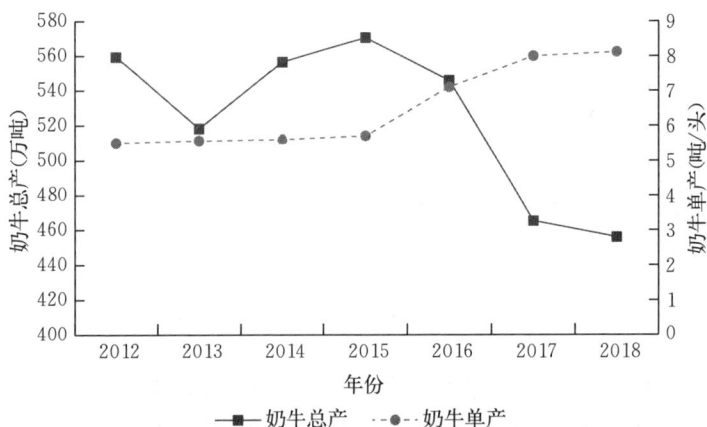

图5-3　2012—2018年黑龙江省奶牛的产量

5.4.2　经济的可行性

5.4.2.1　黑龙江省奶牛养殖成本收益的现状

（1）黑龙江省奶牛养殖成本的现状

① 每头牛的成本。鉴于不同规模奶牛养殖中的固定资产投入及土地租赁等成本对奶牛养殖的成本影响较大，本研究将奶牛养殖的总成本分为资本成本和运营成本两部分。其中资本成本是指购买土地、购置机器与设备、筹建厂房等的资金投入及租用土地的费用。该投入既包括建厂初期的投入，也包括生产中的机器设备等的投入。运营成本是指与企业生产经营直接相关的成本，是企业为了正常运转而为所使用资源付出的成本。

总成本。散户的奶牛养殖总成本从 2010 年的 12 000 元/头上升到 2014 年的 13 700 元/头，随后降低到 2016 年的 13 400 元/头，涨幅 11.7%，2017 年奶牛养殖成本又开始上升，2018 年增加到 13 892 元/头，整体上涨了 16%。小规模奶牛养殖的总成本从 2010 年的 10 214 元/头上升到 2014 年的 14 000元/头，随后逐渐降低到 2016 年的 13 500 元/头，此后又呈上升趋势，2018 年总成本上升到 15 026 元/头，涨幅 47.1%。中规模奶牛养殖的总成本从 2010 年的 11 092 元/头上升到 2014 年的 15 034 元/头，随后降低到 2016 年的 14 453 元/头，到 2018 年上升到 16 641 元/头，涨幅 50%。大规模奶牛养殖的总成本从 2010 年的 12 733 元/头上升到 2014 年的 20 119 元/头，随后逐渐降低到 2016 年的 17 596 元/头，到 2018 年又上升到 18 800 元/头，涨幅 47.6%（图 5 - 4）。各规模奶牛养殖的总成本均呈上涨态势，其中规模化奶牛养殖成本涨幅为散户涨幅的三倍，大规模奶牛养殖的成本涨幅最高，中规模在规模化养殖中的成本涨幅最小。

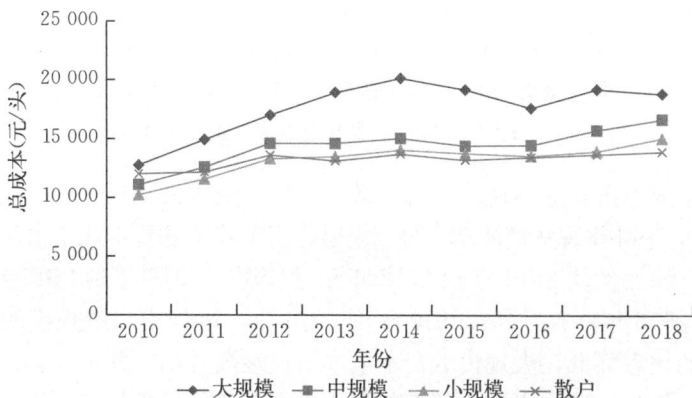

图 5 - 4　黑龙江省各规模奶牛养殖的总成本

资本成本。从每头牛的资本成本来看，散户的成本较稳定，规模化奶牛养殖的成本变化较大，呈升高趋势。散户、小规模、中规模和大规模的资本成本分别增长了 15.67％、42.45％、48.34％和 39％。中规模的资本成本涨幅最大，散户的涨幅最小，增长率最高的年份集中于 2013 年和 2014 年，其中 2013 年大规模的资本成本同比增长 17.2％，2014 年小规模的资本成本同比增长 8.8％，中规模的资本成本同比增长 11.8％。自 2010 年开始各规模的资本成本按由低到高的顺序排列为小规模、中规模、大规模，各规模的资本成本逐年提高，但大规模资本成本始终居于各养殖规模之首。中规模的资本成本略有波动，从 2010 年的 1 535 元到 2014 年达到 1 692 元，随后降低到 1 666 元，自 2015 年以后中规模资本成本有所上涨，2018 年涨至 2 106 元，整体上涨 37％。大规模的资本成本从 2010 年的 1 461 元上涨到 2014 年的 2 182 元，2015 年和 2016 年平均为 2 130 元，2018 年为 2 290 元，整体上涨 57％。小规模的资本成本从 2010 年的 1 327 元上涨到 2016 年的 1 634 元，2018 年涨至 1 932 元，整体上涨 46％（图 5－5）。

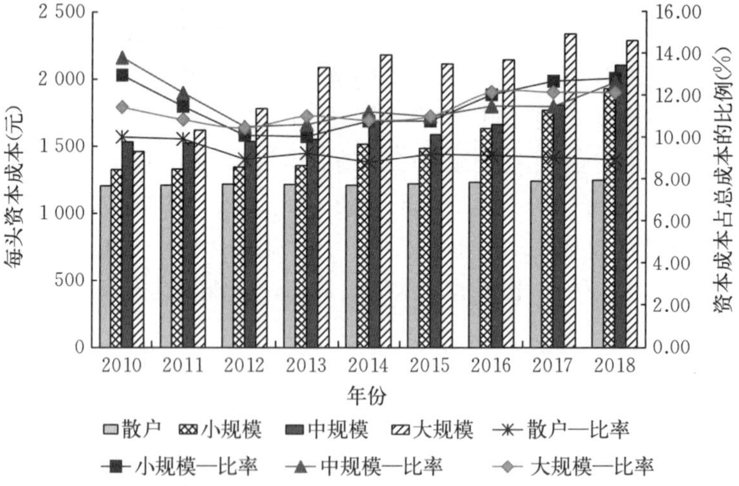

图 5－5　每头牛的资本成本与资本成本占总成本的比例

从资本成本占总成本比重来看，散户的资本成本占比低于规模化养殖，在 8％～10％，整体呈现平稳波动态势。规模化奶牛养殖的资本成本占比在 10％～14％波动。该比例从 2010 年到 2012 年快速降低，2013 年到 2015 年较平稳，2015 年到 2016 年略有升高。2010 年到 2016 年，小规模与中规模的资本成本占总成本的比重降低，大规模的资本成本占比逐渐升高，并位居各规模之首。

综上，奶牛养殖的规模化程度与资本成本正相关，中规模的资本成本占总成本的比重在规模化奶牛养殖中最低。

② 千克奶的成本。各规模奶牛养殖的千克奶成本整体呈现先增加后减少态势，2014 年达到最高（图 5-6）。散户的千克奶成本由 2010 年的 1.87 元上升到 2014 年的 2.29 元，在 2016 年降低到 2.09 元，随后有所上升，到 2018 年上升到 2.21 元，整体提高了 18%。小规模的千克奶成本由 2010 年的 1.98 元上升到 2018 年的 2.36 元，提高了 19.2%。中规模的千克奶成本由 2010 年的 2.06 元上升到 2018 年的 2.36 元，提高了 14.6%。大规模的千克奶成本由 2010 年的 2.17 元上升到 2018 年的 2.57 元，提高了 18.4%。在研究期内，散户的千克奶成本最低，小规模和中规模的成本很接近，略高于散户，大规模的千克奶成本最高。自 2014 年开始，各规模的千克奶成本逐渐降低，大规模的千克奶成本降低幅度大于其他规模，且与其他规模的成本差距逐渐缩小，2016 年之后各规模奶价均有缓慢上升趋势，涨幅偏小。

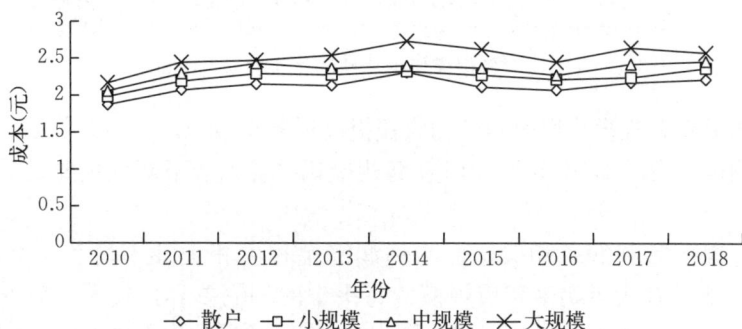

图 5-6　各规模奶牛养殖的千克奶成本

千克奶的成本与每头牛的成本直接相关，每头牛的成本主要取决于千克奶成本与奶牛的单产。规模化程度与奶牛单产呈正相关关系。大规模的千克奶成本最高，单产最高，因此每头牛成本也最高。中规模的千克奶成本与散户及小规模均比较接近，但其单产高于后两者，因此其每头牛的成本也高于后两者。散户和小规模的成本也存在类似情况。

（2）黑龙江省奶牛养殖的收益与利润现状

① 每头牛的收益与利润。规模化奶牛养殖的收益和增幅均高于散户。黑龙江省规模化奶牛养殖的每头牛的收益整体上升态势，但散户的收益基本持平。规模化养殖收益先增加，在 2014 年达到最高，随后降低。其中小规模的最高收益为 20 000 元/头，中规模的最高收益为 21 900 元/头，大规模的最高收益为 29 000 元/头。随后规模化养殖收益降低，大规模的收益降低多达 4 000元/头，中规模降低了 300 元/头，小规模降低了 1 000 元/头。散户的收益从 2010 年的 14 700 元/头到 2012 年达到最高的 16 000 元/头，之后逐渐降低到 2018 年的 15 312 元/头，总体仅提高了 4.2%。但规模化奶牛养殖的收益大幅

上升，小规模养殖的收益提高了 29％，中规模养殖的收益提高了 56％，大规模养殖的收益提高了 66％（图 5-7）。

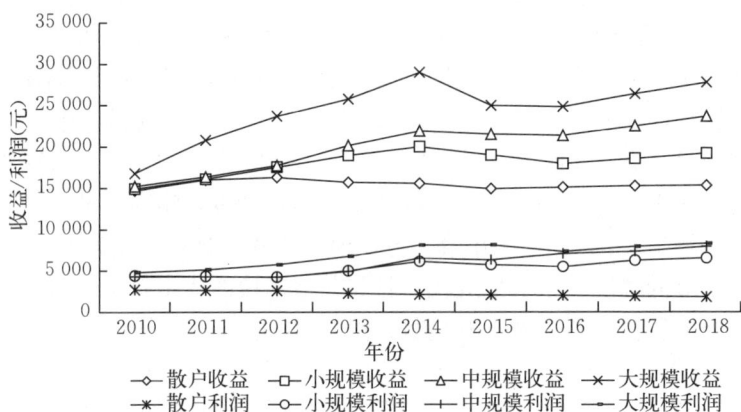

图 5-7　各规模奶牛养殖的每头收益与利润

　　总体上看，规模化奶牛养殖的收益提高远多于散户。但当奶价回落时，受到的影响也最大。2014 年到 2016 年各规模奶牛养殖收益降低主要是受到奶价的影响。

　　养殖规模与利润正相关，但与利润涨幅程度相关性不显著。2010 年到 2018 年，黑龙江省各奶牛养殖规模的每头牛的利润差异性较大。散养奶牛的利润从 2 700 元/头到 1 820 元/头，总体下降了 33％。小规模奶牛养殖的利润从 4 400 元/头提高到 6 568 元/头，增长了 49％。中规模奶牛养殖的利润从 4 300 元/头到 7 950 元/头，增长了 85％。大规模奶牛养殖的利润从 4 800 元/头到 8 320 元/头，增长了 73％。散养的利润逐渐降低，规模化奶牛养殖的利润呈现先减少后增加的态势。其中小规模和中规模的利润在 2010 年和 2011 年较接近，均在 4 300 元/头左右。此后，中规模的利润逐渐高于小规模，且差距逐渐拉大。大规模奶牛养殖的利润在 2010 年和 2011 年比小规模和中规模奶牛养殖的利润分别高 400 元/头和 500 元/头；2012 年到 2014 年大规模奶牛养殖的利润增速提高，平均每头利润高于中规模利润 1 500 元、1 830 元和 1 620 元；2015 年开始大规模的利润逐渐降低，与中规模接近，2017 年后又有所上涨。这主要与黑龙江省奶牛养殖资本投入相关。从 2013 年开始黑龙江新建了部分大规模奶牛养殖场，生鲜乳品质提高，在阶梯奶价中占优，收益也有保障。但由于资本投入回报的时滞性及大规模奶牛养殖的高管理成本，导致其奶牛养殖利润受到影响。与大规模奶牛养殖相比，新建的中规模奶牛养殖场较少，其资本成本投入相对低，利润呈增长态势。

　　可见，规模越大利润总额越大，但中规模利润的增加幅度高于其他规模，且具有持续增长的趋势。规模效应在规模化奶牛养殖收益方面的效果明显，与利润整体呈正相关，但养殖利润还受到养殖成本影响。

② 千克奶的收益与利润。养殖规模与千克奶收益正相关。千克奶的收益即千克奶的价格，千克奶的利润为千克奶价格与千克奶成本之差。2010 年，规模化奶牛养殖的千克奶价格差距不大，均在 2.9 元/千克左右。散户千克奶价格相对平稳，2010—2018 年，总体上涨了 6.5%，在各规模奶价中涨幅最低。从 2011 年开始大规模奶牛养殖的奶价快速上涨到 2014 年的 3.93 元/千克，随后逐渐降低到 2018 年的 3.33 元/千克，总体涨了 12%。中规模的奶价从 2010 年的 2.85 元/千克到 2014 年的 3.5 元/千克，低于大规模的奶价，自 2015 年以后奶价逐渐下降，降幅较小，到 2018 年奶价为 3.28 元/千克，总体奶价提高了 15%，在黑龙江省各规模奶价中涨幅最大。小规模的奶价上涨幅度与大规模奶价相同，总体涨幅为 12%。从 2010 年到 2012 年每千克的价格低于中规模 0.02 元，但从 2013 年开始与中规模的价格差距拉大，每千克的价格低于中规模 0.15 元（图 5 - 8）。

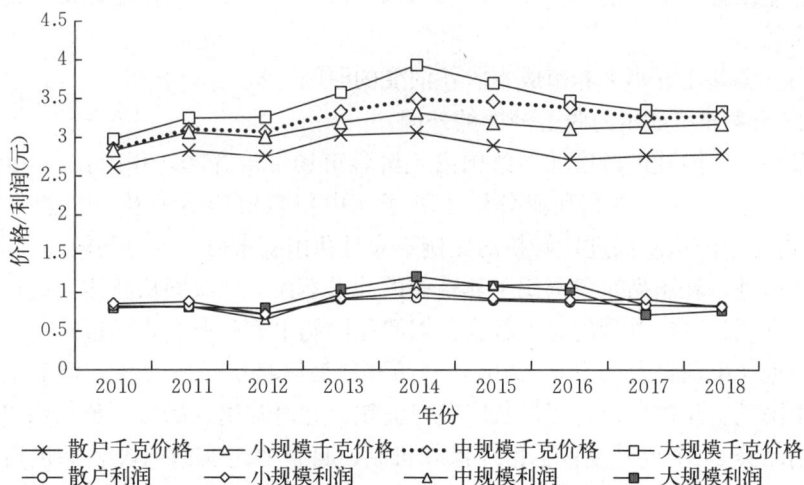

图 5 - 8 黑龙江各规模的千克奶价格和利润

规模化养殖的千克奶利润高于散养，但利润与规模无显著联系。从千克奶利润上看（图 5 - 8），规模化奶牛养殖的利润水平明显高于散养，散户的千克奶利润略微有所降低，规模化养殖的利润呈上涨态势，但大、中、小规模奶牛养殖的千克奶利润差距在 0.2 元之内，水平总体差异不大。从 2010 年到 2018 年，规模化奶牛养殖的千克奶利润排序变动较大。2010 年的千克奶利润由高到低排序为小规模、大规模、中规模，2016 年为中规模、大规模、小规模，2017 年以后千克奶利润由高到低排序为小规模、中规模、大规模。小规模奶牛养殖的千克奶利润在 0.71～0.9 元/千克波动。小规模奶牛养殖千克奶利润下降 5.1%，但其在各规模奶牛养殖中的排名变化明显：2010 年和 2011 年在各规模奶牛养殖千克奶利润中排名最高，2013—2016 年在各规模奶牛养殖千克奶利润中排名最低，2017—2018 年又在各规模奶牛养殖千克奶利润中排名第一。中规模的千克奶利润在 0.65～1.11 元/千克波动，呈先减少后增加的态势，涨幅 40%。大规模奶牛养殖的千克奶利润在 0.8 元/千克到 1.2 元/千克波动，总体利润下降 6%。从 2015 年开始，中规模奶牛养殖的千克奶利润高于大规模奶牛养殖的利润水平。结合千克奶价格看，大规模的价格高于中规模，而二者利润倒挂的主因是大规模的千克奶成本高。

规模化奶牛养殖在 2014 年的千克奶价格与利润均最高，这主要是在成本一定的情况下与生鲜乳市场供给短缺有关。而散养的生鲜乳价格持续走低，则是由于黑龙江省引导奶牛养殖朝规模化发展，乳制品企业不收散户的奶源。

综上，从千克奶利润上看，散养利润逐渐降低，规模化奶牛养殖的利润逐渐提高。规模化养殖的利润水平高于散养，但规模越大不意味着千克奶利润越高。黑龙江省的中规模奶牛养殖的利润水平优于其他两种规模化养殖，处于适度规模状态。

（3）黑龙江省奶牛养殖成本收益演变的原因分析

① 奶牛养殖成本与收益演变的外因。

第一，生鲜乳进口增加导致国内生鲜乳市场量价齐降。我国在 2008 年和 2015 年与新西兰和澳大利亚分别签署了《中新自贸协定》及《中澳自贸协定》。由于中国从澳洲进口奶粉的比例不大且两国签署协议的时间较短，因此，澳大利亚进口乳制品对我国奶牛养殖业的冲击不大。但我国从新西兰进口的乳制品占乳制品进口总量的比例较高，对我国的奶牛养殖业影响显著。

根据《中新自贸协定》，两国乳制品贸易最终将实现零关税，但实施过程中为中国乳制品进口设置了较长降税过渡期，并对鲜奶、奶粉、黄油和奶酪等类乳制品共 11 个税号设置了特殊保障机制。自贸协定实施前乳制品进口的基础税率在 10%～20%，包括乳清粉、黄油、奶酪等其他乳制品在内的 4 个税号过渡期为 12 年。中国从新西兰进口奶粉的基础税率为 10%，降税过渡期为 12 年。从 2008 年 10 月起降为 9.2%，以后逐年降低关税，每年降低 0.8%，至 2019 年降为 0。

原料奶粉是我国最主要的进口乳制品，2016 年进口原料奶粉 60.42 万吨，其中 83% 来自新西兰。自《中新自贸协定》实施以来，仅 2008 年从新西兰进口的原料奶粉数量没有达到触发水平，其余年份都达到了触发水平。触发时间逐年提前，2018 年触发时间创"新早"，仅 4 天时间就达到了触发标准，比 2017 年提前了一周。也就是说，从 1 月 5 日起，从新西兰进口的原料奶粉关税将从 0.8％恢复到 10％。2008—2016 年，我国进口乳制品从 38.7 万吨增至 217.7 万吨，年均增长 25.6％，而从新西兰进口乳制品从 7.8 万吨增至 78.9 万吨，年均增长 33.5％，从新西兰进口乳制品增速大幅高于平均水平。目前，新西兰是我国第一大乳制品进口来源国，也是黄油、奶粉、奶酪第一大进口来源国，液态奶第二大进口来源国，婴幼儿配方乳粉第三大进口来源国。2016 年，从新西兰进口奶粉 50.36 万吨，占总进口量的 83％；黄油 7.08 万吨，占总进口量的 86.5％；奶酪 5.11 万吨，占总进口量的 52.6％；液态奶 13.64 万吨，占总进口量的 20.8％。

由于进口原料粉成本降低，进口原料量增加，从而降低了乳企对国内生鲜乳的依赖，国际原料奶价格持续下滑，造成国内生鲜乳收购价格难以上涨，同时收购量也下跌。进口原料粉的价格从 2014 年初的 4.3 万元/吨跌至现今的 2.8 万～3 万元/吨，而按照目前国内生鲜乳的价格计算，国内原料乳粉的成本已经超过了 3 万元/吨，这比国外进口还要贵。因此，出于成本考虑有些乳企就顺势利用廉价进口原料粉还原生产乳制品促销，进而导致减少了对国内生鲜乳的收购和使用。生鲜乳的量价齐跌对黑龙江的奶牛养殖造成一定程度的冲击，散户养殖淘汰速度加快，规模化养殖的收益与盈利水平也降低。

第二，乳企提高生鲜乳品质要求。不同规模奶牛养殖的设备条件及管理方式的悬殊差异影响生鲜乳品质。散户没有冷却、冷藏储奶设备，缺乏最基本的卫生设施，再加上其实行的是分散养殖，生鲜乳的卫生指标低。随着我国奶牛养殖模式转变，散养模式逐渐在奶牛养殖结构调整中不适应市场的需求。对于散养户而言，由于原料奶的品质问题，他们始终没有稳定的、可靠的销售渠道。在 2013 年奶荒时期，生鲜乳供给短缺，乳企存在抢奶的情况。在散养户生鲜乳品质一般的情况下，一些地方性中小乳企也收购其原料奶。随着行业竞争不断加强，消费者对乳品质量的要求愈来愈高，中小乳企也逐渐退出市场。此外，进口原料粉数量增加的背景下，黑龙江省的生鲜乳供给市场存在供过于求的情况，因此，乳企在具有多方面选择的基础上，提出提高生鲜乳的品质。黑龙江省大规模的乳企如完达山、伊利、飞鹤及雀巢等公司要求养殖户将奶牛集中饲养，购买符合产奶品质要求的玉米、豆粕、青贮等饲料，如苜蓿等饲料还需进口。生鲜乳供给主体还需具有独立的挤奶厅，并能够达到一定的日产奶量要求。

第三，奶牛养殖的运营成本上涨。奶牛养殖成本主要包括饲料、人工成本、水电、防疫等，其中饲喂成本与人工成本是与奶牛养殖的运营直接相关的成本，饲料成本在 65％左右。从规模化程度看，大型规模化养殖企业通过自建饲料厂实现饲料自给，能够根据能量类原料价格变化，调整饲料配方，降低饲料成本，因此具备一定成本优势。饲料构成方面，奶牛养殖饲料中玉米和豆粕占比分别约为40％和20％。二者的价格对奶牛养殖成本具有较重要的影响。

玉米种植与价格方面。为保证国家主粮安全，鼓励农户种植，国家自2008年起实行临时收储政策。临储政策对玉米价格形成托市，使得玉米价格维持在较高水平。2008—2014年，国内玉米价格逐年上涨，大连玉米现货价由1500元/吨上涨至2300元/吨。由于玉米种植利润高于其他农作物，农民种植热情提升。2008—2014年，玉米播种面积年均增速约3.69％，2014年达到5.56亿亩。同时天气原因导致单位面积产量不断增加，导致国内产量攀升，国内玉米逐渐供给严重过剩。截至2014年末，国内玉米库存量约1.67亿吨，库存消费比约34％。2015年中央1号文件提出完善玉米收储政策，明确玉米收储价格较2014年下调10％，当年玉米价格约同等比例下降。2016年3月，国家发改委宣布在东北三省和内蒙古自治区推进玉米收储制度改革，将原有玉米临时收储政策调整为"市场化收购"加"补贴"的新机制，目的使玉米价格形成机制更加市场化，同时直接补贴农民。临时收储政策的取消使玉米价格大幅下滑，截至2016年末，大连现货玉米价格下降至1500元/吨，较年初下降近30％。2017年上半年，农业部调减非优势区域玉米种植面积约1000万亩，以及出台深加工、饲料企业补贴政策，政策推动下，玉米价格上涨约10％。目前中国玉米库存仍超过2亿吨，库存压力仍很大。整体看，在2013—2016年的周期中，玉米价格以2015年中央1号文件为分水岭断崖式下跌。

豆粕又称"大豆粕"，是大豆提取豆油后得到的一种副产品。炼油企业买进大豆进行油脂生产，剩余的豆粕是饲料的主要蛋白来源。我国大豆对外依存度超过80％，作为进口大豆的副产物，豆粕价格与国际大豆价格相关性较强。2013年以来，由于天气原因，农产品丰产，全球大豆产量持续增长。2013—2015年，全球库存消费比处于25％以上的历史高位，因此大豆价格一路走低，芝加哥期货交易所的大豆价格于2015年末跌至844.25美分/蒲式耳。由于供给宽松，国内豆粕价格于2015年末下降至2500元/吨，较2013年初下降超过20％。2016年以来，受极端天气、超限导致物流成本上涨等因素影响，豆粕价格于二季度和四季度大幅上涨，全年均价同比上行约5％。2017年上半年，受南美大豆丰产及北美豆丰产预期影响，豆粕价格走势较弱。整体看，在最近一个行业周期内，豆粕价格于2015年见底后反弹，但仍处于2008年以来相对较低水平。

由于黑龙江土地辽阔，玉米、豆粕和羊草资源丰富，因此奶牛养殖中的各种饲料价格相对低廉，但其价格波动趋势仍与国内外行情接轨。2010年，精、粗饲料价格较2009年均有上涨，涨幅在20％～30％。如进口苜蓿价格由原来

的 2 000～2 200 元/吨上涨到了 2 800～3 000 元/吨，国产苜蓿的价格由原来的
1 200～1 400 元/吨上涨到了 1 700～2 000 元/吨；羊草的价格由原来的 800～
1 000元/吨上涨到了 1 000～1 300 元/吨；精料中玉米的价格也由原来的 1 800～
2 000元/吨上涨到了 2 100～2 300 元/吨。从价格变化来看，2010 年粗饲料的上涨
幅度要略大于精饲料，但是饲料价格总体上涨幅度在 20% 左右。对于很多规
模奶牛场来说，饲料成本占总成本的 70%～80%，有的甚至达到了 90%。
2010 年以来饲养成本上涨带来的奶牛养殖成本上涨压力较大。2013 年黑龙江
的玉米、豆粕及进口苜蓿的价格没有出现大幅变化，与 2012 年相比，玉米和
进口苜蓿平均价格变化不大，进口苜蓿的价格还出现下降的情况，只有豆粕平
均价格增长了 11.05%。2014 年 12 月，黑龙江省玉米平均价格为 2 200 元/
吨，到 2015 年 12 月，已降低至 2 000 元/吨，部分地区降至 1 900 元/吨以下；
豆粕价格 2014 年 12 月为 3 300 元/吨，2015 年 12 月下降至 2 800 元。

在人工成本方面，农村劳动力外出务工收入增长，导致农村劳动力流动性
增强。若劳动力外出务工，其日工资为 120～140 元，技工可以达到 240 元以
上；若在本地养牛，其日平均工资仅为 70～100 元，繁育员的日平均工资仅为
120～180 元。因此，农村劳动力供给减少，奶牛养殖工人的工资上涨。2010
年黑龙江省小规模奶牛养殖的人工成本为 968 元/头，中规模为 1 304 元/头和
大规模为 1 382 元/头，分别上涨到 2016 年的 2 467 元/头、2 636 元/头和 2 789
元/头，人工成本在奶牛养殖总成本中的占比也由 2010 年的 10.7% 上升到
2016 年的 17%。

第四，黑龙江省调整奶牛养殖结构。在奶牛养殖方面，近五年来黑龙江省
着力调整奶牛养殖结构，发展规模化奶牛养殖。自 2013 年，黑龙江省高标准
建设一批现代示范奶牛场，每个奶牛场给予补助资金 1 300 万元。2013—2015
年，新建 182 个泌乳牛存栏 1 200 头规模的现代示范奶牛场。2016 年，省政府
又启动"两牛一猪"标准化规模养殖基地建设项目，投入补助资金约 29 亿元，
拉动投资 100 亿元，建设 300 头以上规模化奶牛养殖场 146 个。在固定资产方
面的投资提高了规模化奶牛养殖的资本成本总量和占比，间接提高了奶牛养殖
的总成本。在我国陆续签订《中新自贸协定》及《中澳自贸协定》后，原料
粉进口量持续增加，导致国内奶价持续走低。如果奶价一直保持平稳，大规
模奶牛养殖的投资回报周期在 8～10 年，如果奶价走低，将延长投资回报的
周期。

② 奶牛养殖成本与收益演变的内因。

第一，养殖规模影响成本。规模经济效益是指适度的规模所产生的最佳经
济效益，在微观经济学理论中它是指由于生产规模扩大而出现的长期平均成本
下降的现象。在长期生产中，奶牛养殖成本既包括为了维持奶牛养殖运行的饲

料、劳动力工资等生产成本，又包括土地租金、固定资产投入及折旧、管理成本等资本成本。根据该理论，奶牛养殖的规模越大，每头牛的平均资本成本越低。理论上，大规模奶牛养殖的成本应该最低，小规模奶牛养殖的成本应该最高。但在实际中，黑龙江省各规模奶牛养殖的管理成本参差不齐。

管理成本是指企业行政管理部门为组织和管理生产经营活动而发生的各项费用支出。其最主要的特点，表现在其核算的目的上，它不是为计算实际产品成本，也不是为制订价格及确定正常利润和税金提供依据，而是为了完成特定的成本管理目的，如为成本预测、成本决策、成本计划、成本控制、成本分析和成本考核等提供管理有用的成本信息。在核算对象上，管理成本核算的对象不是单一产品，而是适应特定成本管理要求各种多样化的对象，这些对象可以是实在的，也可以是抽象的，可以是整体的，也可以是局部的。在企业运营中，管理成本是其成本的重要构成，在生产成本一定的情况下，将直接影响企业利润的高低。

奶牛养殖场与其他企业一样涉及管理成本。规模越大的奶牛养殖主体的管理成本越高。黑龙江省的散户主要以家庭养殖为主，一般仅涉及1~2个家庭成员，管理成本非常低。小规模养殖有家庭养殖模式，也有奶牛养殖小区的形式，参与人数不等，主要采取水平管理方式。大规模养殖通常是企业形式，主要采用垂直管理的方式，养殖方面的决策需要层层传达而具有较高的管理成本。即使是同样规模的奶牛养殖主体的管理成本亦存在差异。中规模奶牛养殖一般为牧场形式，管理成本介于小规模与大规模之间。

第二，养殖技术差异性。奶牛养殖技术包括现代奶牛育种与繁殖技术、牛场粪污处理与环境保护技术等。其中奶牛育种与繁育技术对于奶牛养殖成本与收益具有重要影响。繁育不仅涉及配种费用等成本问题，还涉及犊牛性别及健康等后续收益问题。精粒成本为奶牛养殖繁育成本的重要组成部分。虽然黑龙江省有奶牛育种补贴，可以以较低价格提供国产的精粒，但由于其无法保证产犊的性别而未被广泛用于头胎牛育种中。国家补贴的非性控精粒的每粒价格约50元，而性控精粒的每粒价格在150~200元。散户愿意采用防疫站提供的国家补贴的精粒，以此降低养殖成本，但该种方式不能确保犊牛性别。如果产了母犊牛则可以继续饲养作为后备牛，如果产了公犊牛则以出售为主，但减少了后备牛的储备量并影响未来的产奶量及收益情况。黑龙江省的规模化奶牛养殖场对头胎牛主要采用进口的性控精粒，即能确保95%以上的概率是母犊牛，以此保证种群后备牛性别的稳定性。中小规模奶牛养殖场出于成本考虑，对于二胎或是三胎牛一般也采用国家补贴的非性控精粒。大规模奶牛养殖场的二胎或是三胎牛有一定比例采用进口精粒。在繁育过程中仍存在一定的失败率，失败率越高，奶牛的繁育成本越高。

第三，生鲜乳按质论价影响养殖收益。作为乳制品加工的主要原材料，生鲜乳（生鲜牛乳）质量在很大程度上决定了乳制品质量。从农业市场化的角度看，生鲜乳购销时的按质论价、优质优价是奶农（包括散户和规模牧场主）提高生鲜乳质量的主要驱动力。按照生鲜乳的成分进行按质论价已经成为行业的普遍做法，设定生鲜乳质量等级主要依据蛋白质、脂肪、体细胞、细菌总数、孢子数和冰点等质量指标。黑龙江省的乳制品行业内的一些知名企业为了提高加工收益，设定自己的生鲜乳收购等级标准，通过按质论价鼓励牛奶养殖者提高生鲜乳质量。黑龙江省有伊利、雀巢、蒙牛、光明、贝因美等众多一线国内外企业，也有省内的完达山、飞鹤、龙丹、红星等一批知名乳企。各企业在黑龙江境内有自己的奶源地，也有相应的生鲜乳收购价格。其中蒙牛和伊利对生鲜乳的品质要求最高，其收购价格也最高。最优质的生鲜乳用于做酸奶，次优的生鲜乳用于做鲜牛奶，之后是乳酸饮料等乳制品。雀巢在黑龙江省没有鲜牛奶产品，主要是奶粉类，因此对生鲜乳品质要求没有伊利和蒙牛高，因此其收购价格也较低。各奶牛养殖主体在能够提供同样数量生鲜乳的基础上，品质越高，价格越高，收益越高。

5.4.2.2 其他奶牛养殖主产区成本收益现状

（1）内蒙古奶牛养殖的成本收益情况

① 奶牛养殖的基本情况。内蒙古是我国重要的奶牛养殖区及生鲜乳主产区，其奶牛存栏量及生鲜乳产量连续位居全国首位。因此，将内蒙古作为奶牛养殖主产区的代表，与黑龙江省奶牛养殖的成本收益进行对比，既具有可比性，又具有借鉴性。由于内蒙古地区散养奶牛数据缺失，在奶牛养殖主产区成本收益的对比分析中仅考虑规模化奶牛养殖的情况。

内蒙古的奶牛存栏量虽位居我国首位，但从 2010 年到 2018 年内蒙古奶牛存栏量整体减少了 56.9%。其中，2010 年到 2012 年内蒙古奶牛存栏由 280 万头小幅减少到 263 万头。2013 年存栏量大幅减少 13%，为 229 万头，2014 年奶牛存栏量略有上涨，为 231 万头，自 2014 年以后内蒙古奶牛存栏量呈持续下降趋势，到 2018 年奶牛存栏量仅为 120 万头（图 5-9）。内蒙古的产奶量由 905 万吨逐渐减少到 566 万吨，总体减产了 37.5%。2010 年到 2012 年产奶量均维持在 905 万～910 万吨，从 2013 到 2016 年产奶量逐渐降低到 730 万～800 万吨的等级，而且 2016 年后内蒙古和黑龙江的年产奶量差距越来越小（图 5-10）。内蒙古奶牛养殖的规模化程度由 48% 提高到 85.8%，增长近一倍，其中 2011 年涨幅最大，提高了 16.7%，其余年份平稳上涨。小规模奶牛养殖的占比由 23.4% 降低到 6%，中规模与大规模奶牛养殖的占比分别提高了 26.7% 和 28.5%。规模化奶牛养殖的占比由高到低排序依次为中规模、大规模和小规模（图 5-11）。

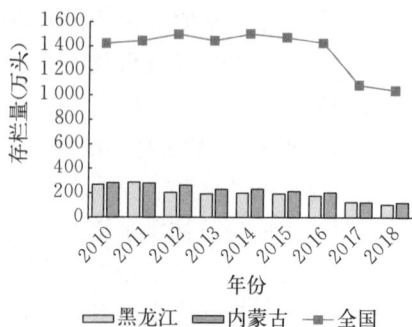

图 5-9　奶牛存栏量

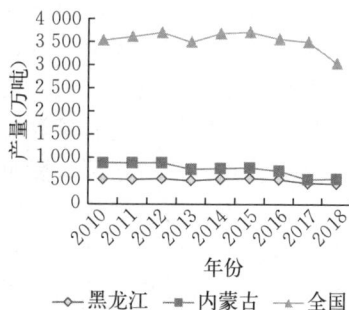

图 5-10　生鲜乳产量

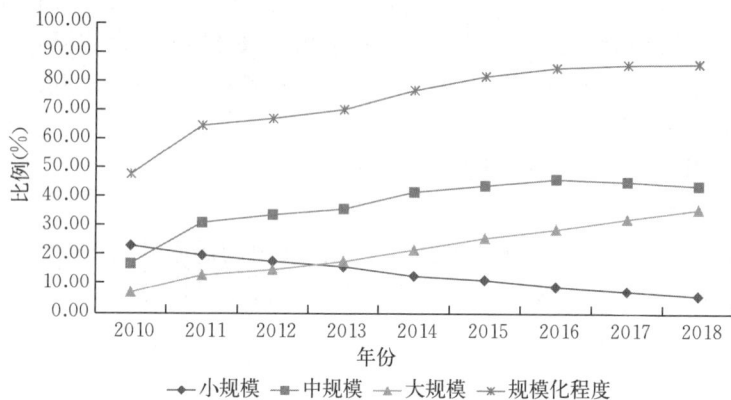

图 5-11　内蒙古各规模奶牛养殖的比重

② 奶牛养殖的成本收益情况。2010—2018 年，内蒙古的千克奶价格总体呈先增加后减少的趋势，其间 2014 年是转折点，2014 年各规模奶牛养殖间的奶价差为近年来的最高水平，2014 年之后各规模奶价都呈下降趋势。其中大规模奶价上涨了 10%，中规模奶价降低了 5.3%，小规模奶价降低了 16%，降幅最大。奶价由高到低的排序依次为大规模、中规模和小规模（图 5-12）。

内蒙古各规模的千克奶成本先增加后减少。以 2014 年为分界点，分界点之前，千克奶成本增加；分界点之后各规模的千克奶成本均呈逐渐下降态势，千克奶成本由高到低的排序依次为大规模、中规模和小规模，规模越大成本越高。结合中规模与大规模的产奶量逐渐增加，小规模的产奶量逐渐减少，可见，在 2014 年后中规模与大规模的奶牛养殖呈现出规模经济。

内蒙古的千克奶资本成本先增加后减少，整体呈上涨态势。2015 年之前

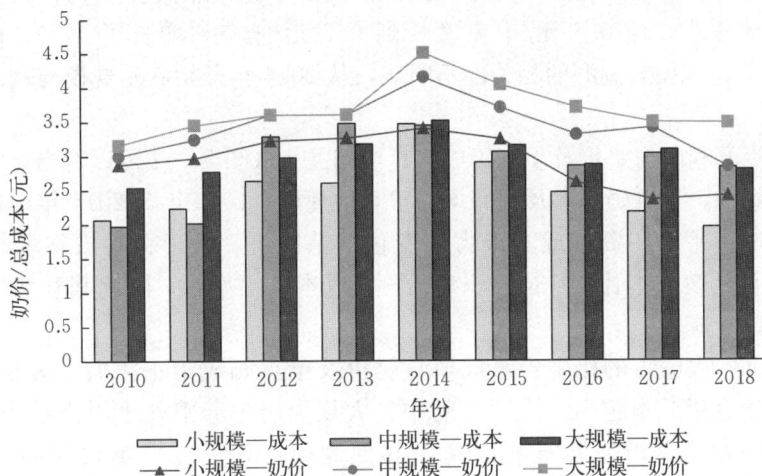

图 5-12　内蒙古千克奶价格和总成本

各规模的资本成本有所上升，2015—2016 年各规模的资本成本降低。2016 年以后各规模的资本成本有所上升，且中规模与大规模的成本接近，均高于小规模，规模化程度与资本成本正相关（图 5-13）。千克奶的资本成本与固定资产投入及土地成本直接相关，一般规模越大资本成本越高，但若养殖规模中新建养殖场增多将导致资本成本提高。2013 年与 2014 年，小规模的新建养殖场增多，其固定资产折旧分别高于中规模与大规模 31％和 9％，但呈下降趋势，2015 年后小规模的固定资产折旧在规模化养殖中又恢复到最低，也使其千克奶的资本成本低于其他规模。

内蒙古的千克奶利润波动较大，小、中规模利润均呈下降态势，只有大规模的利润有所上涨（图 5-14）。其中小规模利润由 0.8 元/千克降低到 2014 年的－0.07 元，随后略有增长，2018 年增长到 0.46 元/千克，总体降低了 43％；

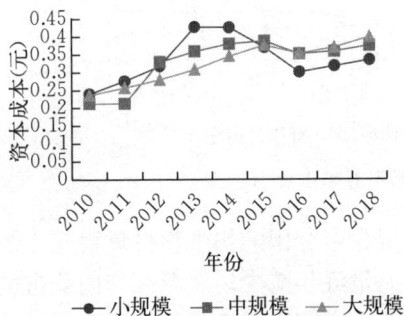

图 5-13　内蒙古千克奶资本成本

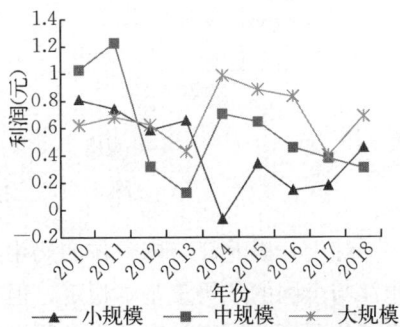

图 5-14　内蒙古千克奶利润

中规模的利润由 1.03 元/千克降低到 0.31 元/千克，降低了 70%；大规模的利润波动较小，由 0.6 元/千克增长到 0.7 元/千克，增长了 17%。2010—2013 年养殖规模与利润的相关性不明显，从 2014 年开始养殖规模与利润呈正相关。

千克奶利润与奶价及千克奶成本直接相关。从图 5-12 可以看出，大规模养殖的奶价、千克奶成本及利润均高于其他规模。2013 年与 2014 年小规模的奶价基本持平，在资本成本未大幅变化的情况下，由于饲料成本增长导致 2014 年的运营成本比 2013 年高 40%，总成本大幅增长，因此其利润大幅降低，导致亏损。

综上，内蒙古的奶牛养殖规模与奶价及千克奶成本正相关：规模越大，奶价和千克奶成本越高。内蒙古的中、大规模奶牛养殖处于规模经济阶段。内蒙古的大规模奶牛养殖利润高于其他规模，具有规模越大利润越高的趋势。

（2）全国奶牛养殖成本收益的平均情况

① 全国奶牛养殖基本情况。2010 年到 2018 年，全国奶牛存栏量的波动较小，在 1 269 万~1 490 万头，产奶量在 3 074 万~3 755 万吨。产奶量的变动趋势与存栏量基本相同，2010 年到 2012 年小幅上涨，2013 年降到最低，2014 年略有升高，2015 年后逐渐降低。从 2010 年到 2018 年，全国的规模化奶牛养殖程度由 60% 提高到 77%。各规模占比由差距较小到逐渐拉大，养殖规模越大占比越高。小规模奶牛养殖占比由 22% 降低到 12%，中规模由 19% 略有提高到 23%，大规模由 19% 大幅提高到 41.7%（图 5-15）。

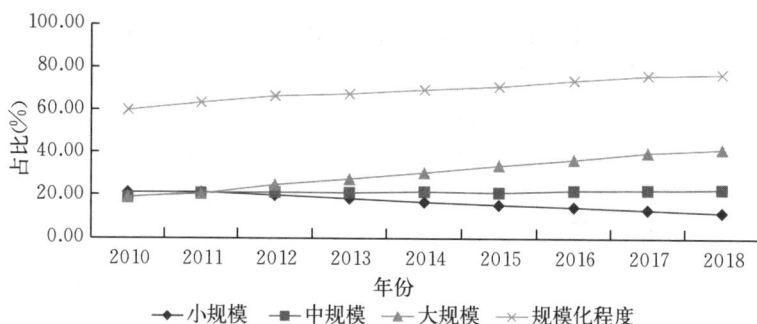

图 5-15　全国各规模奶牛养殖占比

综上，黑龙江与内蒙古的奶牛存栏量均减少，全国的奶牛存栏量稳定。黑龙江与全国的产奶量基本稳定，但内蒙古产奶量逐年减少。黑龙江与内蒙古的规模化程度在研究初期低于全国平均水平，研究末期则高于全国平均水平，但二者的中规模占比最高，与全国奶牛养殖中规模越大占比越高的格局不一致。

② 全国奶牛养殖成本收益的平均情况。全国各规模奶价先升高后降低，在 2014 年达到最高。总体来看，小规模、中规模和大规模的奶价分别上涨 31％、25％、19％。奶价整体从高到低的排序依次为大规模、中规模和小规模。中规模的奶价低于大规模 0.06～0.34 元，小规模的奶价低于中规模 0.18～0.39 元，各规模间的价差呈缩小趋势（图 5-16）。

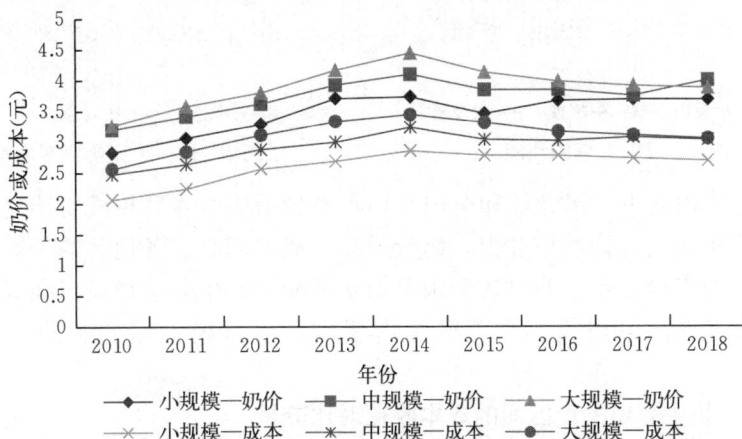

图 5-16 全国千克奶价格及成本

千克奶成本与千克奶价格的变化趋势一致，先升高后降低，在 2014 年达到最高。总体来看，小规模、中规模和大规模的成本分别上涨 30％、23％ 和 19％，成本涨幅的排序与奶价相同。中规模成本低于大规模成本 0.03～0.34 元，小规模成本低于中规模 0.24～0.41 元，各规模间的价差呈减小趋势。与奶价相比，各规模的千克奶成本上升速度更慢。养殖规模与千克奶价格及千克奶成本均呈正相关。中规模与大规模在奶价与成本上均更加接近，小规模与两规模的差距相对大。

各规模千克奶利润总体上涨，小规模上涨 31.1％，中规模上涨 32％，大规模上涨 18％（图 5-17）。其中，中规模与大规模利润均先上涨后下降，小规模的利润呈波动变化。2015 年小规模的千克奶利润较 2014 年大幅降低了 22％，主要与千克奶价的降幅高于成本有关，2016 年千克奶利润逐步上涨，到 2018 年小规模千克奶利润超过中规模和大规模。总体来看，除了 2014 年与 2015 年外，养殖规模与利润呈反向相关，即规模越大，利润越低。

各规模的资本成本整体均呈上涨态势，只有大规模在 2016 年较 2015 年降低了 4.4％，主要是固定资产折旧降低所致（图 5-18）。2016 年以后中规模资本成本超过大规模资本成本，中规模的资本成本上涨 83％，高于大规模涨幅的 2.6 倍，小规模涨幅 68％。总体上，养殖规模与资本成本正相关。

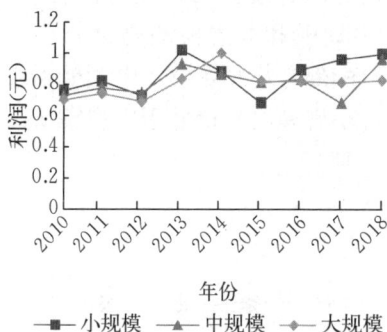

图 5-17 千克奶利润

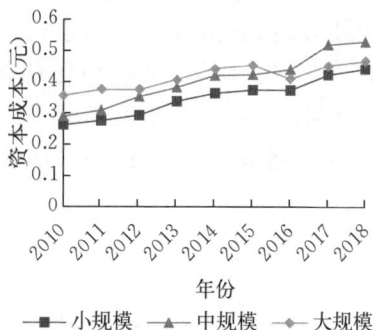

图 5-18 千克奶资本成本

综上，内蒙古、黑龙江和全国平均水平显示奶牛养殖规模与千克奶价格及成本均正相关，即规模越大，奶价越高，成本越高。各地区的千克奶利润与各规模的直接联系不明显。全国平均水平显示奶牛养殖规模与利润呈反向变化，黑龙江的中规模奶牛养殖和内蒙古的大规模养殖的利润优于其他规模。

5.4.2.3 奶牛养殖主产区间的成本收益对比分析

（1）奶牛养殖主产区间的成本对比

各样本区域的各规模奶牛养殖的千克奶成本均呈上涨态势。黑龙江省各规模的千克奶成本在三个样本中最低，在研究期内平均上涨 20.2%，比内蒙古平均上涨水平略高一点，但低于全国平均水平。内蒙古的千克奶成本与全国平均水平交错上涨，呈先上升后下降态势，平均上涨 20%，在 2014 年达到最高，2015 年以后千克奶成本均低于全国平均水平。中规模与大规模的千克奶成本平均值分别低于全国平均水平 1.5% 和 3%。小规模的千克奶成本除了 2014 年和 2015 年分别高于全国平均水平的 21.6%、5%，其余年份均低于全国平均水平，到 2018 年千克奶成本低于全国平均水平的 27%，平均千克奶成本也低于全国平均千克奶成本的 4%（图 5-19）。

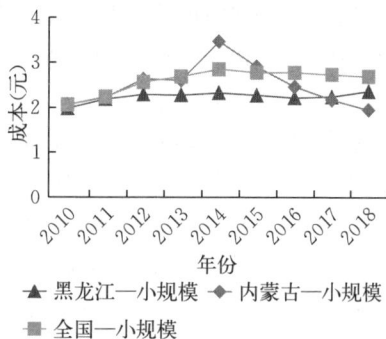

图 5-19 小规模千克奶成本

除了内蒙古的小规模外，黑龙江与内蒙古的其他规模的平均千克奶成本均低于全国平均水平（图 5-20、图 5-21）。除了内蒙古的中规模千克奶成本上涨 44.7%，与全国平均水平持平外，黑龙江与内蒙古其他规模的千克奶成本的涨幅均低于全国平均水平。内蒙古的千克奶成本变化主要受到物质与服务费的影响，即饲料成本的影响，人工成本仅占千克奶成本的 10%。

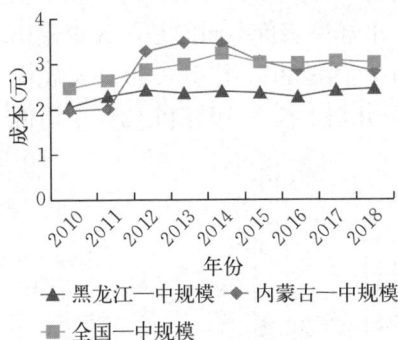

图 5-20　中规模千克奶成本

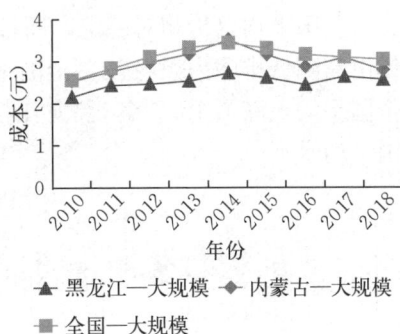

图 5-21　大规模千克奶成本

综上，奶牛养殖主产区的千克奶成本整体低于全国平均水平，主产区的中、大规模的成本比小规模的成本更具优势。千克奶成本主要受到物质与服务费的影响，人工成本变化较小。黑龙江的物质与服务费及人工成本均低于内蒙古及全国平均水平。

（2）奶牛养殖主产区间的收益对比

千克奶价格即千克奶收益。小规模奶牛养殖中，黑龙江和内蒙古的奶价均低于全国平均水平，其中内蒙古的奶价自 2016 年以来均低于黑龙江省，其他年份均与黑龙江的奶价相当（图 5-22）。三个样本在 2010 年的奶价持平，研究期内黑龙江和全国平均水平呈上涨态势，分别上涨 13% 和 30.5%，内蒙古的奶价降低了 16.2%。2016 年内蒙古奶价为 2.61 元/千克，黑龙江为 3.11 元/千克，全国奶价为 3.67 元/千克。到 2018 年内

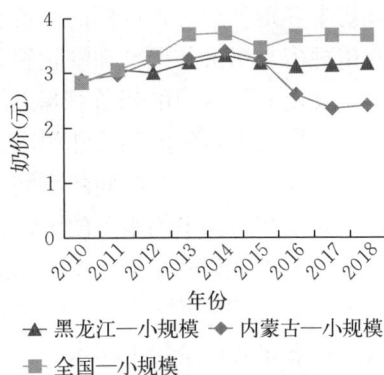

图 5-22　小规模的奶价

蒙古奶价降至 2.4 元/千克，而黑龙江的奶价基本保持不变，保持在 3.1 元/千克，全国奶价平均水平为 3.46 元/千克。

中规模奶价呈上涨态势，整体由高到低的排序为全国平均水平、内蒙古和黑龙江（图 5-23）。对于中规模奶价，全国平均上涨了 25%，黑龙江与内蒙古分别上涨了 15% 和 5%，内蒙古奶价涨幅较小，从 2016 年以后黑龙江和内蒙古的奶价基本处于同一水平，且逐渐与全国平均水平拉开差距，由于 2016 年内蒙古中规模的奶价较 2015 年降低了 10%，导致该年度内蒙古的奶价低于

黑龙江。内蒙古的奶价为3.31元/千克，黑龙江为3.39元/千克，二者均低于全国平均价的3.85元/千克。对于大规模奶价，黑龙江和内蒙古奶价波动幅度较大，全国平均奶价相对稳定，而且与中、小规模奶价不同的是，大规模奶价整体由高到低排序为黑龙江、全国平均水平、内蒙古（图5-24）。大规模奶价全国平均上涨了18.7%，黑龙江与内蒙古分别上涨了10%和12%，均低于全国平均水平。

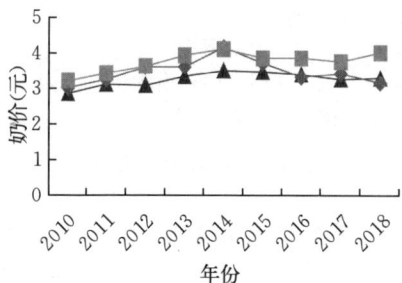

图5-23　中规模的奶价

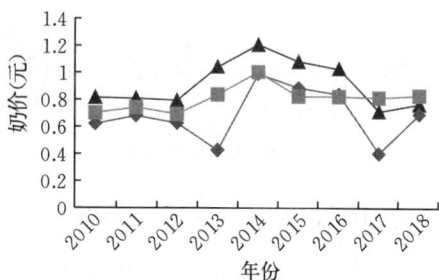

图5-24　大规模的奶价

奶牛养殖主产区各规模的奶价及涨幅基本低于全国平均水平。主产区的奶牛养殖规模与奶价及奶价涨幅正相关，即大规模奶牛养殖的奶价及涨幅具有优势，小规模奶牛养殖的奶价涨幅远低于全国平均水平。但从全国平均水平上看，小规模奶牛养殖的奶价涨幅最高。

（3）奶牛养殖主产区间的利润对比

黑龙江和全国平均水平的各规模千克奶利润基本呈上涨态势，内蒙古只有大规模的千克奶利润上涨，中、小规模均下降，且各规模的千克奶利润波动幅度较大（图5-25至图5-27）。各规模的千克奶平均利润水平由高到低的排序依次为：黑龙江、全国平均水平、内蒙古。内蒙古的千克奶利润波动较大，小规模与中规模的利润分别降低了43.5%和70%，大规模的千克奶利润上涨了11%。其中，2014年内蒙古的小规模奶牛养殖的每千克奶亏损0.07元，2016年的千克奶利润仅为0.15元，到2018年千克奶利润上涨到0.5元；中规模千克奶利润在2013年为0.13元，仅为黑龙江的13.5%，全国平均水平的14%；内蒙古大规模的千克奶利润在2015年高于

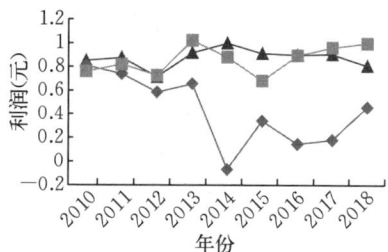

图5-25　小规模利润

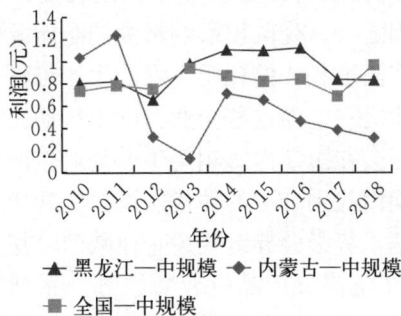

图 5-26 中规模利润

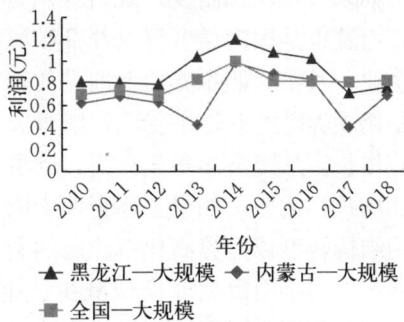

图 5-27 大规模利润

全国平均水平。黑龙江的小规模千克奶利润与全国平均水平交替上涨，小规模的千克奶利润下降 5%，低于全国平均的 31%；中规模利润水平在 2013 年前与全国平均水平持平，自 2014 年开始后高于全国平均水平，总体上涨 34%，涨幅与全国平均水平相当；大规模千克奶利润高于全国平均水平和内蒙古，但涨幅整体下降 7%，远低于内蒙古和全国平均水平涨幅。黑龙江的大规模养殖在三个样本区域具有千克奶利润的绝对优势。

从各奶牛养殖主产区间的比较可见，奶牛养殖主产区的奶牛存栏总量及产奶总量与千克奶利润不呈正相关，即奶牛存栏量及产奶量高的主产区的千克奶利润未必高。主产区的中、大规模的千克奶利润高于小规模。

根据各奶牛养殖主产区的成本收益及利润的对比分析，可以得出黑龙江省的各规模奶牛养殖的利润水平在奶牛养殖主产区中均具有优势。

5.5 征收碳排放税的制约

5.5.1 对经济发展造成负面影响

解决环境外部性问题，需要借助"有形之手"与"无形之手"的双重合力，具体表现为：政府强制、市场调节及企业自我调节。而企业的自我调节往往体现的是国家对企业"公民资格"的认可。当一个国家赋予了企业"公民资格"，其在享受"公民权利"的同时，势必也要承担相应的社会责任和义务。当企业特别是大型资源密集型企业的排污行为致使生态环境改变，其就应当承担相应的污染治理成本与责任，碳税可以以税负的形式迫使企业承担起这一污染成本及治理责任。碳税作为一种税收调节手段，碳税的实施会受到经济条件的约束，经济发展的深度和广度均会对税收产生影响。研究表明，开征碳税会小幅提升清洁行业的产出，而随着征收碳税额度的提升，其对煤炭、火电等高碳排放行业产出的负面影响也逐渐加大。

如果实行碳税制度，现行经济体制及产业结构必定会受到一定程度的冲击，而这也是国内学者反对开征碳税的原因之一。受碳税影响最大的是能源化工企业，其中与奶牛养殖业前端的饲料生产高度相关的化肥、农药生产等化工业是奶牛养殖产业链中受到影响最大的产业之一，而这些企业有助于拉动我国经济增长。从经济学角度分析，碳税的开征会在短期内影响奶牛养殖业生产总值的增长。此外，如果上述企业未能在短期内找到合适的替代能源，实现能源使用结构转型或是提高化石能源的利用效率，势必会导致相关企业减产，甚至是停产，间接引致就业岗位减少、企业员工下岗、产品供应短缺等一系列问题。因此国家在开征碳税时，要通过渐进的方式，给各类企业以完成能源结构调整转型的时间。通过科学设置碳税率，制定相关碳税优惠和补贴制度，以减小碳税开征对国民经济发展的影响。当然企业在面对碳税税负时，其又具有一定的"自主性"。这样的自主性主要表现在企业通过自身的转型升级，尽可能地减少高碳资源的使用，同时通过技术革新，开发和引进清洁技术以符合碳税优惠政策，从而减轻自身的税负压力。

5.5.2 间接增加政府管理成本

碳税制度并非直接确定并限制排污主体将污染物降至既定水平，而主要是借助价格机制间接完成对温室气体减排与控制。因此政府需要及时、准确、高效地根据市场变化情况调整碳税率的高低，实现温室气体的有效控制及经济的平稳运行。政府相应地也要投入一定的行政管理成本。此外，碳税的减排作用具有不确定性，主要体现在两个方面：一是碳税引起的价格上涨导致的需求价格弹性变化，二是能源资源的供给信息不对称。为保证获取燃料市场供需信息的及时性与准确性，税务管理部门需要持续跟进，也会增加政府的管理成本。由于征收碳税，在短期内会给经济发展带来一定影响，为追求发展政绩，地方政府可能在碳税实施过程中积极性不高，间接可能掣肘奶牛养殖业碳税制度的顺利实施。

5.5.3 温室气体总量控制力度有限

碳税是市场激励型环境规制手段，政府根据市场变化等情况灵活调整税率以达到温室气体减排的效果。当然碳税不是一项直接限制二氧化碳排放量的制度，该项制度是通过税收带来的"倒逼机制"间接降低二氧化碳排放量，并没有强制性规定企业、具有一定生产经营规模的个体经营者必须把温室气体排放量降低到具体水平，因此也就无法准确、有力地控制温室气体排放总量。在我国承诺的"双碳目标"的大背景下，单独实行碳税政策的碳减排力度可能略显不足，仍然需要其他碳减排技术政策、经济政策及行政手段的多角度复合政策配合。

6   碳排放税的国际经验借鉴

碳排放税是一种促使温室气体减排并且促进清洁能源使用的污染税，它主要针对燃烧化石燃料产生的温室气体，以环境保护为目的，希望通过削减二氧化碳排放来减缓全球变暖。在 20 世纪 80 年代，人们开始关注气候和化石燃料的替代问题，而税收制度就成了抑制石油使用和促进寻找石油替代品最直接的工具。世界上很多国家自 20 世纪 90 年代以来就已开始设立二氧化碳排放税，并在实践中取得一定的碳减排效果。我国尚未开征碳排放税，借鉴其他国家的征税经验将有益于我国设计碳排放税制度，实现碳减排的目标。

6.1   国际碳排放税制度的发展历程

在全球范围内，已经有 39 个国家和 23 个地区建立了碳税制度。挪威、瑞典、芬兰、日本、荷兰等国还明确了碳税征收标准，并进一步完善了碳税制度。从碳税的发展历程来看，碳税制度的建立主要分为三个阶段。

（1）第一个阶段

第一阶段是 20 世纪 90 年代。随着二氧化碳排放量不断增加，以芬兰、丹麦、荷兰为代表的北欧发达国家最早开始实施碳税，到 20 世纪末形成了单一碳税制度。然而，由于各国实际发展情况和节能减排目标不同，在建立碳税制度时，也存在一定的差异性。例如，芬兰碳税制度主要采取混合式，税率设置主要包含了化石能源和非化石能源两个部分。化石能源主要包括煤、石油，以及各种能源制品；非化石能源主要包括电力、生物质能源等。并且，芬兰碳税建立初期，主要将含碳量作为计税依据，设定了 1.2 欧元/吨二氧化碳的较低碳税率。瑞典主要是以燃料中含碳量为征税依据，碳税的征收范围覆盖了大部分化石能源。与芬兰不同的是，瑞典在对能源按含碳量征收碳税的同时，对煤炭、石油和轻燃料等能源以 57.39 欧元/吨、0.000 5 欧元/米^3 和 0.000 38 欧元/米^3 的税率征收能源税。这一阶段碳税的实施效果最为明显，在应对气候变化和保护生态环境方面发挥了重要作用。与此同时，这一阶段碳税制度建立的经验，为之后两个阶段建立碳税制度提供了参考依据。

（2）第二阶段

第二阶段是 2000—2010 年。在这一阶段，英国、冰岛、爱尔兰等国家，以及加拿大不列颠哥伦比亚省等地区建立了碳税制度。英国作为全球二氧化碳排放量较多的国家之一，为了减少二氧化碳排放量，控制气候变化，2000年颁布了《气候变化计划》，决定针对二氧化碳排放量进行征税。英国主要针对非家庭用煤炭、天然气和电力系统征收碳税，并根据其碳含量，按照从低到高的原则征收碳税。同时，英国将碳税收入主要用于减少雇主支付的社会保险和节能减排项目的投资。此外，随着2005年欧盟碳排放权交易体系的建立，国际上关于碳税和碳交易两种减排机制的研究成果日益丰硕，加拿大、日本、澳大利亚、墨西哥等国家开始了征收碳税的尝试。2008年7月加拿大不列颠哥伦比亚省开始对最终消费者征收碳税。征收对象涵盖了所有的化石燃料，主要包括汽油、柴油、煤及家用燃油。该省成了全球最全面、最彻底的碳税征收地区之一，制定了8.07欧元/吨二氧化碳的碳税率，且计划到2012年底，每年以4欧元/吨二氧化碳的增长趋势，逐步提高碳税率。同时，该省将碳税的额外收入，主要用于抵消该省个人和企业上缴的其他税种减少部分，尤其是个人和企业所得税。这一时期建立碳税制度的国家，目前碳税发展较为稳定。

（3）第三个阶段

第三个阶段是2011年至今。在这一时期，日本、澳大利亚等国家建立了碳税制度。日本虽然在2007年便开始正式设施碳税，但是碳税主要以环境税的独立模式进行征收，直至2011年10月1日，日本才将碳税征收方式由环境税的独立方式，变革为煤炭附加税的形式进行运作。因此，将日本归纳到碳税制度建立的第三个阶段当中。日本碳税税基逐步由化石能源的含碳量，转换为化石燃料中二氧化碳的排放量，并且将碳税的税率由18.2欧元/吨二氧化碳，改革为2.2欧元/吨二氧化碳排放量附加税率。日本碳税征收模式的改革，不仅避免了重复征税和减少征税成本的现象，而且减弱了碳税制度的推行阻力。同时，澳大利亚作为南半球碳排放大国，也积极建立了碳税制度。据澳大利亚相关数据，澳大利亚每年人均碳排放量超过了中国和美国，成为全球人均二氧化碳排放量最多的国家。因此，2012年澳大利亚政府通过了新法案，决定对二氧化碳排放实行强制性征税政策。澳大利亚主要对电力行业、煤炭、钢铁工业等碳排放量大的产品征收碳税，但是澳大利亚对用于家庭和交通方面的燃料，不征收碳税。澳大利亚碳税制度的建立，推动了澳大利亚可再生能源、清洁能源和节能技术的发展。根据澳大利亚政府部门数据，至2020年澳大利亚全国范围内有20％的电力来自可再生能源。

综上所述，全球各国为了应对气候变化，制定了相应的法律法规，并实施了碳税制度。而且，许多地区和国家的碳税制度已经取得了显著效果。因此，分析国际碳税制度建立经验，对我国建立碳税制度具有十分重要的意义。

6.2 国外碳排放税收的实践

芬兰、瑞典等北欧国家自 20 世纪 90 年代开始实施碳排放税政策,是世界上最早实施碳排放税政策的国家。这些国家最初实施碳排放税政策的主要目的并不是控制温室气体排放,但随着全球对气候变化问题的关注,其碳排放税政策设计更体现出控制温室气体排放的目的。根据世界银行的统计结果,截至 2020 年 5 月,全球共有 61 项碳减排机制处于正在实施或计划实施阶段,覆盖排放 120 亿二氧化碳当量,约占全球温室气体排放量的 22%,其中 30 项涉及碳税、31 项涉及碳交易,涉及 46 个国家或地区,遍布北美洲、欧洲、非洲、南美洲和亚洲等。但即便如此,国际货币基金组织(2019 年、2020 年)的评估结果显示,目前全球在实现 2030 年 2 ℃温控目标上的减排行动力度远远不够,征收碳税是应对气候变化的强效办法,全球污染大国应采取更加有力的行动,在公平、增进友好的前提下实施碳税。

当前世界上已有多个国家征收碳排放税,本研究选取瑞典、芬兰、丹麦、挪威、澳大利亚、日本等典型国家,对其碳排放税实践进行归纳分析,以期对黑龙江省奶牛养殖业征收碳排放税提供借鉴。

6.2.1 瑞典碳排放税的实践

6.2.1.1 瑞典碳排放税政策概况

瑞典自 1991 年开始实行碳排放税政策,对石油、煤炭、天然气、液化石油气、汽油和用于国内航行的航空燃料收取碳排放税,按照 27 欧元/吨的税率单独征收碳排放税。但较高的碳税率对工业部门造成巨大冲击,经济下滑 21.8%,为此,1993 年税率调减至 80 克朗/吨二氧化碳。瑞典的碳排放税纳税人包括相关生产者、储存者和使用者,征税对象涉及众多上下游产业。在上游产业中,征税对象包括煤和褐煤的开采、石油产品精炼、制气及气体燃料的管道输送、天然气的提取及附带服务;在下游产业中,征税对象包括制造业产品、铁路运输及其他陆路运输、个人运输设备的燃料和润滑油、家用燃料。虽然碳排放税对上下游产业都有所涉及,但是结合对税率的设置以及减免政策来考虑,瑞典碳排放税的实际税负以下游的消费环节为主。瑞典针对不同部门和不同用途设定不同税率,对消费者实行高税收而降低对产业的税收。其中,工业、农业和渔业只支付标准碳排放税的 21%。此外,这些部门可以获得额外的税收减免和返还,这主要取决于公司的销售业绩和税赋比例。1994 年颁布《能源税》法案,包含了碳税制度的细则。1995 年瑞典碳税率微调至 83 克朗/吨二氧化碳。经过六年的逐步适应与调整,1997 年碳税率提高到 185 克朗/吨二氧化碳。自 1991 年引入碳税以来，瑞典的二氧化碳排放量波动下降26.8%。2001—2006 年绿色税制改革，提高中低收入家庭的基本税收减免额度。2008 年，新政府出台的气候计划将碳税率定为 1 010 克朗/吨，但又规定对于已进入欧盟碳排放交易机制的企业，可以享受分阶段降税。2008 年，所有企业有权只缴纳碳税的 21%，加入欧盟碳排放交易机制的企业在此基础上再降低 6 个百分点，即实际税率仅为名义税率的 15%。2009 年议会通过一系列气候和能源领域的税收改革政策，并于 2010 年颁布《能源税条例》，对原有的《能源税》法案进行修正，形成现行较为完善的能源税法体系。2013 年，瑞典碳排放税率已经超过 136 美元/吨二氧化碳当量，而工业部门还享有 23 美元/吨二氧化碳当量的优惠税率。2016 年瑞典财政部报告提出，计划在 2018年之前逐步提高工业部门碳税。2021 年瑞典碳排放税率约为 132 美元/吨二氧化碳当量。瑞典在整体税制改革中引入了碳排放税的同时，降低了能源税的税率水平。自此，瑞典的产业结构得到了逐步改善，碳排放总量出现了下降的趋势。

在征收碳排放税达到碳减排目的的同时，为了确保企业的竞争力，瑞典也制定了碳排放税减免条款。工业企业只需要按照 50% 的比例缴纳碳排放税，而部分高能耗产业，如商业园艺业、采矿业、造纸业、电力产业等，则获得了免税的待遇。船、飞机和火车机车所用燃料以及发电用燃料也是免税的。

6.2.1.2 瑞典碳排放税的成就

自瑞典实施碳排放税以来，瑞典的温室气体排放量逐年减少，并且其可再生能源的利用令人瞩目，尤其是在碳减排目标下，瑞典的产业结构正从传统的依赖化石能源转变为以可再生清洁能源为主的能源消费结构。1991—1994 年，二氧化碳减排到 8 万吨，1995 年减排 15% 的二氧化碳，自碳排放税征收至2006 年，瑞典温室气体总排放量下降 9%，而同期 GDP 增长 44%。

瑞典议会在 2009 年通过了"整合能源和气候政策"的决议，包括：欧盟碳交易体系之外的温室气体排放量在 2020 年前减少 40%；2020 年前，50% 的能源消费由可再生能源供给；2030 年前，瑞典的交通将不再依靠任何化石能源；2050 年前，温室气体净排放量为零；2020 年前，可再生能源至少占交通运输部门能源消耗总量的 10%。自决议开始执行至今，减排已经初见成效。此外，瑞典也大力支持低碳排放汽车的研发和使用，促进公共交通减少排放。目前，汽车和运输技术日新月异，瑞典人驾车旅游减少，货物的运输方式从公路运输转成轨道运输和海运，工业燃料将转变为非化石燃料，工厂开始使用碳捕获与封存技术，在这些因素的共同作用下，瑞典液体燃料的消费可减少 70%。

由此可见，瑞典实行碳排放税以来，社会生产进入了一个新时代，经济发展也始终没有落后，并且随着能源体制改革，社会生产变革和人们生活方式的转变，碳排放税的改革使瑞典的经济进入了一个良性循环，社会生产的效率也变得更加高效，气候和环境得到了改善。同时，瑞典的失业率进入了一个稳定较低的水平。这表明碳排放税不仅没有给瑞典带来过多的负担，反而在促进瑞典能源消费结构和社会生产技术进步的同时，使经济稳步地增长。

6.2.2 芬兰碳排放税的实践

碳排放税最早在北欧国家实施，瑞典、挪威、芬兰、丹麦和荷兰是先行者，并于 1992 年由欧盟推广。其中芬兰 1990 年开始征收碳排放税，是世界上第一个成功推行碳排放税的国家，而且由于税制设计合理，在征收碳排放税的国家中引起的社会动荡也最小。

6.2.2.1 芬兰碳排放税政策概况

芬兰推行碳排放税的策略是低调推行、以慢制快，不求一步到位。芬兰的碳排放税实施初期的税率较低，当纳税人逐渐接受该税种后，逐步提高碳排放税率，而且以高额累进制度深得民心，即碳排放量越少，碳排放税越少；碳排放量越多，碳排放税越多，使税负向少数富人明显倾斜，这就得到了广大中低收入群体的广泛支持，最终达到碳减排的效果与碳减排效率公平共赢。

芬兰的碳排放税立法的主要措施是实行完备的碳排放税税制。1990 年，芬兰对所有的矿物材料进行征税，这时统一的税率仅为 1.62 美元/吨碳排放，同时，芬兰将碳税作为运输或取暖化石燃料税的单独组成部分对汽油、柴油、轻重燃料油、煤炭和天然气等按照每吨二氧化碳美元价格征收税款。1993 年，碳排放税率翻倍，柴油和汽油实行差异税率，同时对电力也征碳排放税。1994年，出台《液体燃料消费税法》，对大部分的能源征收燃料税。1995 年，芬兰推出碳、能源混合税，按照能源税和碳税 2∶3 的比例征收。1997 年，重新恢复为纯碳税税基。2002 年，出台天然气减半征收碳税条例。2003 年，混合税中的碳排放税为 26.15 美元/吨。2008 年，对碳排放税作了部分修订，将平均税率提高了 9.8%，碳附加税提高了 13%，对机器与供热所使用的生物燃料油实行免税政策等。2009 年 6 月 1 日，提高了对农业和温室栽培业的退税。2010 年，将碳税、能源税和能源含量税作为能源消费税子目进行征收。2011年，生产能源的木材和其他生物质单独征收，不再适用于碳税，同年芬兰把碳税、能源税与能源含量税设计成能源消费税的子目。至此，芬兰的能源—碳混合税体系走向成熟。

芬兰的税收收入主要用于弥补就业税的减少。芬兰政府筹集的碳排放税收入没有成立专项基金，而是选择将税收直接纳入一般预算。为了保护本国产品和服务的国际竞争力，芬兰在实施完善碳排放税政策的同时，也实施了较宽松的税收减免与返还措施：一是工业生产中作为原材料的产品或航空、海洋运输中所用燃料减免，其他工业领域无减免。二是电力生产中大部分燃料免税。三是天然气碳排放税是递减式的税率。芬兰的减免及退税条款，无论是免税条款数目还是减免程度，都比北欧另外四个国家小。

6.2.2.2　碳排放税政策对芬兰的影响

芬兰的二氧化碳人均排放指数与进出口指数之间存在较为稳定的负相关性。换言之，征收碳排放税对芬兰的产业国际竞争力存在一定的消极影响。但是从长期来看，碳排放税的积累以及对环保科技的创新激励可以抵消一部分的影响。此外，实行碳排放税的国家针对能源密集型产业都会有相应的税收优惠和补偿措施，能在一定程度减小征收碳排放税对相关产业的冲击，并通过税收的积累为经济结构的转型和低碳技术的发展提供动力。经芬兰政府评估，1990—1998 年，芬兰有效地抑制了约 7％的二氧化碳排放量，所以碳排放税政策在未来将有更大的减排潜力。芬兰经过多次碳税改革，其碳税体系逐渐走向成熟，碳税被认为是芬兰发展低碳经济最重要的手段之一。2020 年 2 月，芬兰政府宣布计划在 2035 年成为世界上第一个实现碳中和的国家。

6.2.3　丹麦碳排放税的实践

6.2.3.1　丹麦碳排放税政策概况

1992 年丹麦开始征收碳税，是世界上最早开征碳税的国家之一，早在 20 世纪 70 年代就开始对能源消费征税。当时征税对象只包括家庭和非增值税纳税企业，不对增值税纳税企业征税主要是考虑这些企业的国际竞争力和就业。根据《京都议定书》和欧盟之后的减排义务分配协议，丹麦政府制定了减排目标，采取了很多减排措施，其中的核心是利用能源和二氧化碳税刺激能源节约与能源替代，同时对企业清洁能源技术的投资提供补贴以及对签订自愿减排协议的能源密集型行业给予税收折扣。

丹麦是第一个对家庭和企业同时征收碳税的国家，其目的是将 2000 年的排放量保持在 1990 年的排放水平上，刺激能源节约和能源替代。征收范围包括汽油、天然气、和生物燃料以外的所有二氧化碳排放。对电力、汽油、天然气和生物燃料免税，碳税只占能源税中很小的一部分，对不同能源征税税率不同，居民的税率大大高于企业，工业部门的实际税率为私人家庭税率的 35％左右。碳税的计税基础是燃料燃烧时的二氧化碳量，税率是 100 丹麦克朗/吨二氧化碳。税收的一部分被用于为工业企业的节能项目提供补贴，而来自工业的碳税收入全部循环回到工业，主要有降低雇主的社会保障缴款、改善能效的投资赠款和小企业基金。

碳税的开征打破了丹麦对工业企业免征能源税的传统。征收碳税前，丹麦的工业企业能源税负非常低，因此碳税的推出也是能源税制改变的一个转折点，促使丹麦的工业企业，尤其是高能耗工业企业被纳入碳税征收的范畴。但是在碳税征收中，企业享受税收返还和减免的优惠。截至 1995 年，对于缴纳增值税的企业给予 50% 的税收返还（用作机动车燃料的柴油征收的二氧化碳税除外）；如果二氧化碳净税负（包括返还）超过企业销售额的 1%，税率下调为规定税率的 25%；如果净税负在销售额的 2%～3%，则有效税率降至规定税率的 12.5%；对净税负超过销售额 3% 的企业，税率降至规定税率的 5%。因此工业部门的实际税率相当于私人家庭税率的 35% 左右。而那些能源消耗高的企业又得到了更多优惠，实际上大多数能源消耗高的企业最终都没有交纳碳税。在此情况下，碳税率有所提高，但同时规定参加自愿减排协议的企业可以享受税收减免。

按照《1995 年绿色税收框架》，1996 年丹麦引入了一个新税，该税由三个税种组成，分别是二氧化碳税、二氧化硫税和能源税，增加了企业的能源和碳税的总体负担。二氧化碳的税率不变，但税基扩大到供暖用能源。二氧化碳税的退税方案被更新并更为严格，还执行了新的能源效率自愿协议。签订自愿减排协议的高能耗企业按优惠税率纳税。企业按用途将耗费的能源分成三类：供暖用、照明用和生产用能源。二氧化碳税分别按 100%、90% 和 25% 征税。1999 年，为了控制经济过热，政府出台了一揽子经济政策，其中一项就是将能源税提高 15%～20%，企业供暖用能源的二氧化碳税的有效税率调高到 100 欧元/吨二氧化碳。与此同时，企业适用的能源和二氧化碳税收体系也进行了结构性调整，二氧化碳税率下调到 12.10 欧元/吨二氧化碳，基准的能源税税率也相应上调。2004 年制定的 493 号法律，面向企业推出二氧化碳配额计划。由于丹麦国内电力生产方式由火力发电转向风力发电，2009 年出台 527 号法律将电力二氧化碳税转为电力节能税。2010 年第 722 号法律要求对二氧化碳以外的温室气体征税。2011 年 4 月丹麦制定单独的二氧化碳税法，并在随后六年中，通过 12 个法律条文对该税法进行补充修订，碳税体系逐渐完善。2014 年通过的《气候法》，申明丹麦气候政策与碳税制度相结合，确保减排目标的实现。

6.2.3.2 碳排放税政策对丹麦的影响

经过税制改革，2015 年丹麦二氧化碳排放量相比 1995 年下降了 50.3%。与此同时，能源消耗总量也呈波动下降趋势，可再生能源在能源消费结构中占比稳步提升，从 1996 年的 7% 提高到 2016 年的 29%。

从经济效应上看，丹麦的碳税税负虽然高于芬兰，但是丹麦对于工业企业的税收减免力度很大，对于高耗能企业的减免力度更大。因此，大大削弱了碳税对于丹麦工业企业的经济影响。同时，由于碳税政策的出台，能源税对丹麦工业企业的约束作用也有所降低。但是，丹麦对于居民征收的碳税率仍然很高，以此有效提高居民的碳减排意识。从福利效应上看，丹麦的碳税政策不存在交叉补贴的现象，各个经济主体在碳税中得到的补贴取决于对于碳税的贡献度。工业企业缴纳碳税的数额大于居民，因此工业企业得到的补贴也远高于居民。

6.2.4 挪威碳排放税的实践

作为《京都议定书》的缔约国之一，挪威政府长期注重气候变化，在《2008—2012 年应对气候变化白皮书》中提出，2020 年二氧化碳排放量较 1990 年水平降低 30%，力争至 2030 年成为碳平衡国家。2015 年初，挪威政府拟申请加入欧盟"2030 年气候与能源政策框架"，承诺到 2030 年将温室气体排放量减少 40%。为实现这些政策目标，历年来挪威政府陆续推出多项环境保护、污染防治和节能减排等政策措施，同时，挪威也是世界上最早建立碳排放税的国家之一。

挪威在 1991 年开始对汽油、矿物油和天然气征收二氧化碳税。1992 年挪威把碳税征收范围进一步扩展到煤和焦炭，同时对航空、海上运输、电力等部门给予税收减免。挪威对于不同产业和不同行业的企业实行差别化的碳税率，使得不同行业的工业企业差别很大。2005 年，挪威对石油按每吨二氧化碳征 41 欧元的碳税，对轻油征收 24 欧元，对重油征收 21 欧元，对纸浆和造纸工业征收 12 欧元，对工业用电按每兆瓦时征 4.5 欧元的碳税。为达到碳减排效果，挪威与碳税政策相互补充的还有碳交易体系。在挪威碳交易体系的试验阶段（2005—2007 年），为避免一些企业负担过重，缴纳碳税的企业被排除在交易体系之外。由于这一阶段收效不佳，自第二阶段起，负担碳税的企业同样被纳入碳交易体系当中，承担双重减排责任。2009 年以来，在欧洲债务危机冲击下，国际碳价持续走低，挪威政府感到依靠碳价不足以驱动企业实施减排计划，于是决定对石油、天然气企业征收双倍碳税，以增加其减排动力。在税收使用上，挪威碳税主要是为了减轻企业负担，减少企业为员工缴纳的各种福利造成的成本负担。在税收减免上，挪威在不同地区不同产业间设置税收减免政策，保护本国企业竞争力。例如，在北海地区的企业，相比于大陆地区的企业，在冶金业、渔业等产业享受更多的优惠，鼓励北海地区经济发展。

从经济效益上来看，挪威的碳税率总体并不是很高，且根据本国经济产业结构和地区发展情况，灵活设置了不同的税率，保护本国企业的国际竞争力。从福利效应上看，挪威对于冶金业和渔业实行税收减免，其碳税也用于减少企业为员工支付的社会保障税。

6.2.5 澳大利亚碳排放税的实践

澳大利亚较为依赖燃煤发电，是世界上人均碳排放量最高的国家之一。澳大利亚于 2008 年正式加入《京都议定书》，开始实施气候变化战略，主要是减少温室气体排放量、适应气候变化的影响以及解决全球性的方案，同年，澳大利亚通过《澳大利亚气候变化局法案》开始征收碳排放税。2011 年 11 月 8 日，澳大利亚参议院通过了吉拉德政府提出的《清洁能源法》，该法案主要以碳排放税立法为核心内容，并对澳大利亚未来清洁能源的发展做出了总体规划。

6.2.5.1 澳大利亚碳排放税政策概况

澳大利亚碳排放税立法的主要内容包括碳定价（碳排放税）、碳排放税机制和配套措施以及清洁能源发展计划。其中碳排放税价（碳排放税）机制涉及澳大利亚碳排放税的实施对象、定价标准与实施步骤，是清洁能源发展计划的核心与基础。

2012 年，澳大利亚通过新碳税法案，规定了碳排放税的实施对象是包括力拓及伍德赛德等 500 家最大的碳排放企业，主要涵盖了矿产、石油、电力和钢铁等领域，这些企业中约有 135 家在新南威尔士州和澳大利亚首都领地，110 家在昆士兰州，85 家在维多利亚州，75 家在西澳大利亚州。其中约 60 家主营电力生产，100 家从事煤炭及其他矿产品开采，还有 60 家为水泥化工和金属加工等工业企业。此法案的实施步骤与定价标准以 2015 年为分界点，通过前三年的碳排放税实践，促使碳排放税机制能够转变到碳排放交易这样一种市场化的方式上来。在 2015 年以前，碳排放税的价格由政府进行定价，前三年采取固定价格。从 2015 年 7 月 1 日开始，碳排放税税制将变为碳排放交易这种方式，也就是说碳排放税的价格将由市场决定。但应该注意的是，并非碳排放税的价格会突然大幅上涨，而是在转为市场定价的前三年规定一个浮动范围，最低价为 15 澳元（约 15.414 美元），最高上限高于国际预期价格，约为 20 美元。

澳大利亚政府在实施碳定价（碳排放税）机制的同时，为了尽量减少碳排放税的征收给家庭、企业等带来的负担，也制定了相应的配套措施。如对家庭、企业给予适当的补贴，主要包括家庭援助计划、产业援助计划、设立能源安全基金及建立碳机制的治理结构四个方面。澳大利亚此项清洁能源发展计划涵盖了制造企业的转型，大力发展可再生资源和鼓励农林及土地利用部门减少碳排放等。这些措施的目的基本上是鼓励全民参与到节能减排中。与此同时，澳大利亚政府还将在企业生产、农业发展等方面提供低碳技术支持。

6.2.5.2　澳大利亚碳排放税实践的措施

首先，把碳排放税的问题提高到立法的高度。碳排放税作为一个新兴的事物，一方面其带来的环境效益等一些长期效益在短期内效果不明显，另一方面，公众普遍对于环境的保护意识还不够强烈。因此，只有把碳排放税纳入法治中，才能使碳排放税政策得到贯彻执行。澳大利亚的碳排放税问题困扰了两届政府，直到吉拉德政府参议院才艰难的通过了《清洁能源法》，正是由于此项法案的出台，把碳排放税上升到了法律的高度，保证了澳大利亚的碳排放税制度得以真正的实施下去。其次，逐步的推行碳排放税措施。最后，建立主辅结合的完备碳排放税机制，有效避免了因碳排放税过重而引起的不良社会问题。

6.2.6　日本碳排放税的实践

日本碳税最早可以追溯到 1978 年，是基于财政需求创建的石油煤炭税，并在一年后颁布实施《节约能源法》。1985 年日本增加气态碳氢化合物为征税对象。1997 年日本签订《京都议定书》，并于 1998 年颁布《环境保护法》。2003 年日本制定《可再生能源标准法》，对石油煤炭税进行修改。直到 2007 年，二氧化碳才作为环境税按照每吨碳 2 400 日元开展征收。2011 年，碳税税基变更为二氧化碳排放量，税率也调整为每吨二氧化碳排放量 289 日元；2012 年日本进行税收改革，对《税收特别措施法》做出修订，日本将碳税命名为全球气候变暖对策税，税率也提升至每吨二氧化碳排放量 655 日元。

6.2.6.1　日本碳排放税政策概况

2008 年 7 月 29 日本内阁会议对《低碳社会行动计划草案》进行了讨论，该草案确立了日本减排的长期目标，到 2050 年温室气体排放量削减至目前的 60％～80％。为了取得全体国民的配合达到这一目标，日本的碳排放税方案经过了多次修改，不断吸纳各方意见。从 1996 年起，日本就针对实施碳排放税的可行性进行研究，先后出台碳排放税方案和碳排放税实施计划——《环境税的具体方案》和《关于环境税的具体计划》。日本的碳排放税正式实施起始于 2007 年初，建立在《关于环境税的具体计划（基本大纲）》及其立法配套措施的基础之上。其主要计税依据为化石燃料，如原煤、原油和天然气的含碳量，围绕环境政策引入经济手段，目的是保护环境，征收范围广，减免税的范围和幅度大。通过增加税收政策的配套措施来保证碳排放税方案的顺利实施，将碳排放税政策对原有税收格局的负面效应降至最低，例如道路特定财源制度，改革将碳排放税收入取代道路特定财源制度中用于环境保护的资金来源。其他的配套措施包括新能源税收优惠制度、环保汽车购置优惠制度、补助金制度等。主要针对征收对象、税率调整和税收分配进行分析论证设计日本的碳排放税方案。

征收范围广是日本碳排放税的重要特点。碳排放税制度是否起到正面作用并达到预期效果，征税的对象和范围起到决定性的作用。碳排放税的主要征收对象是直接或间接消耗化石燃料的单位。范围既包括工厂企业，如煤炭、石油、天然气的消费大户，采用化石能源发电的企业等，又包括家庭和办公场所。这种既对上游的生产环节课税，也对下游的消费环节课税涵盖了工厂、企业和家庭，针对性强，覆盖面广。税率调整机制是整个碳排放税制度的核心机制。低征税起点，有计划地提高碳排放税率是又一个特点。日本在碳排放税的税率制定初期，通过测算碳排放税对国民经济和人民生活的影响。按照每吨碳2 400日元的税率，在税收规模不变的情况下，若税收额用于防止地球温暖方面，根据课税和补助配合的原则试算出对GDP的影响，从2009—2012年平均降低0.055%。对居民生活来说汽油和水电费在收入中所占的比例由课税前的9.3%变为课税后的9.5%，增加0.2%，每个家庭每月大约多支付177日元。碳排放税收入成为执行相关环保政策的稳定资金来源，除用于防止全球变暖，还可以用于森林保育，促进低排放的机动车发展，开发新能源汽车，提高建筑节能，建设低碳都市和低碳地区等。

6.2.6.2　日本碳排放税的成就

日本碳排放税政策的实施在温室气体减排、抑制能源过度消费、促进节能环保技术进步等诸多方面取得显著成效。

（1）温室气体排放量迅速下降

根据经济合作组织数据库对各国温室气体排放量的统计，自1990年以来，日本温室气体排放量一直呈上升趋势，1994年后每年的温室气体排放量均在三亿吨以上。但是，碳排放税方案实施以后，日本的温室气体排放量迅速下降。与2007年温室气体排放量的13.653亿吨相比，2008年的温室气体排放量下降至12.813亿吨，下降幅度为6.15%；随着碳排放税的继续推进，2009年日本的碳排放量继续下降至12.1亿吨。首次比《京都议定书》规定的1990年基准年度的12.6亿吨还低4.1%。

（2）能源过度消费得到有效抑制

日本开征碳排放税，一方面有效地遏制了企业和居民对能源的过度消费；另一方面促进了节能环保技术的不断进步。日本碳排放税对节能环保技术的促进作用主要体现在两个方面：其一，在化石燃料价格上涨、成本上升的压力下，高能耗企业加快淘汰落后工艺和落后技术，主动更换节能设备和应用节能环保新技术；其二，碳排放税收入被专项应用于鼓励和补贴开发新能源及推广节能环保新技术。在多方作用下，日本在太阳能、风能、智能电网、新能源汽车、混凝土再利用等的技术开发和应用方面居于世界领先地位。在节能环保技术及其产品日益成为重要国际战略资源的情况下，日本领先的节能环保技术不仅极大地提高了日本能源密集型行业的国际竞争力，而且遏制了能源的过度消费。

6.3 国外碳排放税收的启示

综合已经开征碳排放税国家的经验，可以得出碳排放税政策的实施取得了一系列的成效。根据国际碳排放税实践和所取得的成效，可得到一些其实经验启示：第一，碳排放税有利于缓解化石能源的过度消耗并减少大气中二氧化碳的排放。芬兰等国的实践表明，自实行碳排放税政策以来，二氧化碳的排放量比预期大幅降低。第二，实施碳排放税政策可以转变国内企业的生产与运营方式，加快企业创新步伐，改进企业生产工艺流程，淘汰高能耗的落后工艺，加快节能减排技术的开发和应用，促进产业结构的调整与升级。第三，通过实施合理的碳排放税政策能够增加政府税收收入，政府可以将该税收投入到与气候变化相关或者其他公共服务领域，也可用于财政二次分配，促进社会公平。第四，在碳税制度实施初期，丹麦、瑞典、荷兰、挪威等曾为保护本国的行业竞争力，对能源密集性行业实行大量的税收豁免政策。剑桥大学的研究结果显示，欧盟部分国家尝试采取混合的碳税政策以限制碳税对本国能源密集行业的影响，实际上在减排方案中直接免除能源密集行业的碳税以维持国际竞争力是一种代价高昂的解决方案，采用出口补贴等方式要远远优于直接的免税政策；第五，碳税政策推行较为成功的国家和地区大多遵循税收中性原则，即不以增加财政收入为目的，而是将大部分碳税收入以补贴和补偿的方式返还给企业，主要用于低碳技术发展或节能环保投资，少部分用于减少碳税对社会福利的影响。例如，丹麦将企业缴纳的碳税收入集中成立低碳投资资金，将居民缴纳的碳税专项用于供热系统补贴和新能源改造。据研究表明，碳税中性及均衡效应政策的实施对经济发展的影响较小，短期负面冲击不显著；同时，可实现碳税政策的双重红利，有效促进了减排和低碳经济发展。

6.3.1 开征碳税专门抑制碳排放

碳税是 18 世纪末最早出现于北欧国家的一种针对二氧化碳排放量专门征收的一种环境保护税。芬兰、荷兰、瑞士、挪威、丹麦是开征碳税的先行者，也是将碳税单独作为一个税种的国家。全球开征碳税的国家还有瑞典、德国、意大利、加拿大、日本及澳大利亚等国，此外，一些国家也在自己的省、州范围内征收"碳税"或是"碳费"。自 1990 年到 2008 年这段时间，部分推行碳税的欧洲国家碳排放强度下降超过 30%。

碳税的计税依据主要是以燃烧化石能源的含碳量计税的,但也有部分国家是以能量含有量为计税依据的能源税。在征收范围上,不仅对煤、天然气、燃油等一次能源征收,还对电力等二次能源进行征税,而且,瑞典率先将范围从工业、供热等能源密集型的生产性产业扩大到了家庭以及其他企业,使控制碳排放的范围从生产、消费领域扩大到了生活领域。碳税征收国家为了弥补征收碳税对企业生产造成的损失,在税收返还方面给予企业一定的优惠、补贴。在开征碳税的同时相应地降低其他税种的收入比重或者是增加一些相关的补贴。但在具体的返回途径上,不同的国家有着不同的方式。芬兰主要是将碳税收入用于降低所得税以及劳务税的税率,以此来促进可再生能源的利用,并且为了维护本国工业产业的竞争力,芬兰于 1998 年开始对高耗能产业也施行税收返还制度,对工业企业减征电力税;挪威的碳税收入则主要是用于降低企业的劳动力成本来降低企业因碳税税负而增加的成本。

欧洲一些开征碳税的国家在 20 多年的不断改革中也逐步形成了一个成熟的碳税征收体系,一些国家的碳税占 GDP 的比重不断提高,劳动要素税负减轻,这样不仅较有效地控制碳排放,也在一定程度上降低了征收碳税对经济增长和就业的冲击。目前欧洲国家以开征碳税来控制碳排放的"欧洲经验"已经引起了国际上许多国家效仿,适时开征碳税,借鉴欧洲成功经验,是控制碳排放的一种有效措施。

6.3.2 碳排放税设计的目标性与原则性

(1) 目标性

碳税作为目前公认的解决人类社会发展高碳排放的有效手段已经在欧洲许多国家推广并取得了良好的成效。各个国家开征碳税的目的在于通过对经济活动中的碳排放进行征税,以激励经济活动主体主动减少碳排放量。

碳排放税所具有的双重政策属性决定了碳排放税具有多样化的表现形式,其具体表现形式主要取决于碳排放税政策的主要目的。采用如北欧国家碳排放税实施初期政策设计则意味着碳排放税的主要作用是增加财政收入,将主要用于管控居民、交通等非工业领域;采用北欧国家加入欧盟碳排放权交易计划后的碳排放税政策设计意味着碳排放税的主要作用是补充碳交易政策的管控范围,从而间接实现控制温室气体排放效果,并部分兼顾碳排放税的财税政策属性。因此在碳排放税政策设计时,应首先明确碳排放税政策所要解决的主要问题,并统一政府各部门对碳排放税作用的认识,以保证碳排放税政策可以更有针对性,避免其他政治需求对碳排放税政策解决主要矛盾的政策效果产生干扰。

(2) 原则性

随着碳排放问题在国际上重视度的不断提高,各个国家在对于碳减排问题的政策研究上也都做出了积极的探索，不断的追求既能保持经济持续稳定增长，又能降低碳排放、控制能源消耗的有效办法。在很多国家，碳税是一种新型的税种，与其他税种的设立过程相同，碳税的设计不可能脱离税收法定、公平性、原则性与灵活性相结合这几个方面，其税法相关内容的设定不可能一蹴而就，需要在实践过程中不断完善与发展。由于西方国家碳税起步较早，我国可以根据国情，吸取国外成功的碳税经验，建立适合自身发展的碳税制度，依法设立碳税要素，就碳税的税率、计税依据、税目、纳税义务人、税收减免、税款使用等各方面做出明确规定。

首先，税收公平是税收立法的一项基本原则，它要求税法面前人人平等。因此，在碳税制定环节，我们也要考虑公平问题，真正征收时，还需要考虑不同地区、不同企业性质、不同收入阶层等现实问题，在税率的制定上也应因地制宜，尽量使不同的纳税主体税负相当。其次，在碳税设计原则中要考虑税收中性原则，主要是来保证碳排放税的开征不会对整个经济体系产生较大的负面影响。

其次，应平衡经济增长与碳减排的关系。我国正处在转变发展方式、优化经济结构、转换增长动力的攻关期，结构性、体制性、周期性问题相互交织，"三期叠加"影响持续深化，经济下行压力加大。当前世界经济增长持续放缓，仍处在国际金融危机后的深度调整期，世界大变局加速演变的特征更趋明显，全球动荡源和风险点显著增多。经验表明对污染主体征税是较有效的控制碳排放方法，但是在征税的同时，应平衡经济增长与碳减排的关系。

对于欧美一些发达国家而言，碳减排有所成效的国家一般都遵守了税收中性原则。在设置环境税的同时完善税收返还机制，在这些国家已经基本形成了途径多样、范围明确、返还到位的完善的返还机制。现有税收返还的途径主要有实行专款专用制度、直接补贴减排企业、充当环保支出、设立专项基金等。虽然不同国家使用这几种返还途径的方式和领域存在很大的差别，但都对返还的领域做出了明确界定。就设立专项基金的返还方式而言，波兰设立了三个层次的环境基金用于将税收收入分层次返还给企业和市政当局，即分为了国家基金、49个地区的环境基金、2 400多个市政的基金。英国设立碳基金主要服务于：提升企业减排成效、低碳环保技术开发以及增强公共部门和企业应对气候变化能力这三个领域。为了保证返还的税收收入能过落实到位，英国将碳基金设为一个独立的公司，独立于企业与政府之间，采取独特的管理运营模式，以防止腐败、投机的问题出现。

再次，在世界经济发展日益一体化的背景下，碳税的制定必须要考虑保护企业的国际竞争力。我国处在高速发展阶段，工业化进程进行到关键阶段，征收碳税会对企业产出产品消费产业发展具有不利影响。如果企业无法有效对碳税政策作出反应，可能导致竞争力下降，给产业发展和国民经济造成严重的影响。国外碳税制度的经验表明，设置碳税制度时应设定一些税收优惠或者补偿政策，一方面促进企业节能减排，一方面维护企业的国际竞争力。

因此，我国在制定碳税政策时应结合各产业中企业发展的实际情况，制定合理的、具有差异性的碳税政策，保护企业的国内和国际竞争力。因此，不能单纯因为节能减排而忽略企业的可持续发展，既不能以牺牲环境换取经济高速发展，也不能大幅度牺牲经济而换取减排目标的实现，二者要在实践过程中不断磨合、不断改进。

6.3.3　碳排放税的归属

碳排放税的多样化表现形式决定了碳排放税可以适应解决多种不同问题的需要。当碳排放税主要用于增加财政收入时，碳排放税政策设计将更多地受能源财税体系的影响，因此碳排放税与其他能源消费税的区别并不明显，碳排放税可以作为能源消费税的一部分存在。但当碳排放税被主要用于控制温室气体排放时，其设计将主要取决于控制温室气体排放的需要或与其他控制温室气体排放政策的协调，此时独立设置碳排放税将使碳排放税具有更大的政策设计灵活性，而不会受到能源财税政策的制约与影响，如果只是将碳税作为一个税目融入其他税种中，就可能会导致碳税的实施针对性不强，效果不明显。

碳税模式的选择应立足于国情。20世纪，由于民众环保意识薄弱，大部分开征碳税的国家如芬兰、瑞典选用融入式而非独立式方式设立碳税。21世纪以来全球经济水平大幅度提升，世界各国越来越重视环境保护。2015年1月1日我国开始实施《环境保护法》；2017年《政府工作报告》中提出要加大生态环境保护治理的力度。2018年开始实施《中华人民共和国环境保护税法》，但应税大气污染物中未涵盖主要的温室气体。随着中国特色社会主义事业生态文明建设的不断完善，我国人民环保意识在不断增强，为设立独立碳税创造条件。此外，将碳税作为独立税种征收，明确规定纳税义务人、征税对象、税率等，才能更加具有针对性地释放政府减排的强烈信号，引起企业和纳税人的高度重视，减少传统污染能源的使用，对社会发展起到良性循环的作用。首先，独立模式有助于激励企业创新技术，通过科技进步降低可再生能源的使用成本，加速企业能源结构调整，促进绿色企业建设。其次，独立开征碳税有助于清晰划分碳税收入，为实现经济补偿、构建生态环保与经济增长相协调的发展模式奠定基础。再次，积极应对发达国家拟对发展中国家征收的碳关税。

6.3.4　碳排放税开征的时机

目前，发展低碳经济已在世界范围内成为一种必然的趋势，这表明了现阶段人类对于环境保护的重视程度逐渐增加。作为一种能较有效抑制温室气体排放、推进节能减排的税收手段，碳税逐渐被越来越多的国家所采纳。开征碳排放税的时机需要考虑国内与国际两方面综合性的因素。从开征国家的国内发展来看，应综合考虑国家的经济发展所处于的时期，其碳排放的总体水平及是否在全球范围内承担碳减排任务等因素。从全球范围内来看，应考虑全球对温室效应的关注程度，国际政与经济格局，各国的国际形象与责任担当，横向比较世界各国开征碳排放税的情况。

我国的碳排放量近些年增速较快，已跃居世界前列，合理的碳排放量是实现中国经济可持续发展的内在要求。开征碳排放初期，碳排放成本会使一部分高耗能企业成本骤增。因此，政府在实行碳税前，应该给予充分的"预告"，让企业有时间调整资源使用现状，做好缴纳碳税的技术和心理准备，初定税率不宜过高，对征税范围也不宜设置得太过宽泛。虽然开征碳排放税，在短期内会影响企业和居民的利益，但从长期来看，会促进环境状况的根本好转和社会经济的可持续发展，一定程度上抵消碳税的负面效应。碳税的引入，可以带来财政收入效应、环境保护效应以及能源结构的调整效应，为中国经济的可持续发展提供了能源和环境的保障。

国际社会对温室效应的关注日益强烈。从《京都议定书》到巴厘岛路线图，再到多个国家纷纷做出碳达峰承诺并采取碳排放权交易及碳排放税政策。从国际上已经初步具备征收碳排放税的条件。我国在国际社会上承担了大国的责任，做出了"双碳"目标的减排承诺。虽然我国已经开展了碳排放权交易的试点工作，并取得了一定的成效。但与"双碳"目标的减排承诺相比，仍需要配合其他的碳减排手段，推动"双碳"目标的实现。由此可见，我国开征碳排放税已经具备初步的条件。

社会对碳排放税作用的认知程度是影响征收碳排放税的重要社会因素，公众对碳排放的认知程度越高，碳排放税实施的社会阻力就会越小，反之亦然。与欧美国家不同，传统上中国的公众对税收的认知和接受程度不高，对于涉及增加自身税负的税制改革存在着抵触心理，这会对中国碳排放税的实施造成障碍。因此，碳排放税开征前的广泛宣传和普及工作是重要基础。

6.3.5 碳排放税率的设置

碳排放税率的设置是整个碳排放税政策的难点，因为碳排放税率的制定直接关系到碳税的减排效果，对社会公平、经济发展、环境保护都会产生一定程度的影响。从发达国家碳税实践经验看，各国的碳税率存在较大差距，也无统一的标准和指南。但是，出于对本国竞争力的考虑，部分国家会先设定一个较低税率，随着经济发展再逐步提高税率。

因此，将税率设定在较低的水平上可以避免企业和居民负担的急剧加重，缩小碳排放税开征的阻力。随着时间的推移再逐步提高碳排放税率，可以让纳税人有充分的时间不断调整其能源消费行为，增加纳税人对碳排放税的接受性。例如芬兰的碳税在一段时期内，从一开始的约合每吨二氧化碳 1.2 欧元逐渐提升到了 20 欧元，碳税率逐渐提高，初始阶段的碳税与实施了相当一段时间的税率相比相当低，这有效减缓了碳税改革过程中遇到的一系列的阻力。荷兰与芬兰形成鲜明对比，与芬兰不同，荷兰在初始阶段就将碳排放税率定在了一个比较高的水平，这就使得荷兰如今的税率一直稳定在开征之初的水平，也使得荷兰的碳税政策受到了强大的政治阻力，并落在了芬兰之后。因此为了避免由于征收碳排放税使得纳税人负担急剧加重，应从我国基本国情出发，借鉴已经实行碳排放税国家的经验，首先确定适当的低税率，然后分阶段逐步递增。在碳排放税征收的初级阶段，也要通过一些税收减免或者补贴等手段，帮助企业化解碳税带来的负担。此外，借鉴部分国家在征收碳税的同时降低其他税种税率的方式，减少碳排放税的影响。碳税可以帮助减排，但是不能因为税收使得企业或者居民负担加重，对积极减排行为需要进行鼓励和支持。

6.3.6 碳排放税的配套措施

为了促进一项政策的顺利推行，应完善与之相关的配套措施。从碳税实行国的实践来看，为了达到节能减排政策目标并将推行碳税的负面效应降低，各国都给予相关政策配套，如对高耗能企业的认定标准、对达到节能减排目标企业的优惠政策等。

从国外的实践中，我们可以看出优化税制结构，循序渐进，完善配套措施是发挥碳税作用的重要手段。征收碳税的同时，要科学地给予纳税人以适当形式和额度的补贴和优惠。

第一，为保障行业的国际竞争力，应该从企业实际情况以及从保护本国特定产业的角度出发，可以对刚性高耗能企业实行税收返还或给予财政补贴；可以通过适度降低消费税、资源税、所得税等税额的形式给予优惠。此外，政府还可以对高能耗高污染的能源密集型企业设定优惠税率，并与企业签订协议，对于承诺完成减排或提高能效任务的企业，给予额外的税收补贴，主要包括合理的碳排放税减免、碳减排行为补贴、碳排放税收返还或对购买环保设备给予财政补贴等配套措施。为促进企业创新环保技术，可对积极采用清洁能源、开发节能减排技术的纳税大户，给予一定的税收优惠，以鼓励其对碳减排计划的支持。

第二，针对个人的碳税，则可以提高个人所得税的免征额。用碳税收入弥补所得税和社会保障费等。此举既维护了纳税人的利益，也保证了财政收入的稳定，有效地降低征收碳排放税对相关产业的冲击，以保证碳排放税的平稳运行和顺利实施。

第三，设立碳基金。碳排放税可以带来可观的财政收入，相关部门可以利用碳税收入的资金建立国家专项基金，实现碳税收入的专款专用。通过设立专门的碳基金，用于提高能源效率、研发节能新技术、寻找新的替代能源、实施植树造林等增汇工程项目、促进国际交流与合作、引进国际上先进技术，从而降低加工业由于征收碳税而导致成本增加的竞争劣势。英国的碳基金公司是一个值得借鉴的案例，英国在 2001 年组建了一个由政府投资、按企业模式运作的独立的碳基金公司。该基金主要在三个方面发挥作用，一是促进研究与开发，二是加速技术商业化，三是投资孵化器。

第四，加强国际合作。针对在现阶段实行碳排放税的技术和管理方式不足的问题，首先可以通过寻求国际合作的方式弥补不足。其次，借鉴其他国家的碳减排措施。例如，瑞典将货物运输方式从公路运输转成轨道运输和海运，工厂采取碳捕获与封存等技术方式，积极发展可替代能源等。全球范围内，能源日益枯竭的同时，伴随碳排放和环境污染加剧，挖掘与利用新能源的任务紧迫。最后，为促进社会公众生活方式的转变，可对购买环保型汽车、低能耗家电、采用节能环保新技术住宅的家庭给予一定的税收优惠或财政补贴；为保护低收入群体和避免居民生活水平下降，对与居民生活消费有关的化石燃料可暂免征税。

7 黑龙江省奶牛养殖碳排放税制度设计

前一章研究了已经实行碳排放税国家的实践经验及对我国的启示。本章将结合黑龙江省奶牛养殖业的实际情况，从碳排税的目标、原则及具体措施方面设计碳排放税制度，并提出奶牛养殖碳排放税的配套措施。

7.1 奶牛养殖碳排放税的设计

7.1.1 碳排放税设置的目标

减少二氧化碳排放是开征碳税最直接的目的，但碳税在减少二氧化碳排放的同时，也能起到节约能源、减少二氧化硫、氮氧化合物等其他污染物排放等方面的作用，因此碳税的开征目标包括二氧化碳减排、节能和其他污染物减排多个方面。基于此，碳税所要达到的近期目标和长期目标如下。

近期目标。碳税的近期政策目标就是要出台针对消耗煤炭、天然气和成品油等化石燃料的税收政策，形成符合奶牛养殖业实际情况的碳税制度，控制温室气体的排放，表明我国在应对全球气候变化和环境保护方面的坚定立场；同时，通过碳税政策实现能源的节约和其他污染物的减排，促进国家碳达峰与碳中和目标的实现。

长期目标。碳税致力于应对全球气候变化、节约能源和保护环境，发展低碳经济；提高能源效率，协调能源、经济和环境的关系，实现经济社会的可持续发展；建立人和自然和谐的关系，为建设生态文明和环境友好型社会提供政策保障。

（1）减少碳排放以助力"双碳"目标

2021年10月26日，国务院印发《2030年前碳达峰行动方案的通知》，提出要建立健全有利于绿色低碳发展的税收政策体系，落实和完善节能节水、资源综合利用等税收优惠政策，更好发挥税收促进低碳发展的作用。

在推进碳达峰和碳中和目标实现的过程中，税收政策要充分发挥弥补市场外部性的作用，奖惩并举，对具有正外部性的、有助于碳达峰和碳中和的经济行为进行适当激励，反之在税收政策上则应该有所抑制。碳税是专门针对碳排放且以二氧化碳排放量为征收对象的税种。目前实施的碳税主要是针对化石燃料（如煤炭、天然气、汽油和柴油等）按照其碳含量或碳排放量征收的一种税，旨在减少二氧化碳排放。

中国是全世界牲畜排放甲烷量最大的国家，2004 年二氧化碳和甲烷排放达到 384 万吨，高于全球排放量的 1/5；早在 2013 年，联合国粮食及农业组织发表了《通过畜牧业解决气候变化问题：排放与减排机遇全球评估》的报告。该报告表明，与畜牧业供应链相关的温室气体年排放量总计 71 亿吨二氧化碳当量，占人类造成的温室气体总排放量的 14.5%。该报告同时表示，通过更广泛地采用规范管理和先进技术，畜牧业的温室气体减排可高达 30%。可见，畜牧业具有较大碳减排潜力。因此，在中国实现"双碳"目标下，开征碳税不仅有助于畜牧业碳减排，而且有助于全国碳减排进程推进。

奶牛养殖业是黑龙江省国民经济发展的重要支撑产业之一。黑龙江省除了拥有本地品牌完达山、飞鹤等以外，也是全国知名乳企蒙牛、伊利、雀巢等品牌的主要奶源地。黑龙江省的生鲜乳产量居全国第二位，奶牛养殖业的碳减排将在环境保护中发挥重要作用；黑龙江省作为农业大省，奶牛养殖碳减排效果的优劣也在农业碳减排中具有示范作用。除了奶牛养殖的粪污处理技术等已被部分养殖主体采用以外，碳排放税将从经济制度上更广泛地激励奶牛养殖主体实行碳减排行为，助力"双碳"目标。

（2）协调碳减排与经济增长

经济增长伴随能源消耗和碳排放，对人类的生存环境造成较大威胁。我国目前所处的社会发展阶段要求经济保持一个较高的增长速度，但环境的承载能力及全球气候变暖压力的限制又警示着政府亟须采取复合性碳减排措施。现阶段我国为保护环境所征收的资源税、消费税、车船税、所得税等主要是通过控制石油、天然气、煤等化石燃料燃烧，降低高耗能、高排放企业的单位能耗或排放量，减少碳排放产品的消费等以减少碳排放，达到碳减排的目的。但是在一定程度上将抑制经济增长，也是经典的庇古税所面临的问题。应发挥税收政策及其配套措施的整体协调功能，合理支配碳税收入，适当给予税收返还，缓解赋税的负担，以协调碳减排与经济平稳增长。

碳减排和经济发展不是矛盾对立的关系，而是辩证统一的关系。碳减排目标如期实现与经济结构和经济发展方式息息相关。绿色发展是建设现代化经济体系的必然要求，我们决不能把碳减排和经济发展割裂开来，更不能对立起来，要坚持在发展中保护、在保护中发展。要加大力度推进生态文明建设，正确处理好绿水青山和金山银山的关系，构建绿色产业体系和空间格局，引导形成绿色生产方式和生活方式。这不仅是推动高质量发展的内在要求，更是关系中华民族永续发展的根本大计。

碳排放和经济的增长紧密相关，但是在不同经济区域的表现具有异质性。近年来，虽然黑龙江省奶牛养殖的排放总量增长，增速放缓，但为实现碳达峰与碳中和的目标，仍需要不断加强碳排放的治理工作。黑龙江省应该结合奶牛养殖业的实际情况，加强奶牛养殖规模和结构的调整，注重技术研发和创新，推动产业结构升级和优化，并且加强可再生能源的开发和利用，促进清洁技术创新，最终促进经济增长和碳排放协调发展，为可持续发展提供动力，切实提高奶牛养殖主体的幸福指数。

（3）促进畜牧业高质量发展

推动经济实现高质量发展，是适应我国发展新变化的必然要求，也是当前和今后一个时期谋划经济工作的根本指针。高质量发展，意味着高质量的供给、高质量的需求、高质量的配置、高质量的投入产出、高质量的收入分配和高质量的经济循环。

2017年，中国共产党第十九次全国代表大会首次提出"高质量发展"表述，表明中国经济由高速增长阶段转向高质量发展阶段。党的十九大报告中提出的"建立健全绿色低碳循环发展的经济体系"为新时代下高质量发展指明了方向，同时也提出了一个极为重要的时代课题。高质量发展根本在于经济的活力、创新力和竞争力。而经济发展的活力、创新力和竞争力都与绿色发展紧密相连，密不可分。离开绿色发展，经济发展便丧失了活水源头而失去了活力；离开绿色发展，经济发展的创新力和竞争力也就失去了根基和依托。绿色发展是我国从速度经济转向高质量发展的重要标志。

2020年《关于促进畜牧业高质量发展的意见》指出，要以习近平新时代中国特色社会主义思想为指导，全面贯彻党的十九大和十九届二中、三中、四中全会精神，认真落实党中央、国务院决策部署，以实施乡村振兴战略为引领，以农业供给侧结构性改革为主线，转变发展方式，不断增强畜牧业质量效益和竞争力，形成产出高效、产品安全、资源节约、环境友好、调控有效的高质量发展新格局。要持续推动畜牧业绿色循环发展，对畜禽粪污全部还田利用的养殖场（户）实行登记管理，不需申领排污许可证。支持农民合作社、家庭农场等在种植业生产中施用粪肥，促进农牧循环发展。

畜禽养殖废弃物污染一直是农业碳减排中最为棘手的问题之一。据农业农村部数据，我国每年畜禽粪污产生量约38亿吨，但综合利用率不足60%。而且，全国每年畜禽养殖业排放物化学需氧量达到1 268万吨，占农业源排放总量的96%，是造成农业面源污染及碳排放的重要原因。征收碳税旨在加快养殖业污染治理步伐，从长期来看，会进一步促进养殖业向种养结合、农牧循环、环保为先的发展模式转变，推动畜牧业绿色循环发展，实现畜牧业高质量发展。

（4）推进生态文明建设

面对资源约束趋紧、环境污染严重、生态系统退化的严峻形势，必须树立尊重自然、顺应自然、保护自然的生态文明理念，把生态文明建设放在突出地位，融入经济建设、政治建设、文化建设、社会建设各方面和全过程，努力建设美丽中国，走可持续发展道路，实现中华民族永续发展。生态文明建设其实就是把可持续发展提升到绿色发展高度，为后人"乘凉"而"种树"，就是不给后人留下遗憾而是留下更多的生态资产。党在十八大把生态文明建设写入党章，它是建设我国"五位一体"格局的前提，是经济、政治、文化、社会建设的基础，它是一个国家文明的标志。生态文明建设是中国特色社会主义事业的重要内容，关系人民福祉，关乎民族未来，事关"两个一百年"奋斗目标和中华民族伟大复兴中国梦的实现。

生态文明建设要求坚持节约优先、保护优先、自然恢复为主的方针，着力推进绿色发展、循环发展、低碳发展，形成节约资源和保护环境的空间格局、产业结构、生产方式及生活方式，从源头上扭转生态环境恶化趋势，为人民创造良好生产生活环境，为全球生态安全作出贡献。

生态文明建设要求加大自然生态系统和环境保护力度。良好生态环境是人和社会持续发展的根本基础。生态文明建设要求加强生态文明制度建设。保护生态环境必须依靠制度。积极开展节能减排、碳排放权、排污权交易试点。

征收碳税有助于促进低碳发展，循环发展，做到节约资源。这与推进生态文明建设的主旨目标相一致。碳排放税，碳排放权交易都是市场激励型环境规制工具，从制度上有助于推进生态文明建设。

（5）完善税收体系

2018 年 1 月《中华人民共和国环境保护税法》开始实行，该税法分别规定了大气污染物、水污染物、固体废物及噪声等应税污染物的征税细则。在应税大气污染物种类中未包含二氧化碳、甲烷及一氧化二氮等主要温室气体，在农业生产中，除规模化养殖外均享受免税政策。

IPCC 用全球增温潜势（Global Warming Potential，GWP）来评价各种温室气体对气候变化影响的相对能力。它是某一给定物质在一定时间积分范围内与二氧化碳相比而得到的相对辐射影响值。GWP 是一种物质产生温室效应的一个指数。GWP 是在 100 年的时间框架内，各种温室气体的温室效应对应于相同效应的二氧化碳的质量。如果二氧化碳的增温潜势值为 1，则甲烷为 21，一氧化二氮为 296。这三种气体占农业碳排放比例约为 1/2。综合中国各种温室气体排放的比例和增温潜势值，甲烷、二氧化碳与一氧化二氮的温室效应持续时间更久，影响力也更大。因此，这几种气体也应纳入大气污染物的税收范畴。

世界各国面临温室效应加剧的情况下，英国、澳大利亚及加拿大等为代表的国家也相继开征碳排放税，且将该税种单独列支。在各国共同为碳减排作贡献的背景下，对温室气体征税将是未来一个发展趋势。由于我国已有环境保护税法，碳排放税则可以被纳入该税法中，以完善环境保护税收体系。包括黑龙江省在内的各级地方政府亦需要对该经济政策的效果进行预判。

7.1.2 碳排放税设置的原则

（1）可持续发展原则

可持续发展是既满足当代人的需求，又不对后代人满足其需求的能力构成危害的发展。土地、草场、水等资源都是奶牛养殖业赖以生存的基础，因此，资源与环境的可持续发展是奶牛养殖业可持续发展的前提。

征收碳排放税体现了政府运用税收杠杆调节市场经济活动，也是促进奶牛养殖业的经济与环境协调发展的重要手段。可持续发展原则要求征收碳排放税时，优化税收功能，为国家治理环境问题筹集专项资金，引导奶牛养殖主体树立正确的生产观，将环境污染的碳排放成本投入计入生产成本。通过增加生产成本迫使养殖主体减少碳排放，从而实现奶牛养殖资源与环境的可持续发展。

（2）法定主义原则

税收法定主义是指由国家决定全部税收问题的原则，税法的各类构成要素必须由法律明确规定。碳排放税的课征范围、纳税主体必须以法律规定为依据，没有法律依据就不能随意征税，任何人不能随意被要求征税。

碳排放税种的设置由法律明确规定，政府不能随意征税。同时，法律还规定碳排放税的主要要素，主要包括如何确定纳税人、征税主体、计税依据等。政府行政机关不得自行设置税基、纳税主体与客体、计税依据等。碳排放税和其他税收一样，具有强制性，税务机关没有自由裁量权，不能随意降低税率、随意扩大纳税主体、延长或者缩短纳税期限等。税务机关不得随意减免碳排放税收，否则难以为治理环境污染筹集到资金，也不利于做到公平。碳排放税的征税金额、缴纳日期等都按法律规定执行，它的每一环节（登记—审批—申报）都必须严格按照法律规定进行。此外，对纳税争议问题也必须通过法律途径解决。

将税收法定主义原则运用到碳排放税中，通过法律形式确定征税主体，才能提高碳排放税的稳定性，发挥监测环境质量的作用。

（3）公平原则

税收公平原则是指国家征税应使各个纳税人的税负与其负担能力相适应，并使纳税人之间的负担水平保持平衡。税收公平包括横向公平和纵向公平两个方面。前者是指经济能力或纳税能力相同的人应当缴纳数额相同的税收，亦即应该以同等的课税标准对待经济条件相同的人；后者是指经济能力或者纳税能力不同的人应当缴纳数额不同的税收，亦即应以不同的课税标准对待经济条件不同的人。税收公平原则要求税收必须普遍征税、平等课征和量能课税。

生态环境是公共物品，因此人们在使用自然资源时候要考虑资源总量，人们在经济发展的过程中必须坚持公平原则。在设计奶牛养殖的碳排放税率时，应考虑到不同养殖主体的碳排放情况，排放量少的主体征税额度低，排放量多的主体征税额度高，或是提高征税比例，以示税收公平。

（4）征收便利原则

征收碳排放税的主要目的是促使奶牛养殖主体实行低碳奶牛养殖，自主减少碳排放。若税收制度过于复杂，将影响纳税人的正常经营活动，导致生产效率降低，而受到纳税人排斥。因此税务机关在征收碳排放税时应简化征税步骤，充分考虑便利纳税人，实现高效、便捷地征税。既能减少国家征税成本，又能避免给纳税人带来额外负担。

（5）税收中性原则

税收中性原则是指国家征税时，除了使人民因纳税而负担以外，最好不要使人民承受其他额外的经济负担和损失。国家征税使社会所付出的代价应该以征税数额为限，不能让纳税人或社会承担额外的负担或损失；市场信号不因征税而扭曲，市场资源配置作用不为征税所干扰；特别是税收不能超越市场而成为左右经济市场主体经济决策的力量。

马歇尔认为税收会产生"额外负担"，破坏正常经济活动的成本与效益之间的关系，扭曲资源配置，为了降低这种对于经济上资源配置的扭曲，需要降低"税收的超额负担"。税收中性主要是针对市场而言的，即尊重自由市场的资源配置功能，减少干预，避免扭曲市场经济的行为。税收中性原则是指保持税收和支出不变，实现预算的中性，让人民只承受既定的税收负担，免受其他额外的负担，保证市场的纯粹竞争性。税收中性不会必然让政府变得超高效，但会为政策倡导者提供一个固定的资金池。符合税收中性原则的碳税制度也会减少碳税本身的"额外负担"以及碳税的累退性对纳税者尤其是低收入家庭的负面影响，减少碳税实行的政治性因素的阻力，增强碳税的可接受性。

7.1.3 碳排放税设置的模式

在碳税的征收中，设置独立的碳税税种和将碳税征收融入其他税种是两种主要模式。

独立设税模式的二氧化碳减排导向更为突出，可以向纳税人和外界传递更直接的减碳信号，但在已经开征资源环境税种的情况下，会出现税种设立重复，增加税制复杂性的问题，同时受制于税收立法过程，开征历时更久。碳税推行的首要目的就是抑制温室气体排放、促进节能减排，如果只是将碳税以一个税目的方式增加到其他税种中，不易精准规制纳税义务人的行为。如果未来我国对奶牛养殖业开征碳税，征收碳税带来的成本势必会转嫁给消费者，导致乳制品价格上涨。一方面导致碳税规制生产者碳减排行为的作用不显著，另一方面，也有可能造成重叠征税，给奶牛养殖业带来负担。独立开征碳税的情况下，可以明确规定该税种的纳税义务人、征税对象、税率等，才能更具针对性，及时转变生产者与消费者的观念，减少传统污染能源的使用，更新清洁能源的使用，对社会发展起到良性循环的作用。

虽然融入式设税模式整体上的减碳信号不及独立设税模式强烈，但在特定税种下单独设置税目，其政策效果类似，且以修改税法、增设税目的方式征收碳税，有利于碳税的有效推进，并降低税制的复杂性和提高征管的便利性。基于实现"双碳"目标的重大紧迫性，碳税征收对目标达成的重要性，我国碳税采取融入式设税模式也是可行的选择。在具体设税中，可采取在环境保护税下增设二氧化碳税目的方式。我国环境保护税实际上是污染物排放税，二氧化碳作为温室气体，其排放具有污染物排放属性，将二氧化碳置于环境保护税种的大气污染物税目也具有合理性和可行性。

开征碳税前期必然会有较长时间的准备和投入，但一项政策实施效果的好坏才是评判优劣的最大标准，不能为了短期利益，牺牲长远发展。从实施效果的长远角度看，无论是采取独立型碳税还是融入型碳税，都要根据奶牛养殖业的基本情况选取最优的碳税制度，有利于更好地助力中国实现"双碳"目标。本研究根据黑龙江省奶牛养殖的实际情况，采取独立式碳排放税的设置，研究其影响黑龙江省奶牛养殖业的碳减排效果。

7.1.4　碳排放税设置的具体措施

碳排放税各税制要素的具体内容规定是碳排放税制度的核心构成部分。碳排放税的实体要素应包括征税范围和对象、纳税义务人、计税依据、税率、征税环节以及税收优惠等方面。在借鉴国外已开征碳排放税经验的基础上，结合黑龙江省奶牛养殖业的具体情况，开展碳排放税的具体设置。

7.1.4.1　征税范围和对象

从碳税的定义上看，奶牛养殖业中碳税的征收范围和对象是在奶牛养殖中因消耗化石燃料向大气中排放的二氧化碳。对碳税征收范围和对象需要明确以下两点：一是对奶牛养殖的生产环节因消耗化石燃料产生的碳排放征税已获得大众普遍认知，但是奶牛养殖的碳排放不仅来源于奶牛养殖的生产过程，奶牛养殖全产业链生产的各个环节都会产生碳排放。具体包括：奶牛养殖前端的饲料种植、运输与加工处理产生的碳排放；奶牛养殖中的胃肠道消化及粪污处理等产生的碳排放；奶牛养殖产出的原料乳加工运输，直到消费者的餐桌产生的碳排放。因此应明确界定奶牛养殖碳排放税的征收边界。二是温室气体种类较多，除了二氧化碳，还包括甲烷、一氧化二氮、臭氧及氯氟烃等，奶牛养殖过程中涉及的温室气体主要有甲烷、一氧化二氮、二氧化氮等。应明确具体征税的温室气体类别，并准确量化各种类型温室气体的排放数量。

7.1.4.2 纳税义务人

根据碳税的征收范围和对象，从理论上可将碳税的纳税义务人定义为在本国境内因消耗化石燃料向大气中排放二氧化碳的单位和个人，其中单位包括企业、行政单位、事业单位、军事单位、社会团体及其他单位。从实施效果上看，对个人直接征税，可以提高个人节能减排的意识、较为主动地减少高碳燃料的消费，会产生较大的社会效应。但是，鉴于我国目前的征管水平还不够高，对个人消费者直接征税的征管成本较大，因此，在开征碳税初期，可以考虑先以规模化奶牛养殖企业为主体，征收碳排放税。

在碳税实施一段时间后，征管技术水平有所提高时，可考虑向非规模化奶牛养殖主体征税，充分体现"谁污染，谁付费"的原则。从另一方面看，企业的碳税会通过产品定价的提高转嫁给消费者，所以，消费者个人尽管不是直接的纳税义务人，但很可能成为实际税赋承担人。

7.1.4.3 计税依据与应纳税额

计税依据又称为税基，是指据以计算征税对象应纳税款的直接数量依据，它解决对征税对象课税的计算问题，是对课税对象的量的规定。已开征碳税国家的计税依据主要有以下两种形式：一是直接对排放到空气中的二氧化碳量计征碳税和对化石燃料的含碳量或能源含量计征碳税。其中只有波兰和捷克等少数国家对燃料燃烧时直接排放到空气中的二氧化碳量进行计税。二是对燃料的含碳量或消耗的燃料总量计征碳税，主要国家有芬兰、丹麦、日本和英国等。

直接对排放到空气中的二氧化碳量计征碳税是最理想的计征方式，理论上应该以二氧化碳的实际排放量作为计税依据最为合理。其能够直接反映排放主体的排放量，并且连续性的数据能够反映排放主体为减排所作的努力，形成正向激励，但由于以二氧化碳的实际排放量为计税依据，涉及二氧化碳排放量的监测问题，在技术上不易操作，征税管理成本高。在实践中更多的是采用二氧化碳的估算排放量作为计税依据，即根据煤炭、天然气和成品油等化石燃料的含碳量测算出二氧化碳的排放量。由于二氧化碳的排放量与所燃烧的化石燃料之间有着严格的比例关系，且化石燃料的使用数量易于确定，因而通过投入量或使用量也可以确定出二氧化碳的排放量。这种方式下，计税依据的确定不需要涉及气体排放量的监测问题，计征碳税技术上简单可行，易于操作，征管成本低。但不利于企业采用先进技术减少二氧化碳的排放或购买二氧化碳回收技术。

碳税的国际经验也表明，目前实施碳税的大部分国家都是采用估算排放量作为计税依据。结合我国奶牛养殖业的实际情况来看，税务机关尚不具备对二氧化碳排放量进行监测的能力，为了便于征收，降低征管成本，建议采用二氧化碳的估算排放量作为碳税的计税依据。

奶牛养殖碳排放税的征税对象是奶牛养殖的碳排放量，计税则是依据温室气体的物理形态。鉴于各种温室气体吸收热量的能力不同，其温室效应也不同，可以采用全球范围内普遍被接受的联合国政府间气候变化专门委员会计算的全球增温潜势（GWP）数值，以衡量各种温室气体的温室效应。全球增温潜势是某一给定物质在一定时间积分范围内与二氧化碳相比而得到的相对辐射影响值。GWP 是一种物质产生温室效应的一个指数。因二氧化碳对全球变暖的影响最大，被选为参照气体。GWP 是在 100 年的时间框架内，各种温室气体的温室效应对应于相同效应的二氧化碳的质量。根据 IPCC 的最新评估结果，与奶牛养殖相关的主要温室气体的全球增温潜势值分别为：二氧化碳为1，甲烷为 21，一氧化二氮为 296。应税碳排放气体的应纳税额为污染当量数乘以具体适用碳排放税的税率。

7.1.4.4　税率设置

（1）碳排放税率设置的原则

税率是应纳税额和课征对象数额之间的比例，它反映了纳税的程度。税率可以分为比例税率、定额税率和累进税率三类。从理论上讲，最优的税率水平应根据碳排放程度确定，使产生碳排放的养殖主体的边际私人成本等于其边际社会成本。但在实践中，最优的税率水平很难把握。税率太高会抑制奶牛养殖业发展；而税率太低，又无法达到有效保护生态的效果。在具体设计碳排放税的税率时，需要考虑税率设置的以下几点原则：

① 差别性。奶牛养殖主体养殖中采取的节能减排的方式不同，奶牛的碳排放个量、总量及碳排放强度也存在差异。按照经济学中的差别定价原理，可以对不同规模的养殖主体实行差别税率。

② 适度性。征收碳排放税旨在减少奶牛养殖的碳排放量，使环境净化能力与排污速度相均衡。税率过高将导致奶牛养殖主体减少，奶牛养殖市场供给不足，市场失衡，奶价上涨；税率过低将导致奶牛养殖碳排放问题不能被有效解决。因此，在确定碳排放税的税率时，必须掌握适度原则，碳排放税的税率设置应该兼顾奶牛碳排放在国家碳排放总量中的占比及我国承诺的总体碳减排目标，同时考虑环境治理的外部成本，才能给治理环境污染提供充足的资金保障。

③ 灵活性。设计碳排放税率时要充分考虑价格弹性。价格弹性是指一单位的碳排放税可以减少的碳排放数量。如果不考虑价格弹性，将会导致生态和经济的失衡问题。根据经验数据推算，开征碳排放税的税收收入占 GDP 的比

重应在 2.72%～3.19%。因此，在具体设计碳排放税各税种的税率时，可参照此数据并根据黑龙江省奶牛养殖经济水平作适当调整。

从理性经济人角度，奶牛养殖主体追求利润最大化，征收碳排放税将降低其利润水平，因此，碳排放税征收初期税率不应太高。随着奶牛养殖技术的发展，散养模式将逐渐退出市场，奶牛养殖朝规模化、集约化发展。奶牛养殖规模扩大导致碳排放量增加。由于各奶牛养殖主体的利润水平参差不齐，对该税种的接受程度存在差异，碳排放税的税率应根据奶牛养殖业的规模化发展程度及养殖主体的平均利润水平逐渐提高。

（2）碳排放税率设置

① 税率形式。碳税的税率形式与计税依据密切相关，由于采用二氧化碳估算排放量作为计税依据，且二氧化碳排放对生态的破坏与其数量直接相关，而与其价值量无关。因此，需要采用从量计征的方式，即采用定额税率形式。

② 税率水平的确定。碳税的税率的设计十分复杂，必须在估计大气污染所造成的危害，特别是对长期的减排二氧化碳措施所需费用，以及考虑开征碳税对经济影响的基础上，经过全面详细的计算才能确定。具体来看，在设计税率时应该考虑以下几方面因素。

一是税率水平应最大限度地反映减排二氧化碳的边际成本。因为税率水平的设计要有利于纳税人对征税的积极反应，即税负足以影响其排放行为或生产消费行为，即对二氧化碳排放行为而言其应纳的税收应高于企业为减排所使用替代能源或采取技术措施的预期边际成本。

二是税率水平应该考虑对宏观经济和产业竞争力的影响。过高的税率水平对于宏观经济和产业竞争力有着较大的影响，因此需要根据一国的社会经济的发展目标综合选择。例如，为了保护关键工业和经济部门的国际竞争力，在实施高税率水平碳税的同时，需要设置针对参与国际市场竞争的能源密集型工业的相关税收优惠政策。

三是税率水平的设计应该充分考虑差别因素，对煤炭、天然气和成品油等不同化石燃料实行差别税率。为鼓励用与环境友好的产品对污染型产品进行替代，对替代品的税收可以根据其污染物的含量而有所不同，对化石燃料征收的碳税应该根据其碳含量的不同而有所不同；同时，为了减轻关键工业和经济部门的经济负担，根据奶牛养殖规模的能源需求价格弹性和能源效率水平，应有选择地实施差别税率。

四是税率水平应该循序渐进的提高。在一段时期内，碳税的税率水平应该保持适中和基本稳定，不宜过高和过低。从策略上看，可以在开征初期实行低税率，再逐步提高，从而可以避免对经济造成大的冲击和减弱社会阻力。

五是与其他税种的衔接。碳税的税率水平还涉及对化石燃料征税的其他税种税负的平衡。

此外，碳税的税率水平还受到资源价格水平、是否实行国际碳税等其他因素的影响，这都属于在确定税率水平时需要考虑的因素。

③ 建立税率的动态调整机制。综合来看，考虑到我国社会经济的发展阶段，为了能够对奶牛养殖主体二氧化碳减排行为形成激励，同时不能过多影响奶牛养殖业的国际竞争力和过度降低低收入人群的生活水平，短期内应选择低税率、对经济负面影响较小的碳税，然后逐步提高。同时，还有必要根据奶牛养殖业的实际发展情况，其他行业的实际发展状况和国际碳减排协调等方面的需要，建立起碳税的动态调整机制，更好地发挥碳税在二氧化碳减排和节能上的重要作用。

(3) 碳排放税率的起征点

考虑到相关税收改革措施，要为碳税改革留出一定的空间，又不能对奶牛养殖业的经济发展产生过大的负面影响。避免碳税率设置太高，影响奶牛养殖业短期发展；防止碳税率设置过低，达不到碳减排的效果。

奶牛养殖户碳排放税率的设置可以采用统一标准与差异化标准两种方式。考虑到各奶牛养殖区的公平性，可以设置统一的碳排放税率。但考虑到各区域奶牛养殖成本收益的差异性，碳排放税的起征点不易太高。综合国外对碳排放税率的设置经验，建议在奶牛养殖区的碳排放税率起征点不低于 30 元/吨二氧化碳当量，并呈阶梯增加。

差异化碳排放税率设置。如果考虑到各奶牛养殖区在奶牛养殖成本收益上的竞争性，碳排放税率高的区域的奶牛养殖成本将较税率低的区域增多，相应利润降低，弱化其在奶牛养殖中的竞争力，甚至造成全国范围内奶牛养殖主产区排名的变化。因此，推行差异化碳排放税，应谨慎设计各奶牛养殖区的碳排税率。综合国外对碳排放税率的设置经验，奶牛养殖的碳排放税率可以从 30 元/吨二氧化碳当量起开始征收，以 30 元/吨二氧化碳当量呈阶梯增加，共分为五级税率，逐渐提高到 150 元/吨二氧化碳当量；也可以从 20 元/吨二氧化碳当量，并以 20 元/吨二氧化碳当量呈阶梯增，也分为五级，逐渐提高到 100 元/吨二氧化碳当量。对于奶牛养殖的劣势区域，可以根据当地的奶牛养殖成本收益及利润情况，适度调整并仍呈阶梯增长的形式。

7.1.4.5 税收优惠

税收优惠是指对企业应纳税额的减征、缓征或免征。具体方式体现为执行较低税率或免税（含即征即退）、减计应税收入、增加法定扣除等方式。税收优惠的直接后果是应征而不征或减征，与财政补贴同属于为实现特定的经济目的而设定的财政政策，在中国被广泛应用于促进中小微企业、高新技术企业、战略新兴产业、资源综合利用、循环经济发展等。

在"庇古税"的理论框架下，税收优惠与针对企业的污染排放行为所加征的有关环境保护方面的税收，虽服务于同一目的但仍有不同。征收碳税的目的是为了矫正企业生产经营中的排放行为所导致的负外部性；而税收优惠则是对企业低碳排放或者零碳排放的生产经营行为或技术研发行为的正外部性进行补贴。税收优惠的直接效应在于削减企业税负，增加企业经营绩效，提高投资者的投资回报率；间接效应则主要在于能够激励企业增加对创新的投入，带动高新技术研发和战略性新兴产业的发展，推动对高耗能和高排放的传统产业的结构调整。具体来看，税收优惠的作用在于以下几方面。

（1）强化投资预期并激励企业家在税收优惠的施策领域设立企业

这种激励效应来自税收优惠政策所导致的企业经营负担的降低和投资者对利润的确定性预期。向低碳经济转型的产业驱动主要来自低能耗、低污染和低排放行业。在现有能源结构下，投资低碳产业往往意味着更大的投资风险和更长的投资回报周期；且相关领域的技术发展并不成熟，技术研发也需要更多的资金投资。这些投入和风险决定了低碳产业的产品和服务在市场上缺乏竞争优势，难以实现利润。这种状况会削弱企业家向低碳产业投资的市场信心。

理论上看，税收优惠，特别是企业所得税中的低税率、加计扣除和亏损结转等措施，相当于政府替企业承担了一定比例的风险；从实践来看，优惠税率的设定和执行，可显著提升企业在相关领域的进入率。现有研究表明，税收激励政策总体有助于缓解信贷约束对企业进入的抑制作用；税收激励对于长期处于融资困境的中小企业而言是一种较为有效的替代性激励措施。围绕增值税改革的实证研究结论也说明了税收激励与企业投资之间的正相关性。据测算，增值税税率每降低 1 个百分点，企业投资增加幅度约为 16%。生产型增值税向消费型增值税的转型改革，作为结构性减税的核心机制，在石化、农产品采掘、电力等行业带来了约 8% 的投资增加。税收优惠作为外部因素，能够削减消极的市场信心对企业家投资的抑制作用。

（2）税收优惠政策可以激励企业推动技术创新

以税收优惠促进企业创新投资是国际通行做法。技术创新作为具有准公共产品性质的行为，具有正外部性，应当以财政政策和税收优惠给予"补贴"。此外，税收优惠能够在研发阶段降低企业投资开发新技术的风险，补足因产品技术不稳定、无法获取银行贷款而导致的资金短缺。但是，税收优惠对于企业研发投入的激励效应，受企业本身盈利能力和营商环境的约束。

低碳经济发展的关键就在于技术创新和制度创新。首先，税收优惠可以推动奶牛养殖业的低碳减排技术研发，为碳中和技术研发与应用提供了现实基础。税收优惠主要涉及固定资产加速折旧、研发费用加计扣除、税收减免和税率优惠等政策。实证研究可见，这些税收优惠导致的成本降低具有增加企业投资和提高产品利润水平的效应，且能够改变高新技术产业中间投资和增加值的相对价值，使得高新技术产业中的要素价格相对下降，从而使得创新要素向高新技术产业流动。税收优惠还可以提升高新技术产业的创新效率，特别是外观型和实用新型的创新。但是，税收优惠政策对战略新兴产业的激励效应并不总是正向的。加计扣除、加速折旧、税前扣除等间接性优惠相比美国和日本常用的科技人才个人所得税直接减免政策而言，并不利于企业专利产出；而针对企业研发费用的税收优惠政策，效应更为明显。这说明现有高新技术产业的税收优惠政策需提高针对高新技术产业人力资本投入的激励。

税收是国家进行宏观调控的一种手段，它承担着调节一个国家经济的职能。按照国外碳排放税率设计的主流文献，引进或提高碳排放税率要以中性税收为前提，即在提高税率的同时，不应当增加总的税收负担。因此在征收碳排放税时，也应给与税收优惠，同样能够达到发挥税收调节职能的作用。税收优惠体现了对纳税人行为的鼓励，企业在按照税法规定进行纳税的同时，其实际税负又很有可能因为优惠政策的存在而有所不同。有关碳排放税的税收优惠政策主要有以下几种形式：税收减免、加速折旧、投资减免、税收返还等。与其他集中税收优惠方式相比，在奶牛养殖的碳排放税中实行税收减免更能激励纳税人的碳减排行为。

7.1.4.6　碳排放税的使用

大多数国家将碳税收入纳入一般预算管理，也有个别国家将其专款专用于环境保护、养老金账户、补助贫困家庭或者提高能源使用效率和研究开放利用可替代新能源的活动。荷兰最初把碳税收入指定用于环境支出，但受到一定程度的反对。主要原因有两点：一是专款专用破坏了预算的统一性，不利于预算资源的统一管理；另外碳税收入的绝对额和相对量都不高，根本无法单独满足环境支出的需要。因此，对碳税收入的管理应该结合各个国家经济发展的具体情况。

（1）碳税收入的归属

碳税收入的归属有三种，即地方税、中央税、中央与地方共享税。一般而言，根据中央税与地方税的划分标准，地方税应该是具有非流动性且分布较均匀、不具有再分配和宏观调控性质、税负难以转嫁性质的税种。而碳税对整个宏观经济、产业的发展产生影响，还涉及国际协调的问题。从这个角度看，碳税不宜作为地方税，作为中央税更为合适。但考虑到我国目前地方税税收收入过低，为了调动地方政府的积极性，建议将碳税作为中央与地方共享税，中央与地方可以合理分成。由中央财政集中碳税收入用于支持节能、新能源和可再生能源利用、新能源技术开发以及其他节能事业的发展。还需要建立规范的财政转移支付制度，重点考虑低收入或经济发展水平低的地区，平衡地区间减排成本和收益的分配格局。

（2）碳税收入的使用

碳税收入主要有两种使用方式：一种是指定收入的使用用途（即通常所称的专款专用）；另一种是不指定使用用途，与其他税收收入一起统筹使用。一般来说，专款专用制度在环境税处于起步阶段，税率水平较低、无法达到理想的环境目标的情况下，有利于改善环境。而纳入一般预算的环境税收一般用来制度补偿计划，抵消环境税可能带来的累退性，通常为发达国家所采用。具体来看，碳税收入可以采用以下使用内容和方式：一是用于重点行业的退税优惠和对低收入群体的补助等方面；二是可以建立国家专项基金，专门用于应对气候变化、提高能源效率、研究节能新技术、新能源技术开发、新能源和可再生能源利用、实施植树造林等增汇工程项目以及加强有关的科学研究与管理，促进国际交流与合作等方面；三是在具体使用方式上，应该更多地采用财政贴息等间接优惠方式，而较少采用直接补贴的方式，更好地发挥碳税的作用。

奶牛养殖碳排放税的首要目的是保护生态环境，建议实行专款专用，这就使得碳排放税收包含在税收征收管理制度范围之中。碳排放税在实行专款专用的过程中，必须明确规定奶牛养殖碳排放税的使用范围，这也是碳排放税收管理制度的主要内容。只有使碳排放税使用范围规范化，才能体现出碳减排的作用。

奶牛养殖碳排放税收主要用于与奶牛养殖碳减排相关的用途。①奶牛养殖碳减排项目贷款。主要包括粪污处理设备购置，沼气池技术等。②奶牛养殖碳减排项目补贴。主要针对奶牛养殖场的种养结合项目及沼气工程等项目开展补贴。奶牛养殖场中配套开展包括奶牛主粮的青贮种植，将奶牛的粪污经处理后，生成有机肥还田，再将青贮作为奶牛的饲料，实现奶牛养殖碳排放与种植业碳吸附的均衡。③饲料购买补贴。用于补贴采用低碳方式种植的饲料，遵循碳足迹原理，饲料生产中的碳足迹伴随饲料的整个生命周期，在被奶牛消耗而终结的过程中也为奶牛养殖业碳减排作出贡献。而该种饲料的生产加工等环节的成本将高于普通的种植方式，因此，奶牛养殖主体采购该种饲料也应得到部分补贴。

7.2 奶牛养殖碳排放税的配套措施

碳排放税体系的构建是一整套税制的调整和完善，因此需要各方面的配合和协调。除税收政策之外，还需要综合运用法律，经济及媒体等方式实现奶牛养殖碳排放和经济社会的协调发展。

7.2.1　碳排放税的补偿措施

2021 年我国对农业实施的补贴政策中与奶牛养殖直接相关的主要有：①畜禽粪污资源化利用补贴，是以生猪、奶牛、肉牛养殖大县为重点，全面启动 51 个县畜禽粪污资源化利用整县试点，推动规模化养殖场粪污就地就近资源化利用。各省要根据项目实施条件择优确定项目支持范围，按照高标准建设的要求合理确定补助标准，通过以奖代补、先建后补等方式对 2020 年规模养殖场粪污处理设施新建、改扩建给予一次性补助。②畜牧水产发展补贴，主要用于田间工程建设、道路修复、水渠建设等。③养殖奶牛补贴，主要按照奶牛的存栏量分别给予规模化奶牛养殖主体补贴，划分标准为：300～499 头规模补贴 80 万元，500～999 头规模补贴 130 万元，1 000 头以上规模补贴 170 万元。

除了国家补贴以外，各地区也有相应的奶牛养殖补贴政策。黑龙江省将在全省范围内，对大型奶牛养殖场建设项目采取先建后补的方式给予补助。验收合格公示无异议后，兑现补贴。补助标准为 2021 年能够完成主体工程，2022 年即可投产的奶牛存栏规模 3 000 头以上，所生产的生鲜乳能够就地就近销售加工的大型奶牛养殖场。对存栏规模 3 000 头的奶牛场补助 1 500 万元；存栏规模 3 000 头基础上每增加 1 000 头的规模，会增加补助资金 500 万元；单个养殖场的补助资金不超过 5 000 万元。这些补贴中只有畜禽粪污资源化利用补贴与奶牛养殖碳减排相关，在促进奶牛养殖碳减排中的作用比较微小，且现阶段处于试点，尚未全面推行，也不能广泛补贴奶牛养殖主体。因此，在实行奶牛养殖碳排放税的同时，应对奶牛养殖主体给予碳减排补贴。

（1）利用碳排放税收收入建立碳减排补偿专项基金

充分发挥税收取之于民，用之于民的作用，利用筹集的碳排放税收入建立碳减排补偿专项基金，专款专用。既可以弥补养殖主体碳减排行为初期导致生产成本提高的损失；又可以在一定程度上推动、引导养殖行为朝碳减排方向发展，提高资源利用效率。同时，设立碳排放补偿专项基金并强化资金使用方向与绩效评估。

（2）政策补偿与项目补偿相结合，以弥补碳减排补偿专项基金的不足

政策补偿是指有关政府部门对黑龙江省因采用低碳养殖方式而导致奶牛养殖成本提高给予的区域性金融政策、土地政策、产业政策和税收政策。通过相关的税收优惠政策扶持、带动黑龙江奶牛养殖业的发展与畜牧经济发展。项目补偿主要针对投资、建设的奶牛养殖的粪污处理，沼气工程等。这种投资可以是政府行为，也可以是市场行为，即从事低碳奶牛养殖的企业行为，这样既提供了黑龙江奶牛养殖发展所需的经济增量，也为黑龙江环境保护提供了财力支

撑，通过市场化机制引入社会资本，以解决政府资金投入不足的问题。

（3）加强碳排放成本核算，合理确定奶牛养殖的补偿标准和付费形式

低碳奶牛养殖补偿项目的有效运作在很大程度上取决于支付机制的合理有效，而支付机制的合理性又主要取决于补偿标准的科学核定。在确定补偿标准时，要切实考虑实际情况，结合黑龙江经济发展水平，碳排放的实际情况及相关碳减排目标，进行碳减排成本核算，通过协商和博弈确定各地的生态补偿标准。还可以根据当地环境保护和经济社会发展的阶段性特征，进行适当的动态调整。另外，要制定系统性的善后补偿措施。在付费形式的选择上，低碳养殖补偿除现金支付这一直接经济激励外，还可以选择更为灵活的方式，采用诸如技术支持、技能培训、低碳产品标记、绿色销售通道等方式，以发挥低碳补偿机制"造血"功能。

（4）避免碳减排补贴与其他补贴的重复性

在现阶段试点的畜禽粪污资源化利用补贴是对奶牛粪污再利用的补贴，在该过程中，奶牛粪污中排放的氮氧化合物能够被有效减少并实现一定程度的碳减排。该部分碳减排量就不应再被有关奶牛养殖碳减排的专项补贴交叉补贴。否则将导致部分养殖主体利用该漏洞谋利，或是各养殖主体集中关注粪污资源化过程中的碳排放问题。具体可将已获得粪污资源化补贴的主体备案并区分开，如其拟申报其他碳减排补贴，需在申报中阐明已获得的相关补贴，并说明除了粪污资源化外，开展的其他碳减排行为及减排效果。

7.2.2 碳排放税款的监督管理

税收监督是税务部门在日常征管工作中，对纳税人的生产经营和纳税情况进行的监察和督促。税务部门通过日常征管工作，使税收介入社会经济的各个方面，深入企业生产、销售、财务、成本核算、利润计算和留利分配等各个环节，了解企业生产经营管理中存在的薄弱环节，以及依法纳税、遵章守法等方面的问题，促使企业健全各项管理制度，改善经营管理，加强经济核算，不断提高经济效益。同时堵塞各种税收漏洞，纠正和查处违法违章行为，并配合公安、工商、海关等部门打击经济领域里的违法犯罪活动。

碳税制度是否科学合理，能否平稳开征是评判标准之一。而如何更加平稳地推行碳税制度，则需要更加科学合理的监督制度予以保证。税收法定原则作为碳税立法的基本原则，也是进行税收监督的基础前提。根据税收法定原则的要求，税收监督的内容涉及征税程序、税收核算及对违反碳税法律制度的惩罚，针对这些内容的监督，均需要建立在碳税法律的明文规定之上。同时，建立碳税实施监督制度，也是维护"税收公平和效率"体现。

实现税收公平与效率则必须限制和约束征税人的权利，也即税务机关不得

超越法律权限滥用征税权利，以防止出现损害纳税人利益的情况发生。因此，要建立一套完整的税收监督制度，强化税务机关及其工作人员滥权、越权或不作为、怠作为的法律责任，以约束税务机关在税务执法过程中可能产生的不公平及不合理行为。建立碳税实施监督制度还需要税收法律关系当事人之间的法律地位平等作为支撑，以保障相关税务监督机制平稳运行。使每一个纳税人可以监督税务机关的行为。同时，税务部门也可对纳税人不缴、少缴税款的行为进行管理。以此，更好地提升每一个纳税人的主体意识和监督意识。碳税制度作为我国税务之一，对于碳税制度实施监督应当同样适用于《税务监察暂行规定》。碳税征税机构及人员设立、权利、具体职责、工作程序、惩罚等均应当受到《税务监察暂行规定》的约束，特别是对碳税违法行为的规制。

对碳税违法行为的规制是对"税收正义"的价值追求，即碳税制度的实施能否实现"税收公平"。即不仅包括对纳税人的权益保障，同时也应当包含对相关主体违反碳税法律制度的惩戒问题。无论是纳税人，还是税务部门及其工作人员，其违反碳税法律制度的行为都必将给国家和社会带来损害。只有建立一套完整的税收监督及处罚机制，强化违法者的法律责任，使其违法成本内部化，才能更好地维护碳税制度的"正义价值"，实现税收公平。

奶牛养殖的碳排放税无论是在审批还是使用环节，政府必须对其加强监管。碳排放税款的审批机关应为县级以上环境行政管理部门，审批机关应该配有专门人员负责碳排放税款项目的立项、审查、评估等工作。审批机关应该严格按照申请人的申请范围加以审批，未经申请人的申请不得随意更改申请范围。环境行政主管部门应定期对使用碳排放税款的单位和个人进行监察，如果发现不按批准使用碳排放税款的情况，应立即命令在规定的期限内治理，逾期不治理的，收回碳排放税款，情节严重的甚至可能构成犯罪，应移送到司法机关。

7.2.3　碳排放税的宣传措施

税收将增加奶牛养殖主体的税负及生产成本，纳税人在主观上会排斥。因此，开征碳排放税前应充分做好税收的宣传和普及工作。

一是凝聚共识，齐抓共管促宣传。积极贯彻实施碳排放税的相关法律法规，倡导节能减排，上级环保部门与各下属的市、县及村等环保部门、财政部门及统计部门等相关部门统一认识，协力宣传，将碳排放税的前期政策宣传放在重要位置，让更多的与奶牛养殖产业链相关的社会群体充分了解新开征的税种。

二是拓宽渠道，营造氛围促宣传。充分利用发达的通信网络，通过在黑龙江省的各大报纸、电视台的相关频道、相关官方新闻微信公众号、奶牛养殖培训中心的交流平台、奶牛养殖主体的交流平台、办税服务厅及显示屏等平台，多渠道多形式向社会开展广泛宣传，同时安排业务人员在税务部门接待处对来访人员和相关碳排放主体，详细讲解奶牛养殖碳排放税的相关知识，引导涉税企业和人民群众了解政策、理解政策、支持政策，积极营造全社会支持奶牛养殖碳排放税推行的良好氛围。

7.2.4 碳排放税的其他政策配套措施

实现奶牛养殖的碳减排目标需要多种政策相互配合。除了税收政策外还包括金融政策、土地政策和产业政策等。

金融政策方面主要是指服务于旨在减少碳排放的各种金融制度安排和金融交易活动，主要包括奶牛养殖碳排放权及其衍生品的交易和投资、低碳奶牛养殖项目开发的投融资以及其他相关的金融中介活动。

土地政策指的是国家根据一定时期内的政治和经济任务，在土地资源开发、利用、治理、保护和管理方面规定的行动准则。低碳奶牛养殖中的土地政策是对新建低碳奶牛养殖场及转型低碳奶牛养殖的牧场给予土地开发、利用、治理、保护及配套设施等方面的政策支持。

奶牛养殖产业政策方面是在黑龙江省畜牧业产业结构调整大背景下，着力优化产业布局，做大做强优势特色畜牧业。推进发展绿色畜牧经济，积极推广种养结合循环发展模式。加快转变发展方式，着力提升产业竞争力。同时借助黑龙江省"两牛一猪"项目建设整体布局，加快奶业振兴发展。落实《全国奶业发展规划（2016—2020年）》，加快奶业转型升级。继续推进奶牛标准化规模养殖，引导示范场发挥辐射带动作用。在已建成现代示范奶牛场达产达效的基础上，深入推进2016年已下达的146个300头以上规模场建设进度，增加标准化养殖奶牛存栏量，提高生鲜乳品质。以新建牧场为载体，推广先进适用的低碳高效的生产技术，全面提升标准化生产水平和竞争力，从源头上保障高品质生鲜乳有效供给。

8 黑龙江省奶牛养殖碳排放税的减排效果

——基于调研数据的研究

基于前一章对奶牛养殖碳排放税率制度的设计,本章将从成本收益理论视角研究该税率制度在奶牛养殖业的碳减排效果。因此,本章结合黑龙江省奶牛养殖业的实际情况设置阶梯碳排放税率。运用边际分析理论研究碳排放税对各规模奶牛养殖边际成本的影响,运用市场论研究碳排放税对生鲜乳市场均衡的影响,最后分析碳排放税对各规模奶牛养殖碳减排的数量效果和经济效果。

8.1 碳排放税对黑龙江省奶牛养殖成本的影响

本节首先基于已经实行碳排放税国家的税率设置情况,结合我国奶牛养殖的实际情况确定碳排放税率的合理区间及梯度。其次,基于统计资料的相关数据构建黑龙江省各规模奶牛养殖的成本函数。最后,在长期与短期两个方案下,分析各碳排放税对黑龙江省不同规模奶牛养殖成本的影响。

8.1.1 奶牛养殖碳排放税率设置

碳排放税率是一种碳价格,它是能源使用者为二氧化碳排放支付的最低价格。全球范围内一些国家已经开征碳排放税,但不同国家实行差异化的税率政策。碳排放税率设置从低于 1 美元/吨二氧化碳当量到高达 130 美元/吨二氧化碳当量不等(Alexandre et al.,2015)。从各个国家征收碳排放税率的实践来看,20 世纪一些国家的碳排放税率起征点低于 10 元/吨二氧化碳当量,21 世纪碳排放税率的征收范围从 30 元/吨二氧化碳当量到 1 060 元/吨二氧化碳当量不等(表 8-1)。

中国奶牛养殖业正处于产业整合、转型期,因此,碳排放税率的起征点不能过高,否则将大幅提高奶牛养殖成本,影响生鲜乳供给及市场均衡;碳排放税率的起征点也不能太低,否则无法发挥碳减排的作用。因此,本研究根据国内奶牛养殖业的实际情况和国际碳排放税率的设置经验,由低到高分五级设置阶梯碳排放税率,即 30、60、90、120、150 元/吨二氧化碳当量,分别研究各碳排放税率下奶牛养殖的碳减排效果。

表 8-1 已开征碳排放税国家的税率设置情况

国家	初始碳排放税率（每吨二氧化碳当量）	开始年份	修改年份	修改后碳排放税率（每吨二氧化碳当量）	评价
芬兰	1.12 欧元（约 8.9 元）	1990	1997 2011	18.05 欧元（约 220 元） 66.2 欧元（约 570 元）	最早的税率
瑞典	29 欧元（约 208 元）	1991	2016	150 欧元（约 1 060 元）	最高的税率
英国	低于 9 英镑（约 80 元）	2013	2016	18 英镑（约 160 元）	
爱尔兰	15 欧元（约 113 元）	2010	2012	20 欧元（约 150 元）	
澳大利亚	23 澳元（约 142 元）	2012	2014	取消	导致高成本
智利	5 美元（约 31 元）	2018		将执行	温和的税率
法国	23 美元（约 152 元）	2016	2020 2030	58 美元（约 383 元） 103 美元（约 680 元）	
加拿大	10 加元（约 50 元）	2018	2022	50 加元（约 250 元）	

注：括号内是按碳排放税率实行年份的汇率折算成人民币。

8.1.2 奶牛养殖碳排放税的减排机理

本研究运用经济学中的成本论和市场论的原理，在长期与短期两种成本方案下，通过构建各规模奶牛养殖的成本与收益函数，引入阶梯碳排放税率为外生变量，作用于奶牛养殖的成本。在各规模奶牛养殖中，当奶牛养殖的边际成本低于边际收益时，养殖主体继续生产；当奶牛养殖的边际成本高于边际收益时，养殖主体退出市场，引起生鲜乳产量减少和碳减排（图 8-1）。

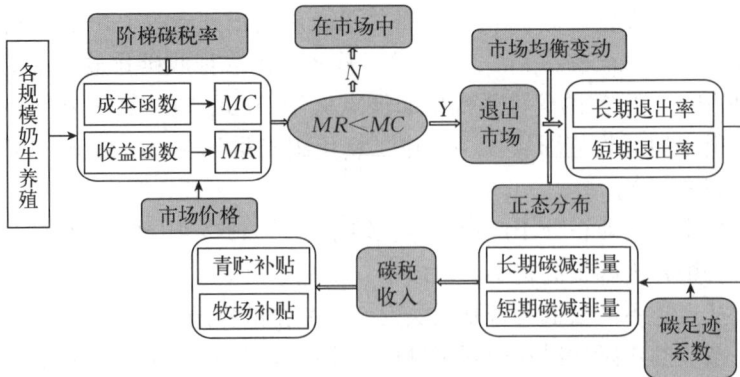

图 8-1 奶牛养殖碳排放税的减排机理

8.1.3 碳排放税对各规模奶牛养殖成本的影响

8.1.3.1 研究方法

（1）研究假设

由于研究条件及数据可获得性等因素的限制，本研究假设奶牛养殖市场具有竞争市场的特征，各奶牛养殖主体所售的生鲜乳具有同质性。单个奶牛养殖主体是生鲜乳价格的接受者，生鲜乳价格由生鲜乳市场的供求关系决定。在研究期内，假设各奶牛养殖主体不针对碳排放税采取减排措施。

（2）研究方案

根据中国奶业协会的划分标准，研究将奶牛养殖分为散养、小规模、中规模和大规模四种类型，散养的奶牛养殖量少于 10 头，小规模养殖量在 10～49 头，中规模养殖量在 50～499 头，大规模养殖量多于 500 头。奶牛养殖规模越大，资本成本越高，对奶牛养殖的平均成本、边际成本等成本指标的影响也越大。具体设置方案如下（式 8 - 2 至 8 - 12）。

① 本研究首先根据经济学的成本理论，分为短期和长期两种方案。研究将奶牛养殖的总成本分为资本成本和运营成本两部分，其中资本成本包括奶牛养殖的折旧和土地租金，运营成本是与奶牛养殖直接相关的成本，即总成本中除去资本成本的部分。在短期方案下，仅考虑奶牛养殖的运营成本，在长期方案下，考虑奶牛养殖总成本。

② 根据近年研究区域内奶牛养殖市场的生鲜乳供给与需求情况及生鲜乳价格构建研究区域内的生鲜乳供给与需求函数，并基于此得到市场的均衡价格。

③ 在短期方案下，构建奶牛养殖的运营成本与生鲜乳产量间的函数关系；在长期方案下，构建奶牛养殖的总成本与生鲜乳产量间的函数关系。

④ 根据经济学中的边际理论，分别得到短期与长期方案下各规模奶牛养殖的边际成本与边际收益，并得到边际利润。

⑤ 将碳排放税率引入奶牛养殖的成本函数，奶牛养殖的碳排放成本由碳排放税率与奶牛的碳排放量共同决定。在碳排放量一定的情况下，碳排放税率越高，碳排放成本越高。分析阶梯碳排放税率对各规模奶牛养殖的边际成本、边际收益及边际利润的影响。在引入碳排放税率的情况下，在 95％的参考值下（即在平均数左右两个标准差的范围内），考虑各规模奶牛养殖的市场退出率时，研究借助正态分布（Normal Distribution）的方法。

若随机变量 X 服从一个位置参数为 μ、尺度参数为 σ 的概率分布，且其概率密度函数为：

$$f(x) = \frac{1}{\sqrt{2\pi}\sigma}\exp\left[-\frac{(x-\mu)^2}{2\sigma^2}\right] \qquad (8-1)$$

则这个随机变量就称为正态随机变量，正态随机变量服从的分布就称为正态分布，记作：

$X \sim N(\mu, \sigma^2)$，读作 X 服从 $N(\mu, \sigma^2)$，或 X 服从正态分布。

μ 维随机向量具有类似的概率规律时，称此随机向量遵从多维正态分布。多元正态分布有很好的性质，例如，多元正态分布的边缘分布仍为正态分布，它经任何线性变换得到的随机向量仍为多维正态分布，它的线性组合为一元正态分布（图 8 - 2）。

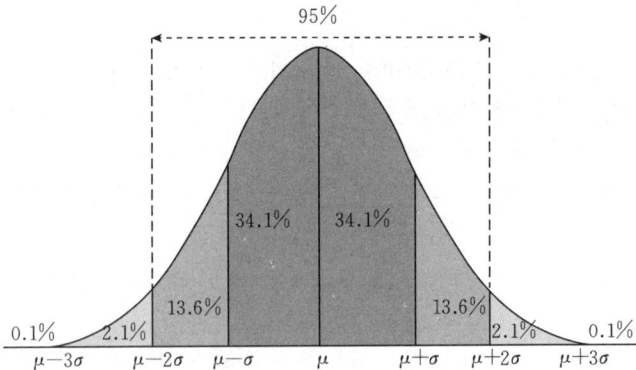

图 8 - 2　正态分布

在各规模奶牛养殖中，研究以奶牛养殖的平均边际成本为均值，以各规模奶牛养殖样本数据的边际成本与均值的差距为方差，在两个标准差范围内，研究黑龙江省各规模奶牛养殖样本之间的异质性及与黑龙江省平均边际成本水平的差异，并以此作为判断奶牛市场退出率的依据。

⑥ 确定退出市场的奶牛。将各规模奶牛的样本数据按照产量由高到低进行排序，在各个奶牛规模中，首先退出市场的应该是效率最低的奶牛，在实际调研中，养殖主体认为奶牛单产及生鲜乳品质是衡量淘汰牛的重要指标。因此，在本研究假设生鲜乳品质均一的情况下，认为效率低的奶牛即为产量低的奶牛，它们将首先退出市场。根据各规模奶牛的市场退出率筛选出与之对应的奶牛，并根据相应的单产水平，得到退出市场的生鲜乳总量。最后根据碳足迹系数，得到奶牛养殖市场的碳减排总量。

8.1.3.2　模型构建

$$P_S = F(Q) \tag{8-2}$$

$$P_d = \varphi(Q) \tag{8-3}$$

$$C_S = \theta(Q) \tag{8-4}$$

$$C_L = \tau(Q) \tag{8-5}$$

$$\max NR_{S(L)} = P_d \times Q - C_{S(L)}(Q) \qquad (8-6)$$

$$\max NR_{S(L)}{}^* = P_d \times Q - C_{S(L)}(Q) - C_{carbon}(Q) \qquad (8-7)$$

$$MC_{S(L)} = \frac{\partial C_{S(L)}}{\partial Q} \qquad (8-8)$$

$$MR_{S(L)} = \frac{\partial NR_{S(L)}}{\partial Q} \qquad (8-9)$$

$$MB = MR - MC \qquad (8-10)$$

$$C_{carbon}(Q) = t_i \times f_j \times Q_m \qquad (8-11)$$

$$M = \sum_{n=1}^{4} M_n = \sum_{j,n=1}^{4} f_j \times Q_n = f_1 \times Q_1 + f_2 \times Q_2 + \\ f_3 \times Q_3 + f_4 \times Q_4 \qquad (8-12)$$

$P_S(Q)$ 和 $P_d(Q)$ 是生鲜乳的供给与需求函数。$C_S(Q)$ 和 $C_L(Q)$ 是短期与长期奶牛养殖的成本函数，Q 是生鲜乳数量。NR_S 和 NR_L 是不考虑碳排放税情况下的短期与长期的净利润，NR_S^* 和 NR_L^* 是考虑碳排放税情况下的短期与长期的净利润。$MC_{S(L)}$ 是奶牛养殖的边际成本；$C_{carbon}(Q)$ 是奶牛养殖的碳排放成本。t_i 是对生鲜乳征收的碳排放税的税率（元/吨二氧化碳当量），它是阶梯税排放率，由低到高分别是 30、60、90、120、150 元/吨二氧化碳当量。奶牛养殖的排放量（E）由各规模奶牛养殖的生鲜乳的碳足迹系数 f_j 和市场的生鲜乳量（Q_m）决定。奶牛养殖的碳减排量（M）由各规模奶牛养殖的生鲜乳的碳足迹系数 f_j 和退出市场的生鲜乳量（Q_n）共同决定。

8.1.3.3 数据来源

本研究以全国重要奶源地之一的黑龙江省作为样本区域。研究的数据主要源于《中国奶业年鉴》《全国农产品成本收益资料汇编》《黑龙江省经济与社会发展统计公报》等年鉴数据及畜牧经济创新团队在 2014 年至 2016 年对黑龙江省奶牛养殖情况的调研。本次调研的区域主要包括黑龙江省的杜尔伯特蒙古族自治县、哈尔滨市双城区、肇东市、齐齐哈尔市等奶牛养殖区域。调研的奶牛品种主要为荷斯坦牛。调研的奶牛养殖主体主要分为散养、小规模、中规模和大规模养殖户，共发放问卷 210 份，有效问卷 202 份，问卷指标设计见附录 1。

8.1.3.4 结果分析

（1）黑龙江省各规模奶牛养殖的成本函数

在短期与长期两个方案下，根据《中国奶业年鉴》《全国农产品成本收益资料汇编》《黑龙江省经济与社会发展统计公报》中历年的各规模奶牛养殖的成本与生鲜乳产量数据，分别构建黑龙江省各规模奶牛养殖的成本函数。由于统计资料记载的数据主要是黑龙江省奶牛养殖各指标的平均值，因此，本部分研究中的奶牛养殖成本函数是黑龙江省各规模奶牛养殖成本的平均水平与生鲜乳产量间的关系（表8-2、表8-3）。

表8-2　短期方案中各规模奶牛养殖的成本函数

养殖规模	成本函数
散户	$C = 2.19Q - 1.285E + 8$
小规模	$C = 2.28Q - 3.246E + 8$
中规模	$C = 2.24Q + 1.344E + 8$
大规模	$C = 2.78Q - 3.17E + 8$

表8-3　长期方案中各规模奶牛养殖的成本函数

养殖规模	成本函数
散户	$C = 2.42Q - 1.11E + 8$
小规模	$C = 2.62Q - 7.44E + 8$
中规模	$C = 2.59Q - 1.3E + 7$
大规模	$C = 3.15Q - 3.77E + 8$

　　由各规模奶牛养殖的成本函数可以看出，黑龙江省各规模奶牛养殖的平均成本具有差异性。在短期方案中，散户每生产1千克生鲜乳的成本为2.19元，小规模为2.28元，中规模为2.24元，大规模为2.78元。在长期方案中，各规模奶牛养殖的边际成本均不同程度提高：散户每生产1千克生鲜乳的成本为2.42元，小规模为2.62元，中规模为2.59元，大规模为3.15元。在长期与短期两个方案中，黑龙江省奶牛养殖的平均边际成本由高到低的排序为：大规模、小规模、中规模和散户（图8-3）。

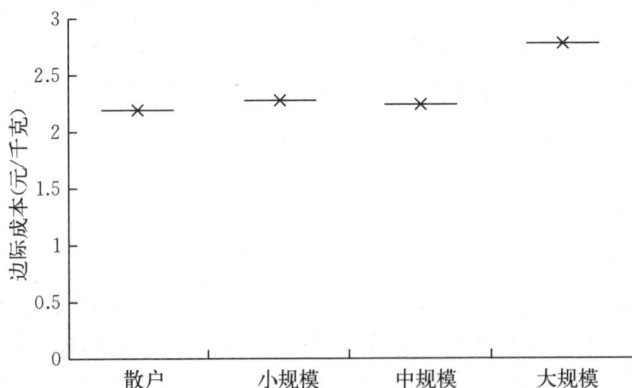

图8-3　黑龙江省各规模奶牛养殖的短期边际成本的均值

各规模的长期边际成本与短期边际成本差异与养殖规模直接相关，即规模越大，两种方案的边际成本差异越大。散户的长期边际成本比短期高 10%，规模化奶牛养殖的长期边际成本比短期平均高 14%。这与规模化奶牛养殖的高资本投入及高管理成本等因素有关。

（2）碳排放税对黑龙江省奶牛养殖运营成本的影响

研究采用边际分析方法探究碳排放税对黑龙江省奶牛养殖运营成本的影响。边际碳排放成本是指每增加一单位生鲜乳生产所导致碳排放成本的增加量，与碳排放税率及畜产品碳足迹系数直接相关。在本研究中，碳排放税率包含 30、60、90、120、150 元/吨二氧化碳当量五种递增的设置方式，对应不同的碳排放边际成本。

当碳排放税率为 30 元/吨二氧化碳当量时，以短期为例分析各规模奶牛养殖的边际碳排放成本（图 8-4）。由于奶牛养殖规模与奶牛单产及碳足迹系数正相关，边际碳排放成本由高到低的排序为：大规模、中规模、小规模和散户。与图 8-3 相比，虽然其总体排序基本一致，但各规模边际成本间有差异。散户的边际成本较规模化养殖低 11.2%，但其边际碳排放成本较规模化养殖低 22.1%。在规模化奶牛养殖中，中规模与小规模的边际成本相近，大规模的边际成本高于中、小规模均值的 22.9%，但其边际碳排放成本仅高于中、小规模均值的 8.3%。散户的边际碳排放成本明显低于规模化奶牛养殖；大规模的边际碳排放成本与其他规模的差距小于其边际成本的差距（图 8-3、图 8-4）。中规模的边际成本低于小规模，但边际碳排放成本却高于小规模，说明与小规模相比，中规模奶牛养殖的边际成本更易受到碳排放税的影响。因此，从各规模边际成本的平均水平来看，碳排放税对散户及大规模奶牛养殖的影响较平缓。

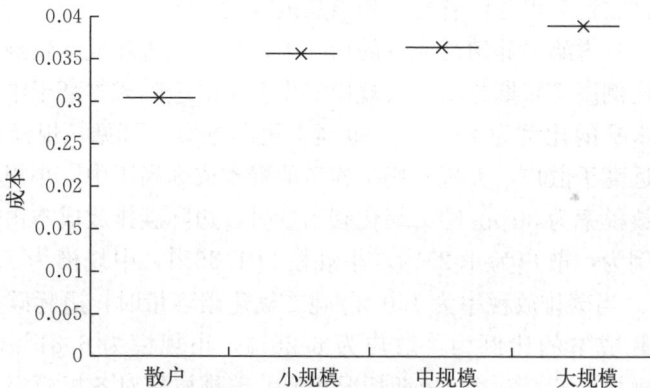

图 8-4 短期各规模边际碳排放成本

　　图 8-5 显示了各规模奶牛养殖的边际碳排放成本占奶牛养殖边际成本的比例，即碳排放税对奶牛养殖运营成本的影响。当碳排放税率为 30 元/吨二氧化碳当量时，边际碳排放成本占各规模奶牛养殖边际成本的比例为：散户为 1.38%，小规模为 1.56%，中规模为 1.62%，大规模为 1.4%。当碳排放税率为 150 元/吨二氧化碳当量时，边际碳排放成本占各规模奶牛养殖边际成本的比例分别为：散户为 6.9%，小规模为 7.82%，中规模为 8.09%，大规模为 7%。从图中可以看出，各规模奶牛养殖的边际碳排放成本占奶牛养殖边际成本的比例由高到低的排序为：中规模、小规模、大规模和散户。这说明从黑龙江省各规模奶牛养殖的边际成本看，碳排放税的成本对散户和大规模的影响弱于中规模与小规模。在其他条件不变的情况下，随着碳排放税等比例提高，奶牛养殖的边际碳排放成本占奶牛养殖边际成本的比例也成倍提高，呈线性增长。

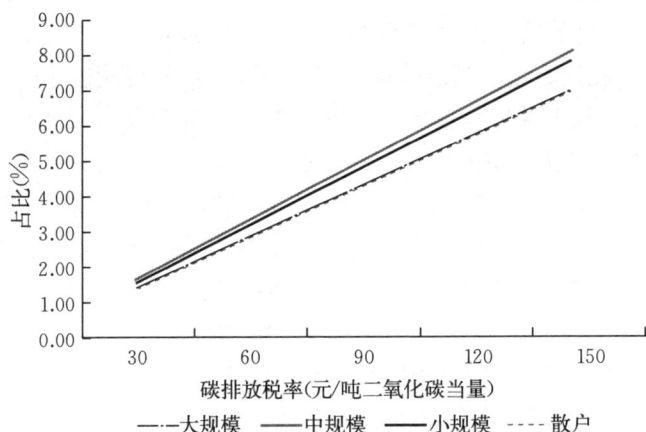

图 8-5　碳排放税对奶牛养殖运营成本的影响

（3）碳排放税对黑龙江省奶牛养殖总成本的影响

　　在长期，考虑奶牛养殖总成本的情况下，散户的边际成本较规模化养殖低 15.1%，该比例高于短期方案；大规模奶牛养殖的边际成本高于中、小规模边际成本平均水平的比例为 23.7%，也高于短期方案。可见，规模化奶牛养殖的资本成本远高于散户，大规模奶牛养殖的资本成本高于中、小规模。

　　当碳排放税率为 30 元/吨二氧化碳当量时，边际碳排放成本占奶牛养殖边际成本的比例为：散户为 1.25%，小规模为 1.36%，中规模为 1.4%，大规模为 1.24%。当碳排放税率为 150 元/吨二氧化碳当量时，边际碳排放成本占奶牛养殖边际成本的比例为：散户为 6.26%，小规模为 6.81%，中规模为 7.01%，大规模为 6.2%。与短期情况相似，碳排放税对各规模奶牛养殖成本的影响由高到低的排序为：中规模、小规模、散户和大规模（图 8-6）。

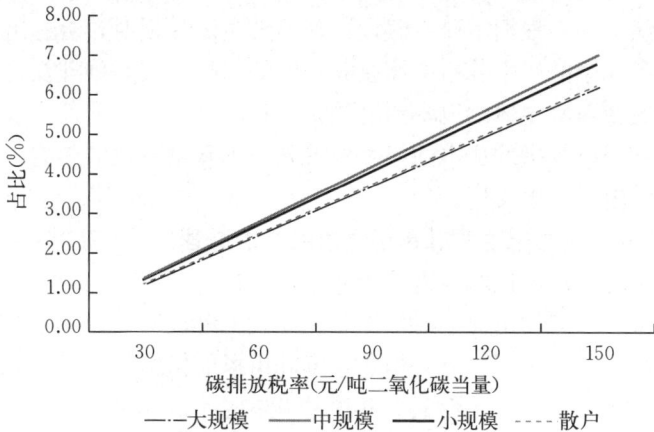

图 8-6 碳排放税对奶牛养殖总成本的影响

在长期方案中,散户与大规模奶牛养殖受碳排放税影响的排序与短期相反。这是由于在长期,大规模的资本成本远高于其他规模,在边际碳排放成本一定的情况下,大规模奶牛养殖对碳排放税的抵御能力更强。

在阶梯碳排放税率及各规模奶牛养殖的碳足迹系数一定的情况下,长期与短期方案中的各规模奶牛养殖的边际碳排放成本相同。但长期方案考虑奶牛养殖的总成本高于短期方案只考虑奶牛养殖的运营成本。因此,长期的奶牛养殖边际碳排放成本占边际成本的比例低于短期。

在短期与长期成本方案中,综合黑龙江省各规模奶牛养殖边际成本的平均值可以得出:随着碳排放税率提高,碳排放税对中、小规模奶牛养殖的边际成本的影响大于散户与大规模奶牛养殖。散户成本受碳排放税影响少于规模化奶牛养殖;规模化奶牛养殖中,规模化程度与对碳排放税的抵御能力呈正比。

8.2 碳排放税对黑龙江省奶牛养殖碳减排效果的影响

前面是基于统计资料数据分析碳排放税对黑龙江省各规模奶牛养殖成本的平均水平的影响。但在实际中,各奶牛养殖主体的成本与市场成本的平均水平是有差异的。因此,本章将根据上章的研究结果,基于黑龙江省奶牛养殖主体的调研数据,分析阶梯碳排放税下奶牛养殖市场不同规模主体的利润变化,退出市场的情况,并分析碳排放税下奶牛养殖市场的碳减排效果。

8.2.1 碳排放税对生鲜乳市场均衡的影响

生鲜乳是奶牛养殖的主产品,生鲜乳收益也是奶牛养殖的主要收益来源。

征收碳排放税将提高生鲜乳的生产成本，在生鲜乳价格一定的情况下，降低养殖主体的利润水平。根据本研究假设，当养殖主体亏损时，会退出奶牛养殖市场。但由于各规模的奶牛养殖主体在养殖中的饲喂、粪污处理及管理等方面存在差异，导致各养殖主体的成本围绕黑龙江省的平均奶牛养殖成本浮动。生鲜乳生产成本高于市场平均成本的奶牛将首先受到碳排放税的影响。该部分奶牛养殖主体也将较早退出市场。

8.2.1.1 碳排放税影响生鲜乳市场供求均衡的原理

（1）生鲜乳市场的供给与需求函数

在其他条件一定的情况下，根据黑龙江省生鲜乳市场近五年的供给与需求情况及生鲜乳的价格情况，分别构建生鲜乳市场的供给与需求函数。鉴于黑龙江省是我国生鲜乳主产区，但其每年生产出的生鲜乳中仅有 $10\%\sim15\%$ 供给本省，其他均销往国内外其他地区，因此本研究的供求均衡量仅指供给本地市场的生鲜乳量，具体函数如下[*]。

供给函数： $\qquad P_S = 3.26E-9Q+1.7 \qquad (8-13)$

需求函数： $\qquad P_d =-4.545E-9Q+6.691 \qquad (8-14)$

供给与需求曲线的交点即为生鲜乳市场的均衡点 B（3.785，6.39$E+8$）（图8-7）。可知黑龙江省生鲜乳的供求均衡价格在3.785元/千克，供求均衡量为63.9万吨。

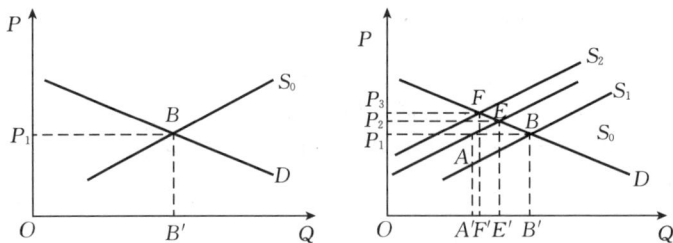

图8-7　生鲜乳市场供求均衡的原理

（2）碳排放税影响生鲜乳市场均衡的原理

初始状态，生鲜乳市场的供给和需求曲线在 B 点均衡，边际利润为负的奶牛退出市场，根据退出率及退出市场的奶牛单产可得生鲜乳供给由 OB' 减少到 OA'，供给曲线左移，形成新的均衡点 E，生鲜乳供给量为 OE'，市场价格由 P_1 上升至 P_2，部分奶牛养殖的边际利润为正，退出市场的奶牛减少，实际退出市场的生鲜乳量为 $E'B'$。在低效率的奶牛退出市场后，开征碳排放税。

---

[*]　该供求函数是根据近五年的黑龙江省生鲜乳市场的统计资料数据而得出的，并没有考虑物价水平变动的因素。

在其他条件不变的情况下，当税率为 30 元/吨二氧化碳当量时，奶牛养殖成本提高，根据各规模在新价格下的退出率和退出市场的奶牛单产，可知供给曲线向左移至 S_2，与需求曲线形成新的均衡点 F，均衡价格提高至 P_3，供给量减少到 OF'，实际退出市场的生鲜乳量为 $F'E'$。当碳排放税率由 30 元/吨二氧化碳当量上涨到 150 元/吨二氧化碳当量时，该过程重复进行，奶牛养殖成本和生鲜乳价格不断提高。

8.2.1.2 碳排放税下的生鲜乳市场均衡价格

在长期和短期两个研究方案中，由于奶牛养殖的成本差异，导致碳排放税对两个方案奶牛养殖成本的影响不同，生鲜乳供给变化的程度不同，市场的均衡价格不同。图 8-8 为长期与短期两个方案的生鲜乳市场价格情况，从图中可以看出长期的市场价格高于短期。研究基于初始状态下两个方案具有相同的市场均衡价格（A 点对应的价格），但由于长期成本高于短期成本，因此，在长期奶农的市场退出率更高。我们按照单位养殖成本的产量高低判断养殖主体的效率，单位养殖成本的产量低即为低效率的奶牛。碳排放税率为 0 时，首先退出市场的是效率最低的奶农，但由于低效率奶牛带走的生鲜乳占整个市场比率较低，对生鲜乳供给减少的影响较小，因此，市场价格略有上升。碳排放税率为 30 元/吨二氧化碳当量时，效率次低的奶牛退出市场，生鲜乳供给减少多于无碳排放税的情况，导致市场价格上升较多，碳排放税率从 30 元/吨二氧化碳当量到 150 元/吨二氧化碳当量递增时，退出市场的奶牛效率逐步提高，生鲜乳供给减少逐渐增多，生鲜乳的市场价格平稳上升状态。

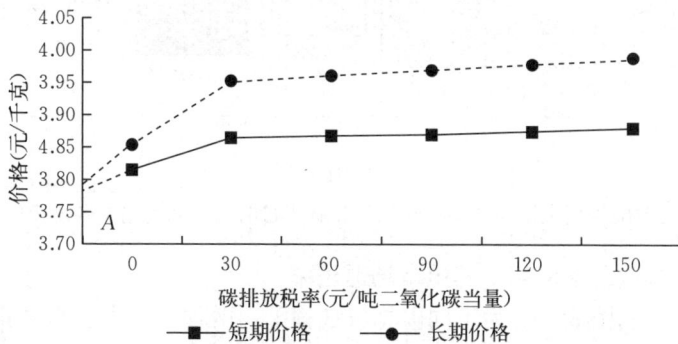

图 8-8　不同碳排放税率下两个方案的生鲜乳市场价格

8.2.1.3 碳排放税对奶牛养殖市场退出的影响

（1）碳排放税对奶牛养殖边际成本与边际收益的影响

以长期奶牛养殖方案中碳排放为 30 元/吨二氧化碳当量的情况为例，分析各规模奶牛产奶量占整个市场的比重及边际成本与边际收益的关系（图 8-9），其他碳排放税率情况及短期方案与之具有相同原理。图中的柱形图代表样本区域各奶牛养殖规模的各种边际成本，研究主要选取三种边际成本进行对比分析：最高边际成本（HMC）、平均边际成本（AMC）和最低边际成本（LMC）。从图8-9中可以看出奶牛养殖的平均边际成本（AMC）由高到低排序为：大规模、散户、小规模和中规模，各规模边际成本的异质性不同。其中散户和小规模的边际成本异质性强，大规模养殖的边际成本异质性弱。各规模中边际成本高于边际收益的奶牛，由于其边际利润为负，将退出市场。从图中看出，异质性强的散户和小规模，其边际成本高于边际收益的比例较大，因此退出率高；而异质性弱的大规模养殖的边际成本高出边际收益的比例最低，因此退出率也最低。我们得到结论，各规模的平均边际成本不是影响奶牛退出市场比率的主要因素，还取决于边际成本的异质性，即各规模奶牛养殖的边际成本与平均边际成本的差异程度。需要特别指出的是，散户和小规模奶牛养殖的平均边际成本和异质性均比较接近，其市场退出率也很接近，但散户的退出率略高于小规模。这主要是由于散户和小规模的奶牛养殖数目分别在0～10头和10～50头，均以家庭自有劳动力为主，较少雇佣劳动力，养殖模式较相似。

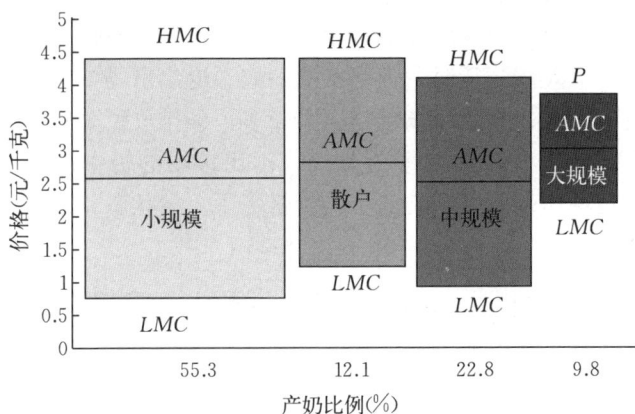

图8-9 长期碳排放税率为30元/吨二氧化碳当量时的市场价格及各规模的边际成本

（2）碳排放税下的奶牛养殖市场退出率

图8-11和图8-12为不同碳排放税率下，两种方案中各奶牛养殖规模的市场退出率情况。随着碳排放税率逐渐提高，市场退出率呈现先降低后升高的态势。通过图8-8的市场均衡价格与图8-11和图8-12的市场退出率的对比可以看出：无碳排放税的市场价格低于碳排放税率为30元/吨二氧化碳当量的价格，故其退出率高。碳排放税率由30元/吨二氧化碳当量（图8-10）增加到150元/吨二氧化碳当量的过程中，奶牛养殖成本与市场价格逐渐提高，但成本提高快于市场价格，因此，市场退出率逐渐提高。图8-11和图8-12也表明无论长期还是短期，规模效应在抵御碳排放税方面均具有优势，即规模

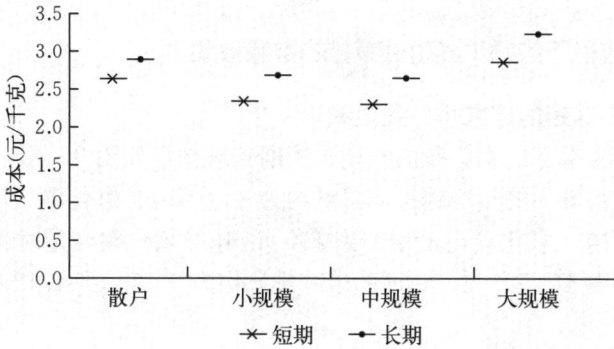

图 8-10 碳排放税率为 30 元/吨二氧化碳当量的碳排放成本

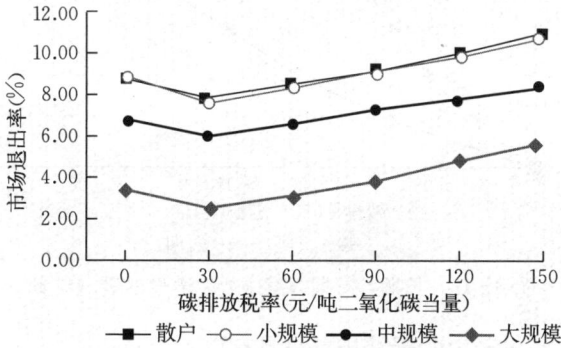

图 8-11 长期各规模的市场退出率

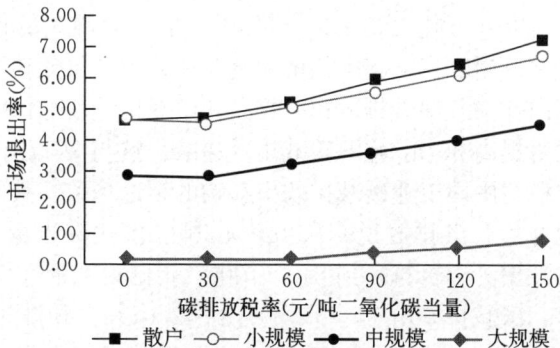

图 8-12 短期各规模的市场退出率

越大，市场退出率越低。此外，各规模的短期退出率低于长期，主要由于短期仅考虑运营成本，长期还需要偿付资本成本，短期成本低于长期。其中大规模养殖的长期退出率在 2‰～6‰，而短期退出率仅在 1‰ 以内，主要受大规模养殖的资本成本占总成本比重较高的影响。

8.2.2 碳排放税下的奶牛养殖碳减排的数量效果

8.2.2.1 奶牛养殖的碳减排总量效果

各碳排放税率下奶牛养殖的长期与短期碳减排量如图 8-13 所示。调研期间，黑龙江省泌乳牛的年均碳排放总量约为 830 万吨二氧化碳当量。当碳排放税率从 30 元/吨二氧化碳当量增加到 150 元/吨二氧化碳当量时，长期的碳减排比例为 0.79% 到 2.42%，短期的碳减排比例为 0.35% 到 1.12%。

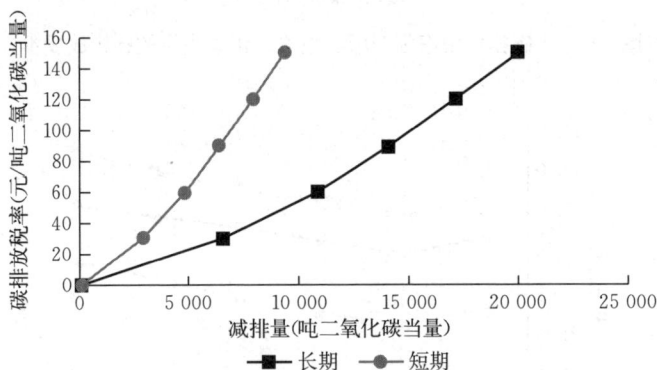

图 8-13　长期与短期方案中奶牛养殖的碳减排量

总体来看，奶牛养殖的碳减排总量具有以下特点：

（1）碳排放税对长期的碳减排量的影响更大

当碳排放税率从 30 元/吨二氧化碳当量增加到 150 元/吨二氧化碳当量时，长期的碳减排量从 6.6 万吨二氧化碳当量增加到 20 万吨二氧化碳当量，短期的碳减排量从 2.9 万吨二氧化碳当量增加到 9.3 万吨二氧化碳当量。碳排放税与碳减排量呈同向变动，即碳排放税率提高，碳减排量增加，但碳减排速度放缓，即碳排放税每提高 30 元/吨的碳减排量递减。这与 2017 年董慧娟用 CGE 模型研究碳排放税对中国工业碳减排效果影响的结论一致。其研究设置了六种碳排放税的征税方案，碳排放税率从 140 元/吨二氧化碳当量（20 美元/吨二氧化碳当量，按汇率为 7 折算）到 840 元/吨二氧化碳当量（120 美元/吨二氧化碳当量）不等，碳减排率由 14.75% 上升到 42.62%。碳排放税率每提高 20 美元/吨二氧化碳当量，碳减排量逐渐减少。如果将该研究中的碳排放税率折算为 30 元/吨二氧化碳当量，则相应的碳减排率约为 3.16%，高于本研究中奶牛养殖的碳减排率。

（2）总体上看，碳减排量随着碳排放税率提高而呈接近线性增长

这主要由于长期的生产成本高于短期，在边际收益一定的情况下，长期的

边际利润更低，导致退出市场的生鲜乳比率、生鲜乳数量和碳减排量均高于短期。

8.2.2.2 各规模奶牛养殖的碳减排效果

图 8-13 是长期与短期方案中，奶牛养殖的碳减排总量，它是由各个奶牛养殖规模在不同碳排放税率下的减排量构成。下面我们以长期研究方案为例，对各碳排放税率下的各奶牛养殖规模的碳减排情况进行分解（图 8-14）。

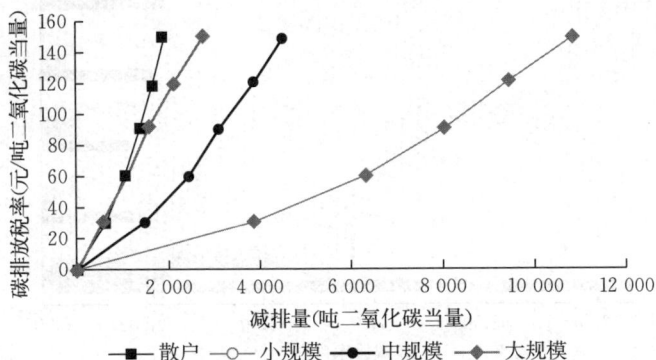

图 8-14　长期方案下各规模奶牛养殖的碳减排情况

长期方案中，各种碳排放税率下各规模奶牛养殖的碳减排量不同。小规模的碳减排效果明显优于其他养殖规模。中规模奶牛养殖的碳减排效果排在第二位，大规模的碳减排效果排在第三位，散户的碳减排效果最弱。这与各规模奶牛养殖的市场占有率及征收碳排放税下的市场退出率直接相关。在散户与小规模养殖的市场退出率相近的情况下（图 8-12），由于小规模奶牛养殖的市场占有率远高于散户（图 8-9），因此综合二者的结果，小规模奶牛养殖的碳减排效果远大于散户。与大规模和中规模奶牛养殖相比，小规模奶牛养殖的较高的市场占有率及市场退出率均促使其碳减排效果明显。综上，我们可以得出征收碳排放税的情况下影响奶牛养殖碳减排量的因素很多：生鲜乳的市场价格、各规模的边际成本和异质性共同影响各规模奶牛的市场退出率；各规模奶牛的数目、退出率及其单产影响退出市场的生鲜乳量，进而影响碳减排量。

当碳排放税率为 30 元/吨二氧化碳当量时，长期方案中所有规模的碳减排量均大于其他碳排放税率的减排量（图 8-15）。其中散户的碳减排率为 2.68%，中规模的碳减排率为 1.11%，大规模的碳减排率为 1.09%，小规模的碳减排率为 0.58%。碳排放税率由 120 元/吨二氧化碳当量提高到 150 元/吨二氧化碳当量的碳减排率位居第二。当碳排放税率由 30 元/吨二氧化碳当量提高到 60 元/吨二氧化碳当量时，各规模的碳减排率均最低。其中散户的碳减排率仅为 0.41%，中规模的碳减排率为 0.18%，大规模的碳减排率为

0.32%，小规模的碳减排率为0.09%。这也证明规模经济在抵御碳排放税方面具有优势。此外，通过对比分析，得出碳排放税率为30元/吨二氧化碳当量时，各规模奶牛养殖的碳减排率最高。短期成本方案也与长期成本方案具有近似的结果。这与周银翔（2018）的研究结论相似。其研究结果表明，当碳排放税率为50元/吨二氧化碳当量时，宏观经济和运输部门受到的消极影响最小。

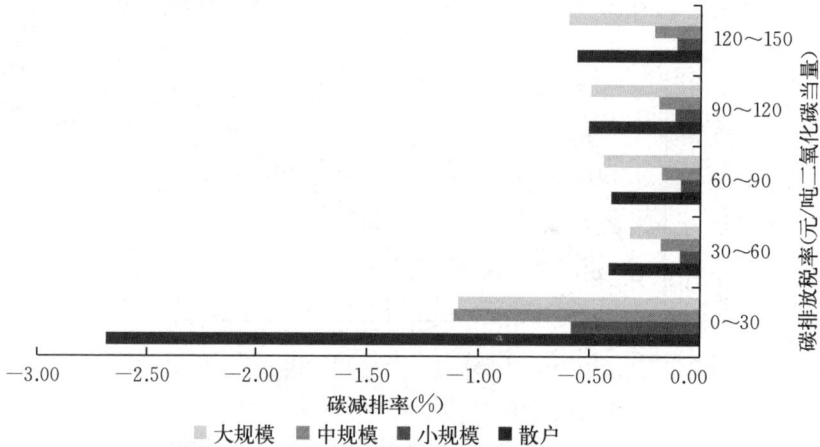

图8-15　长期方案中奶牛养殖的碳排放变化率

8.2.3　碳排放税下的奶牛养殖碳减排的经济效果

（1）碳排放税对奶牛养殖收入的影响

奶牛养殖的收入主要源于主产品和副产品出售，其中生鲜乳是奶牛养殖的主产品，犊牛、淘汰牛等是奶牛养殖的副产品。其中副产品的收入仅在奶牛养殖中占8%的比例。我们将对比碳排放税对奶牛养殖碳减排量和收入损失的影响。

在长期与短期两个方案中，碳减排率和收入减少率均随着碳排放税增长而提高（图8-16、图8-17）。当碳排放税从30元/吨二氧化碳当量提高到150

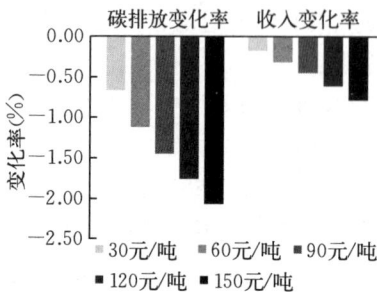

图8-16　长期碳排放变化
率和收入变化率

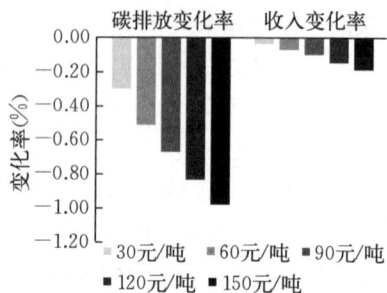

图8-17　短期碳排放变化
率和收入变化率

元/吨二氧化碳当量时，长期的碳减排比例从 0.79% 提高到 2.42%，短期的碳减排比例从 0.35% 提高到 1.12%；长期的奶牛养殖收入损失从 0.17% 增加到 0.78%，短期的收入损失从 0.04% 增加到 0.19%。由此可见，在长期，碳排放税对碳减排量和收入损失的影响高于短期，即相同碳减排导致的收入损失比短期小。在长期，碳减排量是收入损失的 3.1~4.6 倍；在短期，碳减排量是收入损失的 5.9~8.8 倍。这与李昭玲（2018）的研究结果一致。其研究发现辽宁省的碳排放税为 221 美元/吨时，能达到 44.92% 的碳减排量，同时造成 GDP 减少 5.54% 的损失，表明碳减排量是 GDP 损失的 9 倍。

与规模化奶牛养殖相比，碳排放税使散户减排量更多，也使其收入减少更多（图 8-18）。在长期方案中，大规模奶牛养殖的减排率和收入变化率在规模化养殖中最高，但在短期方案中，则为最低。这主要是与大规模奶牛养殖较高的资本成本比例相关，导致其长期的退出市场的牛奶和碳减排量均多于短期。在两种方案中，碳排放税率为 30 元/吨二氧化碳当量时，收入虽然受到一定影响，但能达到较高减排量。其次是碳排放税率从 120 元/吨二氧化碳当量

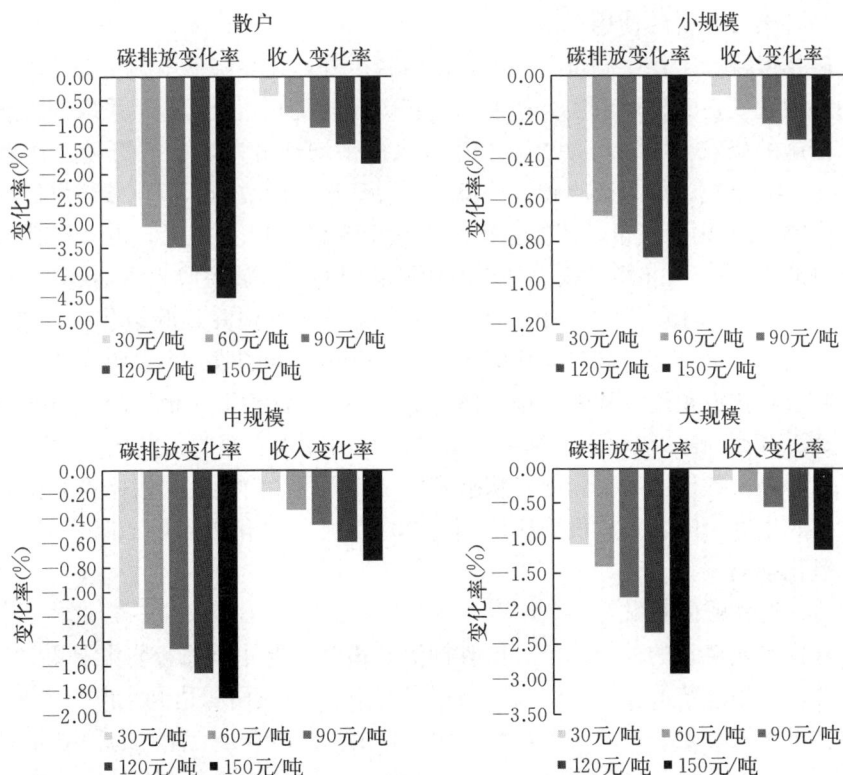

图 8-18　长期方案下各规模奶牛养殖的碳排放变化率和收入变化率

提高到 150 元/吨二氧化碳当量的情形。当碳排放税率从 60 元/吨二氧化碳当量提高到 90 元/吨二氧化碳当量时，碳排放税对收入的影响最小（图 8 - 19）。因此，30 元/吨二氧化碳当量下，碳减排与经济增长能协调发展。

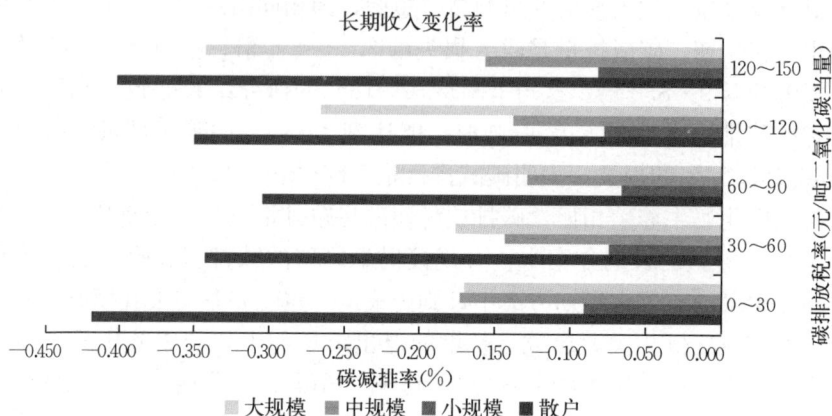

图 8 - 19　长期方案下的收入变化率

（2）碳排放税的使用

碳排放税除了使牛奶价格提高，供给减少外，还会降低本国牛奶的出口竞争力。因此，在碳排放税实行初期，应将碳排放税收入全部补贴采取低碳奶牛养殖措施的奶农。2016 年黑龙江省生鲜乳的平均价格为 3.4 元/千克，生鲜乳产量为 546 万吨。如果征收碳排放税，当税率从 30 元/吨二氧化碳当量提高到 150 元/吨二氧化碳当量，碳排放税收入在 2.5 亿～12.3 亿元，占生鲜乳总收入比例的 1.3%～6.6%。该比例与国际经验中的碳排放税收入占 GDP 的比重应在 2.72%～3.19% 基本一致，但其取值范围高于国际经验数值。这表明，在碳排放税率为 30 元/吨二氧化碳当量时，碳排放税的收入占总收入的比重较低，随着碳排放税逐渐提高，该比例将更加接近国际经验数值区间。当碳排放税率为 150 元/吨二氧化碳当量时，碳排放税的收入占总收入的比重较高，超出了国际经验数值区间。因此，从碳排放税收入占生鲜乳总收入比重上看，黑龙江省奶牛养殖的碳排放税率应略高于 30 元/吨二氧化碳当量，低于 150 元/吨二氧化碳当量。

（1）对青贮的补贴

根据黑龙江省的种养结合及粮改饲等政策，按照平均每亩青贮补贴 40 元的标准，奶牛养殖的碳排放税收入可以补贴青贮种植面积达到 625 万～3 075 万亩。玉米青贮是奶牛的主要饲料，黑龙江省 2016 年玉米青贮的种植面积为 106 万亩，全国为 1 390 万亩。碳排放税为 30 元/吨二氧化碳当量的税收收入能够补贴黑龙江所有的青贮种植，碳排放税为 150 元/吨二氧化碳当量的税收收入能够补贴全国的青贮种植。

（2）对规模化养殖场的补贴

按照国家对年存栏 300～499 头的养殖场（小区）补助投资 80 万元的标准，碳排放税的收入能补贴 313～1 538 个中规模养殖场。这些补贴资金将主要帮助奶牛养殖场的粪污处理利用及饲料基地建设等。待农民能够适应碳排放税带来的变化，可以逐渐减少补贴，并提高碳排放税，以应对未来进口国可能对中国乳制品出口征收的碳排放关税。

9 黑龙江省奶牛养殖碳排放税的减排效果

——基于统计数据的研究

上一章运用调研数据研究了碳排放税对黑龙江省奶牛养殖碳减排的效果，为探究碳排放税收返还的减排效果，本章在不同情景下构建奶牛养殖碳减排模型，并运用统计数据研究黑龙江省奶牛养殖碳排放税的减排效果。

9.1 不同情景下碳减排模型构建

9.1.1 模型构建

竞争市场中，各规模奶牛养殖主体均是价格接受者，依据政府的碳排放税与补贴政策调整养殖策略。假设实施政策时奶牛存栏量不变，碳排放税与补贴政策通过产奶量发挥作用，传导至奶牛养殖主体并最终实现碳减排。

首先，构建全行业原料乳需求函数：

$$P = a - bQ \qquad (9-1)$$

P 代表原料乳收购价格；Q 代表全行业原料乳产量，其中 a、b 为常数。

低碳养殖主体共有 n_1 头产奶牛，高碳养殖主体共有 n_2 头产奶牛，两类养殖主体生产同质产品。以每头奶牛为单位，将奶牛的养殖成本（tc）和单产（q）数据进行拟合，得到每头奶牛的成本函数 tc（q），全行业奶牛养殖的成本函数 TC（Q），及对应的边际成本函数，表达式分别为：

$$mc = k + hq \qquad (9-2)$$

$$MC = k + \frac{h}{n_1 + n_2}Q \qquad (9-3)$$

mc 代表每头牛的边际成本，MC 代表全行业奶牛养殖的边际成本，其中 k、h 为常数。

9.1.2 情景设置

研究分为三种情景探讨碳排放税与补贴政策的减排效果：不考虑碳排放税与补贴的情景，仅征收碳排放税的情景及碳排放税与补贴共同作用的情景。

9.1.2.1 情景一：不考虑碳排放税与补贴

根据完全竞争市场利润最大化的条件：$P = MC = MR$，可得初始均衡条件下全行业原料乳总产量（Q_0）和原料乳均衡价格（P_0）。mc 为厂商边际成本，令 $P_0 = mc$，得到初始均衡条件下奶牛单产 q_0，此时在不考虑征收碳排放税、发放补贴情况下，低、高碳养殖主体的单产（q_1、q_2）与 q_0 相等。根据碳排放系数 e_1、e_2（e_1、e_2 为常数）计算此时奶牛养殖业碳排放总量（E_0）。

$$Q_0 = n_1 q_1 + n_2 q_2 = \frac{(a-k)(n_1+n_2)}{h+n_1 b+n_2 b} \qquad (9-4)$$

$$q_1 = q_2 = q_0 = \frac{a-k}{h+n_1 b+n_2 b} \qquad (9-5)$$

$$E_0 = e_1 n_1 q_1 + e_2 n_2 q_2 = \frac{(a-k)(n_1 e_1+n_2 e_2)}{h+n_1 b+n_2 b} \qquad (9-6)$$

9.1.2.2 情景二：仅征收碳排放税

在这种情景下，碳排放税作为外生变量被引入到基本模型。各地区奶牛养殖业大环境相似，不存在较大的成本收益差距，考虑到政策的公平性，建议采取统一的定额碳排放税标准和计征方法，本研究假设对奶牛养殖主体征收统一碳排放税，将税率设置为 θ。此时低碳高碳奶牛场中每头牛的边际成本是 mc_1' 和 mc_2'：

$$mc_1' = k + hq_1 + \theta e_1 \qquad (9-7)$$

$$mc_2' = k + hq_2 + \theta e_2 \qquad (9-8)$$

全行业的边际成本为 MC'：

$$MC' = k + \frac{hQ + (n_1 e_1 + n_2 e_2)\theta}{n_1 + n_2} \qquad (9-9)$$

令 $P = MC'$，得到征收碳排放税情况下，此时全行业原料乳均衡产量 Q_1，原料乳均衡价格由 P_0 上升到 P_1，其中：

$$P_1 = P_0 + \Delta P_1 \qquad (9-10)$$

$$\Delta P_1 = \frac{b(n_1 e_1 + n_2 e_2)\theta}{h + n_1 b + n_2 b} \qquad (9-11)$$

$$Q_1 = Q_0 + \Delta Q' \qquad (9-12)$$

$$\Delta Q' = -\frac{(n_1 e_1 + n_2 e_2)\theta - (n_1 + n_2)\Delta P_1}{h} \qquad (9-13)$$

在 P_1 的价格水平下，养殖主体积极进行生产调整，令 $P_1 = mc_1'$，$P_1 = mc_2'$，得到在征收碳排放税时，低、高碳养殖主体奶牛的单产水平 q_1'、q_2'：

$$q_1' = q_0 + \Delta q_1' = q_0 - \frac{e_1 \theta - \Delta P_1}{h} \qquad (9-14)$$

$$q_2' = q_0 + \Delta q_2' = q_0 - \frac{e_2 \theta - \Delta P_1}{h} \qquad (9-15)$$

此时全行业碳排放总量为 E_1：

$$E_1 = E_0 + \Delta E' \qquad (9-16)$$

$$\Delta E' = -\frac{(n_1 e_1^2 + n_2 e_2^2)\theta - (n_1 e_1 + n_2 e_2)\Delta P_1}{h} \qquad (9-17)$$

设定产量增长率（ω'）与碳排放增长率（γ'）为：

$$\omega' = \frac{Q_1 - Q_0}{Q_0} = K_q^1\theta \qquad (9-18)$$

$$\gamma' = \frac{E_1 - E_0}{E_0} = K_e^1\theta \qquad (9-19)$$

其中：

$$K_q^1 = -\frac{n_1 e_1 + n_2 e_2}{(a-k)(n_1+n_2)} \qquad (9-20)$$

$$K_e^1 = -\frac{(n_1\,e_1^2 + n_2\,e_2^2)(h+n_1b+n_2b) - b\,(n_1e_1+n_2e_2)^2}{E_0 h(h+n_1b+n_2b)}$$

$$\qquad (9-21)$$

9.1.2.3 情景三：碳排放税与补贴共同作用

补贴仅用于鼓励养殖主体采用低碳养殖的方式进行生产活动，补贴使低碳养殖主体的奶牛养殖边际成本减少，而没有发放补贴的高碳养殖主体的边际成本不变。根据原料乳产量给予低碳养殖补贴，补贴系数（ε）用来表示政府补贴带来的养殖主体边际成本变化，则受到补贴的低碳奶牛养殖主体每头奶牛的边际成本为 mc_1''：

$$mc_1'' = k + hq_1 - \varepsilon \qquad (9-22)$$

此时没有补贴的高碳奶牛养殖主体每头奶牛的边际成本为 mc_2''：

$$mc_2'' = k + hq_2 \qquad (9-23)$$

全行业奶牛养殖边际成本是 MC''：

$$MC'' = k + \frac{h}{n_1+n_2}Q - \frac{n_1\varepsilon}{n_1+n_2} \qquad (9-24)$$

令 $P=MC''$，得到仅进行补贴情况下，全行业均衡产量 Q_2，原料乳均衡价格由 P_0 下降至 P_2：

$$P_2 = P_0 - \Delta P_2 \qquad (9-25)$$

$$\Delta P_2 = \frac{bn_1\varepsilon}{h+n_1b+n_2b} \qquad (9-26)$$

$$Q_2 = Q_0 + \Delta Q'' \qquad (9-27)$$

$$\Delta Q'' = \frac{n_1\varepsilon - \Delta P_2(n_1+n_2)}{h} \qquad (9-28)$$

在 P_2 的价格水平下，低碳养殖主体奶牛的均衡单产为 q_1''，高碳奶牛养殖主体奶牛的均衡单产为 q_2''：

$$q_1'' = q_0 + \Delta q_1'' = q_0 + \frac{\varepsilon - \Delta P_2}{h} \qquad (9-29)$$

$$q_2'' = q_0 + \Delta q_2'' = q_0 - \frac{\Delta P_2}{h} \qquad (9-30)$$

同理可得全行业奶牛养殖碳排放量 E_2：

$$E_2 = E_0 + \Delta E'' \tag{9-31}$$

$$\Delta E'' = \frac{n_1 e_1 \varepsilon - (n_1 e_1 + n_2 e_2)\Delta P_2}{h} \tag{9-32}$$

产量增长率（ω''）与碳排放增长率（γ''）和相应系数如下：

$$\omega'' = \frac{Q_2 - Q_0}{Q_0} = K_q^2 \varepsilon \tag{9-33}$$

$$\gamma'' = \frac{E_2 - E_0}{E_0} = K_e^2 \varepsilon \tag{9-34}$$

$$K_q^2 = \frac{n_1(a - k - bQ_0)}{(a - k)hQ_0} \tag{9-35}$$

$$K_e^2 = \frac{n_1}{h}\left(\frac{e_1}{E_0} - \frac{b}{a - k}\right) \tag{9-36}$$

以上是实施单一政策的效果研究，在实践中往往是两种政策搭配使用，因此本部分的模型搭建考虑在同一时间内将两种政策因素同时引入模型，基于前文的模型搭建，得到碳排放税与补贴政策下低碳、高碳奶牛养殖的单产水平（q_1''' 和 q_2'''）：

$$q_1''' = q_0 + \Delta q_1' + \Delta q_1'' \tag{9-37}$$

$$q_2''' = q_0 + \Delta q_2' + \Delta q_2'' \tag{9-38}$$

同理得到碳排放税与补贴政策共同作用情境下全行业产量（Q_3）和碳排放量（E_3）：

$$Q_3 = Q_0 + \Delta Q' + \Delta Q'' \tag{9-39}$$

$$E_3 = E_0 + \Delta E' + \Delta E'' \tag{9-40}$$

产量增长率（ω）与碳排放增长率（γ）：

$$\omega = \frac{Q_3 - Q_0}{Q_0} = K_q^2 \varepsilon - K_q^1 \theta \tag{9-41}$$

$$\gamma = \frac{E_3 - E_0}{E_0} = K_e^2 \varepsilon - K_e^1 \theta \tag{9-42}$$

9.2 基于黑龙江省的碳减排效果

9.2.1 样本选择

从 2005—2018 年黑龙江省奶牛养殖的存栏量及产量趋势上看，虽然 2018 年奶牛存栏量和原料乳总产量下降，但是奶牛的规模化程度和单产水平达到了近年最高水平，故以 2018 年为例展开研究，假设在封闭经济中黑龙江省的乳制品全部自给。

根据《中国奶业年鉴》《中国统计年鉴》《中国奶业统计资料》（2006—2019 年），收集 2005—2018 年黑龙江省城乡人均乳制品消费量、城乡人口数、原料乳总产量、原料乳收购价、各规模奶牛养殖的成本和主产品产量数据（每头牛）。考虑通货膨胀对奶价、养殖成本的影响，参考 2005—2018 年国家统计局居民消费价格指数，以 2018 年为基准年对奶价、养殖成本进行修正。拟合原料乳需求函数和成本函数（表 9-1），函数拟合效果较好，能够反映数据的总体特征，可以用于模型分析。

表 9-1　样本区域函数拟合结果

样本区域	需求函数（$P=a-bQ$）			边际成本函数（$mc=k+hq$）		
	a	b	拟合度 R_1^2	h	k	拟合度 R_2^2
黑龙江省	4.901	3.497 9$E-10$	0.80	0.001 8	$-6.335\,7$	0.71

9.2.2　仅征收碳排放税的不同情景

碳排放税的税率是一种碳价格，它是能源使用者为碳排放支付的最低价格。从各个国家征收碳排放税率的实践来看，20 世纪，一些国家的碳排放税率起征点低于 10 元/吨二氧化碳当量，在 21 世纪，碳排放税率的征收范围从 30 元/吨到 1 060 元/吨二氧化碳当量不等。本研究以奶牛养殖过程中排放的二氧化碳当量作为征收碳排放税的依据，下文将碳排放税率统一定义为每吨二氧化碳当量所需支付的碳价格。借鉴国外奶牛养殖碳排放政策制定和实际操作经验，奶牛养殖碳排放税至少为每吨碳排放征收 30 元才能起到明显的减排的效果。因此本研究设定 30～150 元/吨五个层次税率，为方便观察征收不同高、低碳排放税率产生的政策效果，将每个税率间隔层次定为 30 元/吨，从而计算不同税率条件下，高、低碳养殖主体奶牛单产变化率和所占市场份额变化率，以及征收碳排放税时全行业碳排放增长率、产量增长率、经济增长率的变动情况。为了更直观地表现模型计算结果，绘制如下趋势图，如图 9-1、图 9-2 所示。

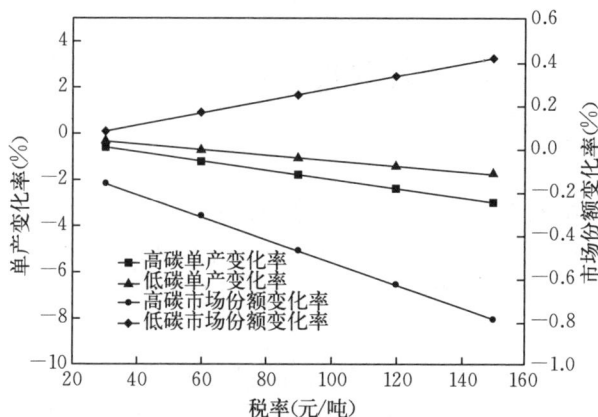

图 9-1　不同税率下单产和市场份额变化率

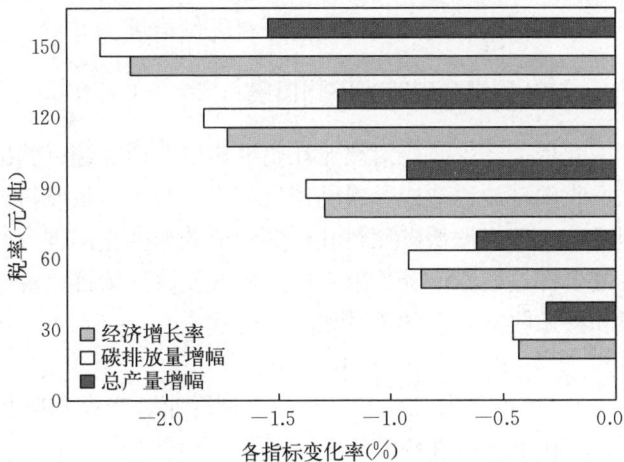

图 9-2 不同税率下各指标增幅

由图 9-1 可以看出，征收碳排放税会导致高碳、低碳养殖主体的市场份额发生变化，低碳养殖主体的市场份额增加，高碳养殖主体的市场份额减少，当碳税率为 30 元/吨时，低碳养殖主体市场份额变化率为 0.08%，高碳养殖主体市场份额变化率为－0.15%；当税率为 150 元/吨时，低碳养殖主体市场变化率为 0.42%，高碳养殖主体市场变化率为－0.78%，随着征收税率的增加，这一变化趋势更加明显，高碳养殖主体退出市场速度比低碳养殖主体快。

高碳和低碳养殖主体的奶牛平均单产水平都随着税率的增加而降低，当税率为 30~150 元/吨时，低碳养殖主体单产下降 0.35%~1.75%，高碳养殖主体单产下降 0.58%~2.93%，在同一税率水平下，高碳养殖主体对税率的变化更为敏感，单产水平下降幅度更大，因此高碳养殖减排速率也将大于低碳养殖，表明碳排放税政策对其抑制作用更明显且更具针对性，从养殖主体层面验证了碳排放税政策的功能性和有效性。

由图 9-2 可以看出，征收碳排放税可以有效减少行业碳排放总量，但会对原料乳产量带来负面影响。当税率为 30~150 元/吨时，行业实现碳减排 0.459%~2.295%，原料乳产量减少 0.432%~2.162%，在同一税率水平下，碳减排幅度大于减产幅度，随着碳税率的增加，碳减排量的变化率与产量变化率之间的差值越来越大。同时可以看出，征收碳排放税造成行业经济发展水平下降 0.31%~1.54%，数值变化较小，征收碳排放税对经济的冲击远低于行业碳减排的效果，进一步肯定了征收碳排放税对构建低碳社会的积极作用，也验证了碳排放税可以实现"双重红利"。但是原料乳产量的下降可能造成无法满足市场需求，因此在征收碳排放税的同时应该结合对低碳奶牛养殖主体发放补贴的政策，在鼓励低碳养殖的同时提高原料乳供给量。

9.2.3　碳排放税与补贴复合政策的不同情景

本小节考虑此种情形：政府对黑龙江奶牛养殖业征收统一的碳排放税。根据前文分析，征收碳排放税造成原料乳产量下降，为了满足原料乳的市场需求以及产业发展要求，现根据低碳原料乳产量对低碳养殖主体进行补贴，补贴以碳税税收部分或全部返还给低碳养殖主体的形式发放。碳排放税返还比例 μ 与政府碳排放税和补贴收支之间的关系如下式所示：

$$q_1' n_1 \varepsilon = \mu E_0 \theta \qquad (9-43)$$

根据公式（9-39）和公式（9-40），此时行业总产量和碳排放量可以表示为补贴系数 ε 和碳税率 θ 的函数：

$$\begin{cases} Q_3 = 3.16 \times 10^9 + 1.83 \times 10^8 \varepsilon - 4.56 \times 10^8 \theta \\ E_3 = 5.12 \times 10^9 + 2.93 \times 10^8 \varepsilon - 47.83 \times 10^8 \theta \end{cases} \qquad (9-44)$$

由式（9-44）可知，在碳税率固定的情况下，奶牛养殖原料乳总产量和碳排放量均为补贴系数 ε 的一次函数，补贴系数每增加一个单位，原料乳总产量增加 18.3 万吨，碳排放量增加 29.3 万吨。

如果征收统一的碳排放税，以碳排放税返还的形式进行补贴，则行业产量、碳排放量和经济增长率如图 9-3 所示。五种碳税率分别是 30、60、90、120、150 元/吨。四种税收的返还比例分别为 25%、50%、75%、100%。

可以看出，在征收相同税率的情况下，产量和经济水平随着税收返还比例的增加而增加，碳排放增长率为负，表明碳排放税与补贴政策共同作用下仍具有碳减排效果，但与仅征收碳排放税相比，碳减排量降低（图 9-3）。在税收返还比例一定的情况下，碳排放量随会随着税率的增加而增加，但产量和经济变化呈现不确定。如当返还比例为 25%、50%、75% 时，产量与经济增长率较仅征收碳排放税情况下有明显增加，但仍为负数。当返还比例为 100% 时，

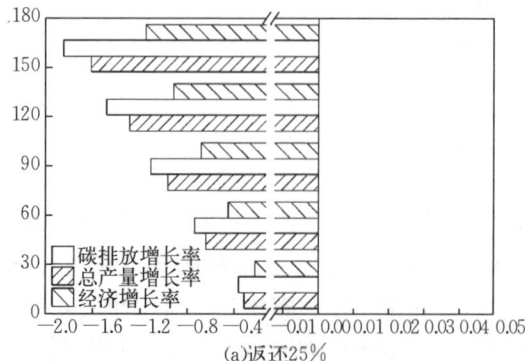

(a)返还25%

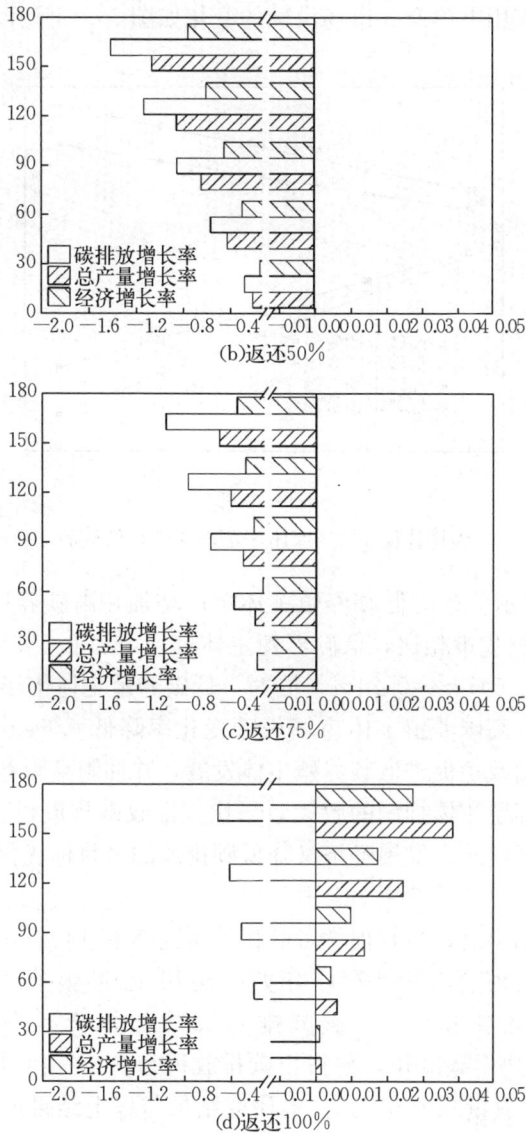

图9-3 不同碳排放税返还比例下各指标变化

产量与经济增长率为正，表明此时补贴对产量的促进作用大于碳排放税对产量的抑制作用。总的来说，碳排放税对碳排放量和产量都能起到抑制的作用，补贴会一定程度削弱碳排放税的减排能力，但会促进原料乳产量和经济水平的增加，考虑政府的补贴政策对财政压力与社会总福利的影响，一般采取碳排放税专款专用，以税收返还的形式促进低碳企业的发展。若税收返还比例为

100％，即政府的碳排放税收入等于补贴支出时，高碳与低碳养殖主体在碳排放税和补贴共同作用下单产、市场份额的变化如图9-4所示。

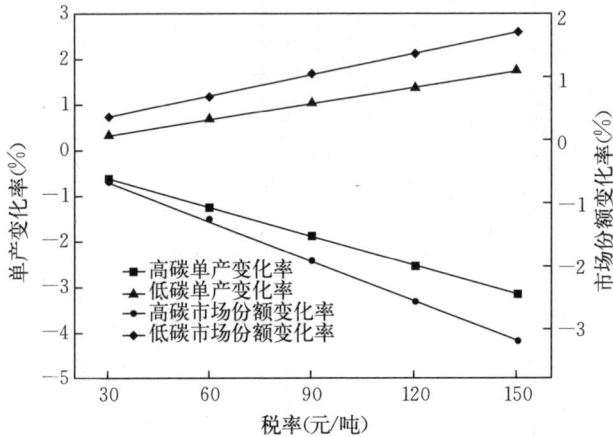

图9-4 碳排放税100％返还下单产和市场份额的变化情况

如图9-4所示，此时低碳养殖主体单产增加，高碳养殖主体单产降低，与仅实施碳排放税政策相比，低碳养殖主体单产增加0.6％～3.4％，高碳养殖主体单产下降0.047％～0.24％。同时，低碳养殖主体市场份额变化率增加0.34％～1.73％，高碳养殖主体市场份额变化率降低0.64％～3.21％，这表明碳排放税与补贴政策促进低碳养殖主体发展，并抑制高碳养殖主体发展，复合政策下对高碳养殖主体抑制的政策效果比仅征收碳排放税更为明显。因此，在面对既稳定市场需求、发展经济又降低碳排放的多目标优化问题上，政府选择碳排放税与补贴复合政策更为合适。

在得出上述结果后，与其他学者的相关研究结果进行对比，例如，刘亦文（2015）使用CGE模型，发现2017年如征收70元/吨碳排放税将使农村单位GDP比2016年减少0.07％，碳减排0.224％，单产减少0.026％；Filho（2008）研究巴西奶牛碳减排，并得出碳排放税为9.36美元/吨，原料奶产量下降0.2％，碳排放量减少0.2％。本研究结果与以上结果近似一致，进一步验证了本研究结果的可靠性。

但是碳排放税政策在农业表现出的减排效果相比工业较差，如李长胜（2012）在东西方钢铁企业的动态博弈中所报告的研究结果为要实现26％的减排目标，碳排放税需要每年征收30元/吨，相应的行业产量将下降1.25％。分析原因主要有两个方面：一方面是与农业相比，工业碳排放更易于控制，并且减排效果对环境成本的投入更为敏感；另一方面，本研究对奶牛养殖主体碳减排的研究属于静态研究，除了碳排放税外，没有引入其他的环境成本，研究目标放在碳排放税与补贴政策下高、低碳养殖主体各项指标的反应，并寻找碳排放税与补贴的最佳取值范围。

9.2.4 脱钩分析

很多学者将温室气体排放和经济发展联系在一起，经过前人李波（2012）、李立（2013）、陈瑶（2014）等对农业碳排放与经济增长多角度的分析研究，经济因素是影响中国畜牧业温室气体排放的最大原因，农产品价格较为稳定，产量的变化可以反映经济趋势，因此如何将产量问题与碳排放脱钩成为减排研究的关键。设 $e(E, Q)$ 代表黑龙江省奶牛养殖碳排放与其原料乳产量之间的脱钩弹性指数。

$$e(E, Q) = \frac{\frac{\Delta E}{E}}{\frac{\Delta Q}{Q}} = \frac{\gamma}{\omega} = \frac{0.468\varepsilon - 0.153\theta}{0.579\varepsilon - 0.144\theta} \qquad (9-45)$$

弱脱钩、增长连接、扩张负脱钩代表原料乳产量增长的同时，碳排放量也相应增长；弱负脱钩、强负脱钩、衰退脱钩、衰退连接都会造成原料乳产量的减少；只有在强脱钩状态下，可以达到产量增长而碳排放量减少（表9-2）。

表9-2 脱钩状态与脱钩弹性指数

状态	脱钩状态	碳排放增长率	产量增长率	脱钩弹性指数
负脱钩	扩张负脱钩	>0	>0	$e>1.2$
	弱负脱钩	<0	<0	$0<e<0.8$
	强负脱钩	>0	<0	$e<0$
脱钩	衰退脱钩	<0	>0	$e>1.2$
	弱脱钩	>0	>0	$0<e<0.8$
	强脱钩	<0	>0	$e<0$
连接	增长连接	>0	>0	$0.8<e<1.2$
	衰退连接	<0	<0	$0.8<e<1.2$

为寻找碳排放税和补贴的最佳取值区间，用 ε/θ 的值表示脱钩的计算结果。在分析碳排放税与补贴政策对原料乳产量和碳排放量影响时，考虑政府收支之间的关系，若政府将税收收入全部返还，即碳排放税返还比例 $\mu=1$，定义 A 表示此时低碳养殖主体补贴系数与统一碳税率间的比值。由式（9-43）计算当碳税率为 $30\sim150$ 元/吨时，$A(\varepsilon/\theta)=\{2.50, 2.51, 2.52, 2.53, 2.54\}$，下文将根据式（9-45）计算脱钩区间，结合不同区间的脱钩分析作出具体讨论，为了更直观分析计算结果，脱钩区间划分如图9-5所示。

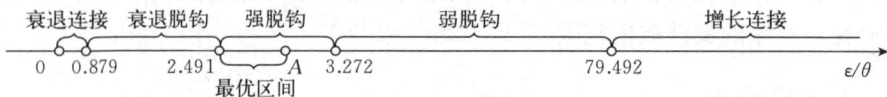

图 9-5　脱钩结果示意

①$\varepsilon/\theta \in$（$-\infty$，0.879）时状态为衰退连接。此时政府补贴支出小于碳排放税收入，碳排放量减少，原料乳产量减少。

②$\varepsilon/\theta \in$（0.879，2.491）时状态为衰退脱钩。此时政府补贴支出小于碳排放税收入，碳排放量减少，原料乳产量减少。

③$\varepsilon/\theta \in$（2.491，A）时状态为强脱钩。此时政府补贴支出小于碳排放税收入，碳排放量减少，原料乳产量增加。

④$\varepsilon/\theta \in$（A，3.272）时状态仍为强脱钩。此时政府补贴支出大于碳排放税收入，碳排放量减少，原料乳产量增加。

⑤$\varepsilon/\theta \in$（3.272，79.492）状态为弱脱钩。此时政府补贴支出大于碳排放税收入，碳排放量增加，原料乳产量增加。

⑥$\varepsilon/\theta \in$（79.492，$+\infty$）时状态为增长连接。此时政府补贴支出大于碳排放税收入，碳排放量增加，原料乳产量增加。

强脱钩代表奶牛养殖业产量增长与碳排放的协调性达到最佳状态，即 $2.491 < \varepsilon/\theta < 3.272$，此区间为政府实施碳排放税与补贴政策下应选较好区间，其中当 $\varepsilon/\theta = 3.272$ 时，代表在强脱钩作用下实施碳排放税与补贴政策对产量的负影响最小，当 $\varepsilon/\theta = 2.491$ 时，在此比值下代表碳减排效果最明显。

因此，政府在制定碳排放税与补贴政策时，若希望维持原料乳产量增长率为正时达到最佳减排效果，且期望支出不大于收入的情况下可选择在当 $\varepsilon/\theta = 2.491$ 下制定政策。若政府允许补贴的支出大于碳排放税收入，同时政府制定政策的目标是希望可以在减排的同时最大限度提高原料乳产量，则可以在 $\varepsilon/\theta = 3.272$ 下制定政策。

9.3　黑龙江省与其他奶牛养殖主产区碳减排效果的对比

9.3.1　奶牛养殖主产区概况

奶牛养殖区域在空间层面上比较分散，整体上呈现出"北多南少"的局面。从奶牛养殖产区的角度来看，东北和内蒙古产区的奶牛养殖一直占据中国奶牛养殖的主导地位；华北产区呈现出稳定的上升趋势，逐渐缩小与东北和内蒙古产区的差距；南方产区和大城市周边产区的奶牛养殖近年来表现出下降趋势。奶牛养殖数量的减少影响牛奶的供给，"北奶南运"现象的产生就是因为南方地区的奶牛养殖数量减少，难以满足生产者或消费者对原料奶及乳品的需求，才会将北方地区的牛奶运往南方。

我国奶牛存栏量自 2015 年明显减少，2019 年达到最低点 610 万头；奶牛单产近年缓慢增长，部分抵消奶牛存栏量的减少。奶牛存栏量减少的原因是多方面的：一是前期原奶价格较低导致低产小牧场逐渐退出；二是 2015 年 1 月 1 日的被称为"史上最严厉"的《环保法（修订案）》的施行，环保不达标的中小牧场被强制出局；三是规模化、高产大牧场占比增长使奶牛单产被动拉升；四是由于市场需求不佳，致使销量增速放缓。2015—2017 年部分地区原奶价格深度下跌，奶业行业整体低迷，增速下滑甚至负增长；外国进口乳制品，特别是原料奶粉和干乳制品进口持续增加对我国奶业冲击很大。

我国奶牛养殖具有明显的区域特征，主要有东北和内蒙古产区、西北产区、华北和中原产区。我国牛奶的主产地主要分布在河北、内蒙古、黑龙江、山东、河南、宁夏、新疆等地，其中内蒙古牛奶产量约占我国牛奶总产量的18％，黑龙江与河北分别占据了 15％与 13％（图 9-6）。牛奶的主产地也是奶牛养殖的主产区。

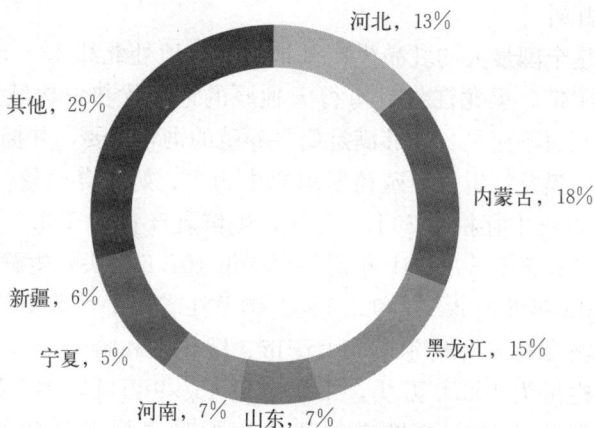

图 9-6 中国牛奶主要产地分布情况

（1）内蒙古自治区

内蒙古自治区是我国的传统牧区，奶牛养殖历史悠久，其奶牛存栏、生鲜乳产量均居全国第一，是我国重要的生鲜乳主产区。内蒙古自治区 2020 年奶牛存栏量 129.3 万头，同比增长 5.5％，牛奶产量为 611.5 万吨，同比增长 5.9％。

在过去十几年中，内蒙古奶牛养殖业经历了曲折发展的过程。2008 年内蒙古地区奶牛存栏量 245.61 万头，受三聚氰胺事件的影响，2009 年出现小幅下降。到 2010 年发展到近年来的顶峰，达到 292.50 万头，同比增长 19%；2011 年及以后年度存栏量逐渐下降，2011 年减少到 278.50 万头，同比下降约 5%；2012 年跌落至 263.20 万头，2013 年下降幅度明显增大，总头数跌至 236.85 万头，同比下降 10% 左右；2014 年存栏量与上一年基本持平，约为 236 万头。

虽然内蒙古地区的奶牛存栏量在全国处于领先，2008 年至 2012 年牛奶总产量基本稳定，保持在 900 万吨以上，但奶牛养殖效益较差，导致养殖户加速淘汰奶牛，改养肉牛和肉羊，加上当年夏季天气异常，奶牛生产性能受到影响，产奶量大幅下降，2013 年牛奶总产量骤降到 767.40 万吨，部分地区牛奶供不应求，甚至出现"奶荒"现象。随后该种情况逐渐改善，到 2015 年底全区牛奶总产量约 803.20 万吨，同比增长 1.9%。

从各区域的产奶量情况上来看，内蒙古共有 12 个盟市，102 个旗县，其中呼和浩特市与包头市各下辖 9 个旗县。呼和浩特和包头两市一直是内蒙古地区经济发展较快的盟市。全区牛奶总产量位居前三名的分别是呼和浩特市、呼伦贝尔市和包头市。其中，呼和浩特与包头二者的牛奶产量之和占内蒙古全区牛奶总产量的近一半。

（2）黑龙江省

黑龙江省是全国最大的乳品生产基地之一，地处北纬 43～53 度，是国际公认的黄金奶源带。黑龙江省具有得天独厚的地理优势，地域广阔，环境优良。耕地和草原面积充足，能够满足奶牛养殖的饲料需要，并拥有发展乳业的土地资源空间。黑龙江省以养殖荷斯坦奶牛为主，奶牛存栏量位居全国第一。2020 年黑龙江省奶牛存栏量 111.9 万头，生鲜乳产量为 500.2 万吨，分别较 2019 年增长 4% 和 7.5%。2019 年奶牛存栏量 107.6 万头，生鲜乳产量 465 万吨，分别较 2018 年增长 2.5% 和 2.1%。黑龙江省奶牛养殖集约化程度较高，奶牛养殖主要城市有齐齐哈尔市、大庆市、绥化市和哈尔滨市。2018 年，黑龙江省奶牛存栏量为 105.0 万头，牛奶产量 455.9 万吨，占全国牛奶产量的 14.8%，四个奶牛养殖主要城市的奶牛存栏量占黑龙江省奶牛存栏量的 77.88%。2017 年奶粉产量 56 万吨，占全国总量 42%。奶牛存栏 187 万头，生鲜乳产量 558 万吨，分别占全国总量的 15%、18%。

从各地市奶牛生产情况来看，奶牛存栏量上，齐齐哈尔市、大庆市、绥化市、哈尔滨市和黑河市均大于 10 万头，分别为 24.5 万头、18.7 万头、13.9 万头、12.7 万头和 10.9 万头，总存栏量为 80.7 万头，占全省奶牛存栏量的 76.9%；牛奶产量上，齐齐哈尔市、大庆市、哈尔滨市、绥化市和黑河市均大于 30 万吨，分别为 92.7 万吨、64.8 万吨、59.2 万吨、39.5 万吨和 34.7 万吨，总产量为 290.9 万吨，占全省牛奶产量的 63.8%。

2018 年初，黑龙江省奶业渡过了转型升级期，在此期间，由于饲养成本高且奶价低，一部分小规模、单产低的奶牛养殖场（户）持续亏损退出养殖，导致奶牛存栏量下降。但由于"两牛一猪"项目入栏的高产奶牛陆续投产，全省生鲜乳产量在奶牛存栏大幅下滑的情况下基本保持了平稳。据国家统计局黑龙江调查总队核定，2018 年全省规模养殖场奶牛平均单产达到 8 吨，创历史最高水平。黑龙江省奶源供应处于紧张平衡状态，"卖奶难"状况得到改善，奶牛养殖形势整体趋好。在乳制品生产方面，2018 年，全省乳制品产量为 155.3 万吨，约占全国的 5.8%。其中，液体乳产量 118 万吨，约占全国的 4.7%；乳粉产量 37.3 万吨，约占全国的 38%，全省婴幼儿配方乳粉产量 17 万吨，约占国产婴幼儿配方乳粉产量的 28%。黑龙江省是国内最大的奶粉和婴幼儿配方乳粉产业基地，目前生产的 30% 的乳制品由省内消耗，70% 销往省外。但是，受地理位置偏远、运距较长的影响，外销以奶粉等高端乳制品为主，也是全国最大的高端乳制品生产基地。

（3）河北省

河北省奶牛存栏量发展进程与全国奶牛存栏量大致趋同，在波动中缓慢增长。2020 年奶牛存栏量 122.3 万头，牛奶产量为 483.4 万吨，较 2019 年分别增长 6.5% 和 2.8%。近年来，河北省奶牛存栏量仅次于内蒙古和黑龙江，居于全国第三。2008 年三鹿事件对河北省奶牛养殖业产生较大冲击。由于乳企拒收奶农的原料奶，导致很多奶农退出市场，致使奶牛存栏量大幅降低。奶牛养殖场选择被迫退出及奶牛存栏量减少的主要原因有两方面，一是由于乳企拒收现象严重，二是由于自身生产技术的落后。

随着河北省奶牛存栏量的变化，生鲜乳产量也在发生变化，从理论上来说，生鲜乳产量的变化趋势大体应与奶牛存栏量的变化趋同。2010—2012 年生鲜乳产量随着奶牛存栏的增长而增加，但是在 2013 年，由于奶牛存栏量的降低，生鲜乳产量明显下降，导致牛奶的供给减少，导致"奶荒"。随后很多资本大量涌入河北奶业市场，2014 年出现大幅度增长，导致"奶剩"。2015 年以后这种情况回稳，随着奶牛存栏量减少，牛奶产量也逐渐减少。虽然 2016 年这种趋势继续延续，但 2016 年奶牛的单产提高到 6 吨，较 2015 年奶牛单产 4.6 吨的水平有了较大幅度的增长。2017 年，奶牛存栏量大幅度削减，但是奶牛单产水平进一步提升至 7.3 吨，生鲜乳产量同比增长 4%。上述数据表明，遵循优胜劣汰规律，随着奶牛养殖业总体技术水平不断提升，迫使产奶量不高、技术水平落后且缺乏竞争力的奶牛养殖主体陆续退出市场。

（4）山东省

山东省奶牛生产在全国占有重要地位，从全省发展情况看，2016—2018 年，山东省奶牛存栏量年均增长 2.05%，牛奶产量年均下降 8.06%，该阶段的奶牛单产水平较低。2020年奶牛存栏量86.4万头，较2019年下降了3.9%；牛奶产量241.4万吨，较2019年增长5.9%，这表明山东省奶牛的单产水平在稳步提升。

2018年是山东省奶牛养殖的提质增效的重要过度年份。该年的奶牛存栏量为91.40万头，占全国8.81%，位居全国第5位；牛奶产量225.10万吨，占全国7.32%，位居全国第四位。2018年，德州市的奶牛存栏量位居全省首位，为11.89万头，东营、济南、青岛、泰安分列第二到第五位，莱芜的奶牛存栏量最少，仅1409头。在产奶量上，东营最高，为36.5万吨，济南、德州、泰安、青岛分列第二到第五位，莱芜牛奶产量最少，仅为0.34万吨。这表明东营的奶牛单产较高，而德州的奶牛单产相对较低。从各地市发展情况看，淄博、日照、莱芜、德州四个地市奶牛存栏量不同幅度增长，其中莱芜年均增长幅度最大，为3.98%；其他地区存栏量为负增长，其中枣庄年均降幅最大，达到35.57%。济南、东营、日照、莱芜、德州、菏泽六个地级市牛奶产量保持增长，其中莱芜年均增长幅度最大，其他地区牛奶产量不同幅度下降。

（5）河南省

河南省是全国新兴的奶业大省，其奶类产量、奶牛存栏量位居全国前列。河南省2020年奶牛存栏量36.2万头，较2019年增长2%，但较2017年降低五成以上；牛奶产量为210.05万吨，较2019年增长3%，但较2017年降低32%。在奶牛存栏量降低的情况下，奶牛的单产水平有所提高。

近年来在奶牛养殖规模化发展政策引导下，河南省通过投入财政资金拉动社会投资的形式，累计新建200头以上奶牛养殖场区近200个，实施标准化改造奶牛场区332个，小区牧场化转型170个，奶牛标准化规模养殖水平进一步提高，河南省百头以上规模化奶牛场比重达到八成以上，高出全国平均水平。

（6）新疆维吾尔自治区

奶业是新疆维吾尔自治区传统优势产业，当地形成了以天山北坡、伊犁河谷、塔额盆地、额尔齐斯河谷、焉耆盆地为重点的奶业产业带。新疆维吾尔自治区2019年奶牛存栏量154万头，牛奶产量204.42万吨；2020年奶牛存栏量115万头，下降25.3%，牛奶产量200.04万吨，下降2.1%。

为了促进新疆奶牛养殖业的发展，2016—2019年，新疆每年安排中央预算内资金6000余万元，重点扶持215家规模化奶牛养殖场，建设或改造粪污处理设施及挤奶设施设备等，提升新疆奶牛标准化规模养殖水平。该项措施成效显著，到2019年新疆的产奶量提升31%。

近年来，新疆奶业处于由传统养殖向产业化发展的转型期，但奶牛规模化养殖比例偏低，商品奶产出受限。为帮助"小、散、弱"的奶牛养殖场旧貌换新颜，新疆加大基础设施建设，通过圈舍标准化改造以及水、电、路、防疫等配套设施，极大地改善了奶牛养殖场的养殖条件；推进饲草料种植和奶牛养殖配套衔接，累计建设高产优质苜蓿示范基地 15 万亩，就地就近保障饲草料供应；实施奶牛品质提升工程，奶牛良种率达 70.5%，规模奶牛场良种实现全覆盖。

9.3.2 样本区域选择与数据来源

2018 年我国奶牛养殖主产区的内蒙古、黑龙江、河北、山东、河南、新疆六地的奶牛存栏量占全国的 59%，原料乳产量占全国总产量的 67%，因此选用这六个主产区作为研究样本不仅具有代表性，还可以检验碳排放税政策在奶牛养殖业的适用性。

根据《中国奶业年鉴》《中国统计年鉴》《中国奶业统计资料》（2006—2019 年），收集 2005—2018 年各省份城乡人均乳制品消费量、城乡人口数、原料乳总产量、原料乳收购价、各规模奶牛养殖的成本和主产品产量数据（每头牛）。考虑通货膨胀对奶价、养殖成本的影响，参考 2005—2018 年国家统计局居民消费价格指数，以 2018 年为基准年对奶价、养殖成本进行修正。拟合各样本区域的原料乳需求函数和成本函数（表 9-3），函数拟合效果较好，能够反映数据的总体特征，可以用于模型分析。

表 9-3 样本区域函数拟合结果

区域	需求函数（$P=a-bQ$）			边际成本函数（$mc=k+hq$）		
	a	B	拟合度 R_1^2	H	k	拟合度 R_2^2
内蒙古	4.413 4	1.863 9E−10	0.64	0.002 8	−12.037 0	0.62
河北	5.349 0	4.970 2E−10	0.61	0.001 8	−5.036 0	0.67
河南	4.004 7	2.388 5E−10	0.73	0.003 4	−14.913 0	0.54
黑龙江	4.901 0	3.497 9E−10	0.80	0.001 8	−6.335 7	0.71
新疆	6.583 3	1.588 9E−09	0.84	0.001 6	−5.777 8	0.79
山东	6.438 5	1.605 3E−09	0.66	0.002 4	−7.764 2	0.80

从 2005—2018 年各样本区域奶牛养殖的存栏量及产量趋势上看，虽然 2018 年奶牛存栏量和原料乳总产量下降，但是奶牛的规模化程度和单产达到了近年的最高水平，故本研究以其为例，研究短期的碳排放税与补贴效果。各区域奶牛养殖的现状见表 9-4。各区域奶牛场的牛群一般由成母牛、青年母牛、犊牛和育成牛组成，不同规模养殖的奶牛构成比例存在差异。参考不同年龄段奶牛临床体重参数，为了便于研究，非产奶牛的平均活体体重统一为 350

千克。已有研究表明，我国原料乳的碳足迹系数为 1.19 ± 0.40 千克二氧化碳当量，因此，本研究设置低碳与高碳奶牛养殖的原料乳的碳足迹系数分别为 0.79 千克二氧化碳当量、1.59 千克二氧化碳当量，产奶牛的总碳排放量为 E_C。非产奶牛的碳排放 E_{NC} 根据牛肉的碳足迹系数 10.16 千克二氧化碳当量计算。将非产奶牛和产奶牛的碳排放量统一折算为每千克原料乳碳排放量，得到将非产奶牛考虑在内的碳排放系数 e_1、e_2：

$$e_i=\frac{E_{Ci}+E_{NCi}}{Q_i}=\frac{n_iq_i\times0.79\ (1.59)\ +n_i^*\times350\times10.16}{n_iq_i} \qquad i=1,\ 2$$

$$(9-46)$$

其中：$i=1$，代表低碳；$i=2$，代表高碳；n_i 是产奶牛存栏量；n_i^* 是非产奶牛存栏量。

表 9-4   2018 年样本区域奶牛养殖业现状

区域	原料乳产量（万吨）	产量位次	奶牛存栏量（万头）	存栏量位次	成母牛在牛群中所占比例（%）	高碳主体（存栏>500 头）所占比例（%）	e_1（千克二氧化碳当量）	e_2（千克二氧化碳当量）
内蒙古	565.6	1	120.8	2	59	27	1.23	2.03
黑龙江	455.9	2	105	4	54	35	1.34	2.14
河北	384.8	3	105.9	3	48	77	1.55	2.35
山东	225.1	4	91.4	5	42	44	1.83	2.63
河南	202.7	5	34.3	6	75	37	1.02	1.82
新疆	194.9	6	158	1	50	35	1.61	2.41
全国	3 074.6		1 037.7		40	40	1.75	2.55

数据来源：数据源自《中国奶业统计资料 2019》，其中高碳主体占比根据 2004—2010 年各规模奶牛存栏量及 2004—2017 年各规模场户数估算。

9.3.3 不考虑碳排放税与补贴的情景

图 9-7 为不考虑碳排放税与补贴情景下各样本区域的碳排放量。结果显示，2018 年全国奶牛养殖碳排放量达 4 786 万吨二氧化碳当量，本研究所选样本区域碳排放量占比约 60%，各样本的碳排放量与奶牛存栏量正相关。新疆奶牛存栏量位居第一，单产较低，原料乳产量位居全国第六，但奶牛养殖碳排放量最多，占比高达 13.52%。与河北相比，黑龙江原料乳产量高，存栏量低。从奶牛养殖碳排放结果看，河北高于黑龙江，由此得出奶牛养殖碳排放主要受存栏量影响，受奶牛产量影响较小。

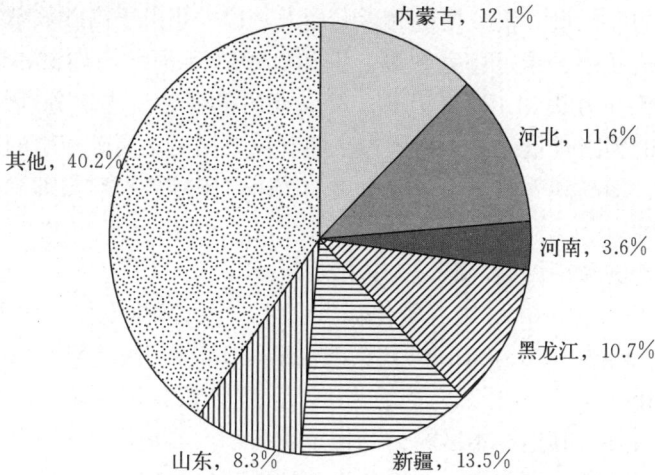

图 9-7　不考虑碳排放税与补贴下各样本区域碳排放量占比情况

9.3.4　仅征收碳排放税的不同情景

为对比不同碳排放税率的减排效果，设定阶梯碳税率为 30、90 和 150 元/吨二氧化碳当量，分别对河北、新疆、黑龙江、山东、内蒙古和河南开展研究。

在不同税率下各地区高、低碳养殖主体的碳减排量及减排比率情况见图 9-8。

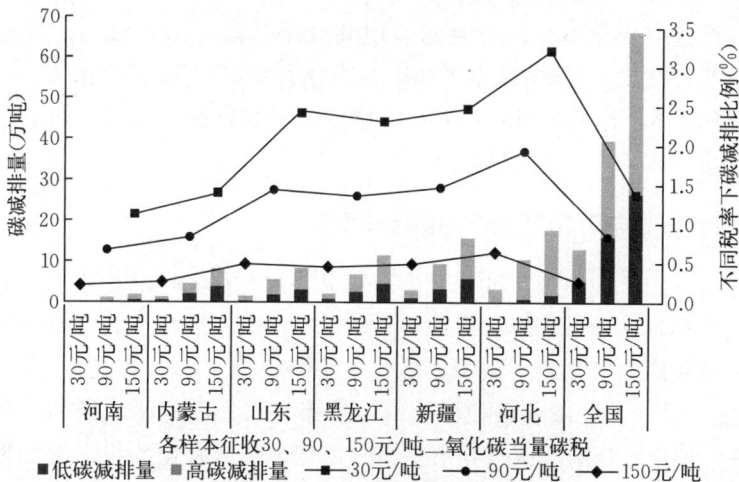

图 9-8　不同碳税率下各样本区域碳减排情况

（1）不同碳税率下减排量从高到低依次是河北、新疆、黑龙江、山东、内蒙古和河南

奶牛存栏量、单产、市场价格等因素均影响奶牛养殖的碳减排量。其中区域高碳养殖的存栏量对碳减排量的影响最大，这主要由于高碳养殖主体规模较大、组织模式复杂、碳足迹系数高。例如，2018 年河北与内蒙古的奶牛存栏量分别为 105.9 万头和 120.8 万头，高碳奶牛的存栏量占比分别约为 77％和 27％，河北的碳减排量远高于内蒙古。随着税率提高，高碳养殖的减排速率大于低碳养殖，即高碳养殖对碳排放税更加敏感，碳排放税对其抑制作用更明显且更具针对性。

（2）随着碳税率提高，碳减排量增加

碳税率为 30、150 元/吨二氧化碳当量时，全国减排量分别为 13.2 万吨和 65.98 万吨，减排 0.28％和 1.38％。碳税率为 150 元/吨二氧化碳当量时，各样本区域减排 1.13％～3.22％，约为 30 元/吨二氧化碳当量时碳减排量的 5 倍。除河南省外，其他样本区域的减排率皆高于全国平均水平，政府可以在养殖主体接受的税负范围内通过提高税率达到碳减排目的。

（3）差异化碳排放税具有可行性

碳排放税实施初期，以河北、新疆等较具碳减排潜力的区域作为试点；随着碳排放税政策日益完善，考虑各地区碳减排对碳排放税的敏感性，征收低、中、高三档税率。有助于统筹规划碳排放税布局，突出增加重点区域的碳减排，促进奶牛养殖业实现低碳可持续发展。以河南、河北省为例，当碳税率为 150 元/吨时，河南省奶牛养殖实现碳减排 2.1 万吨，相比 30 元/吨的税率多减排 0.91％，对全国碳减排的贡献度为 3.12％。由此可见，河南省在不同税率下碳减排程度变化不大，对我国实现碳减排目标作用力较小，可实施低税率。而河北省在 150 元/吨税率下的碳减排量为 17.9 万吨，相比 30 元/吨的税率增加减排 2.6％，表明河北省碳减排量对税率变化更为敏感，对全国碳减排的贡献度高达 27.2％，应实施高税率。

9.3.5 碳排放税与补贴共同作用的不同情景

研究通过碳排放税返还的形式发放补贴，将各样本区域奶牛养殖业的碳排放税收入全部补贴给低碳奶牛养殖主体，以减少其税收压力，鼓励发展低碳经济，保证行业原料乳供给，政策实施效果见图 9-9。

如图 9-9 所示，随着碳税率提高，低碳补贴力度也相应增加。当税率为 30 元/吨，并全部补贴给低碳养殖主体时，与不实施碳排放税与补贴相比，全国减排量为 2.67 万吨二氧化碳当量，减排率 0.06％；税率为 90 元/吨时，全国碳减排量 8.01 万吨，减排率 0.17％；当税率提升至 150 元/吨，全国减排量为 13.35 万吨，减排率 0.28％，可以看出在复合政策下碳税率与碳减排量呈正比。

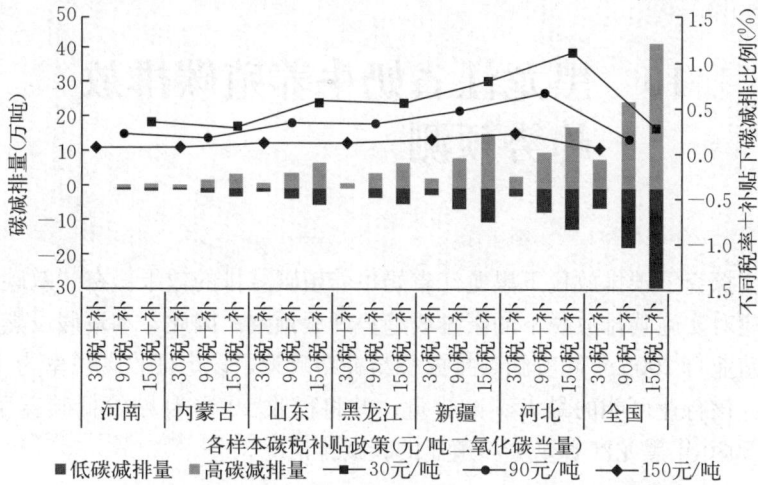

图 9-9 碳排放税-补贴共同作用下各样本区域碳减排情况

各样本区域碳减排率为正，表明在碳排放税与补贴共同作用下仍具有碳减排的效果，但与仅征收碳排放税相比，碳减排量降低。全国碳减排量比仅征收碳排放税时减少了约 79.8%，而此时高碳养殖碳减排量却增加 8.09%，说明补贴政策一方面会削弱行业整体的碳减排水平，另一方面会鼓励低碳养殖增加市场份额以满足市场需求，同时促使高碳养殖主体实现碳减排。

从各样本的结果可以看出，六个主产区碳减排量在复合政策下与仅征收碳排放税时位次一致。当碳税率为 150 元/吨时，六个主产区减排率可达到 0.3%～1.1%，其中河北省减排率最高，为 1.1%，内蒙古减排率最低，为 0.3%。在碳排放税-补贴复合政策下，河北的碳减排量比仅征收碳排放税时减少 65.78%，而内蒙古却减少 79.35%。由此可见，高碳奶牛存栏量占比仍是影响碳减排的主因，且该因素对复合政策下碳减排的影响比实施单一碳排放税政策时更大。

10　黑龙江省奶牛养殖碳排放趋势预测

前文探究了碳排放税下黑龙江省奶牛养殖碳减排的效果。在"双碳"目标下，亦应对实施碳排放税下的碳排放趋势开展预判。因此，本章假设黑龙江省奶牛养殖业自 2005 年起实施碳排放税与补贴政策，设定征收碳税率为 150 元/吨，研究该行业可能的最大碳减排量，并将税收 100% 补贴给低碳养殖主体，预测至 2030 年黑龙江省奶牛养殖业的碳减排情况。

10.1　模型选取

灰色系统理论是控制论思想和方法延伸到社会和经济领域的产物。灰色系统理论利用较少或不准确的原始数据序列生成和变换，建立灰色模型，用于描述灰色系统中事物的连续变化过程，简称 GM 模型。灰色预测方法因其样本小、建模简单、精度高、实用性强等特点而得到广泛应用。灰色系统理论可以分析、建模、预测、决策和控制抽象系统，如社会和经济。它可能成为人们认识目标系统、改造目标系统的一种新的理论工具。碳减排受多种因素影响，其预测具有模糊性和随机性，符合灰色系统的定义。用观察到的反映碳排放特征的时间序列来构造灰色预测模型，预测未来某一时刻的碳排放量，有助于促进碳减排的量化研究。

GM（1，1）模型是由一个只包含单变量的微分方程构成的、一维一次求导的灰色预测模型，是灰色系统理论使用最广泛的模型。该模型的优点是通过对生成的数据进行累加，削弱了预测系统的随机性，使原来的无序的数据序列呈现出一定的规律，即根据自变量对自身进行预测和分析，因此可以在样本量较少，不考虑分布情况，不考虑变化趋势下，精确预测未来更长的一段时间的发展趋势。在本章模型选取中，考虑奶牛碳排放量受国家政策、社会条件等多种因素的影响，导致规律性相对较弱，增减趋势不同，甚至会出现大幅增减的现象。因此，在传统 GM（1，1）的基础上，选择几何弱化算子理论对数据进行进一步优化处理，进一步增强模型预测的准确度。

10.2 模型构建与检验

10.2.1 传统 GM（1，1）模型构建

首先，需要对已有数据序列进行建模前的必要检验处理，经过检验的数据才能保证预测模型构建的可行性。

$$x^{(0)} = \left[x^{(0)}(1), \ x^{(0)}(2), \ \cdots, \ x^{(0)}(n)\right] \qquad (10-1)$$

$X^{(1)}$ 为 $X^{(0)}$ 的一次累加生成（1-GAO）序列：

$$x^{(1)} = \left[x^{(1)}(1), \ x^{(1)}(2), \ \cdots, \ x^{(1)}(n)\right] \qquad (10-2)$$

式中 $x^{(1)}(k) = \sum_{i=1}^{k} x^{(0)}(i) \ (k=1, 2, \cdots, n)$。

$Z^{(1)}$ 为 $X^{(1)}$ 的均值数列：

$$z^{(1)}(K) = 0.5\left[x^{(1)}K + x^{(1)}(K-1)\right](K = 2, 3, \cdots, n) \qquad (10-3)$$

$x^{(1)}$ 的白化微分方程（t 为时间）：

$$\frac{\mathrm{d}X^{(1)}}{\mathrm{d}t} + vX^{(1)}(t) = u \qquad (10-4)$$

对 $x^{(1)}$ 采用最小二乘法确定加权模型 GM（1，1）参数：

$$u = (v, \ u)^T = (B^TB)^{-1} B^TY \qquad (10-5)$$

式中：

$$B = \begin{bmatrix} -z^{(1)}(2) & 1 \\ -z^{(1)}(3) & 1 \\ \vdots & \vdots \\ -z^{(1)}n & 1 \end{bmatrix}; \ Y = \begin{bmatrix} x^{(0)}(2) \\ x^{(0)}(3) \\ \vdots \\ x^{(0)}n \end{bmatrix} \qquad (10-6)$$

最终求解预测方程：

$$\hat{x}^{(1)}(K+1) = \left(x^{(0)}(1) - \frac{u}{v}\right)e^{-vK} + \frac{u}{v}, \ K = 1, 2, \cdots, n-1 \qquad (10-7)$$

10.2.2 黑龙江省奶牛养殖碳排放量 GM（1，1）模型构建

（1）模型构建

由于社会环境和政府政策等因素，根据前文核算方法计算出的黑龙江省奶牛养殖的碳排放量出现陡增和陡减现象。因此，对 2005—2018 年的数据序列进行几何弱化处理，弱化后的数据为（单位为万吨）：

$x^{(0)} = (585.67, \ 593.16, \ 598.46, \ 604.58, \ 610.94, \ 609.12, \ 604.74,$ $602.27, \ 596.48, \ 591.30, \ 580.93, \ 562.23, \ 524.52, \ 508.38)$

根据级别公式计算序列中的数据均在 $(e^{\frac{-2}{n+1}}, e^{\frac{2}{n+1}})$，所以可以使用该数据序列构建 GM（1，1）模型，进行一次累加生成（1-GAO）序列 $x^{(1)}$，对 $x^{(1)}$ 采用最小二乘法确定加权模型GM（1，1）参数，最终得出预测方程：

$$\hat{x}^{(1)}(K+1) = -627\,07.7\,e^{-0.01K} + 63\,294.4$$

（2）模型检验

根据上述预测模型，得到预测值、残差、相对误差等指标（表 10-1）。

表 10-1　GM（1，1）模型的建模拟合效果

序号（年份）	实际值（万吨）	弱化值	预测值	残差	相对误差（%）
1（2005）	447.76	585.64	585.64	0	0
2（2006）	543.02	593.16	622.23	−29.07	4.90
3（2007）	545.25	598.46	615.54	−17.08	2.85
4（2008）	567.03	604.58	608.92	−4.34	0.72
5（2009）	773.49	610.94	602.38	8.56	1.40
6（2010）	813.44	609.12	595.91	13.21	2.71
7（2011）	760.30	604.74	589.50	15.24	2.52
8（2012）	795.50	602.27	583.17	19.10	3.17
9（2013）	760.33	596.48	576.9	19.58	3.28
10（2014）	783.35	591.30	570.70	20.60	3.48
11（2015）	790.03	580.93	564.57	16.36	2.82
12（2016）	783.00	562.23	558.50	3.73	0.66
13（2017）	573.94	524.52	552.50	−27.98	5.33
14（2018）	508.38	508.38	546.56	−38.18	7.51

GM（1，1）的模型检验精度主要由模型的相对误差、绝对关联度、均方差比、小概率误差四项指标共同决定，具体精度检验标准如表 10-2 所示。

表 10-2　GM（1，1）预测模型的精度检验标准

精度等级	相对误差	绝对关联度	均方差比	小概率误差
Ⅰ	0.01	0.9	0.35	0.95
Ⅱ	0.05	0.8	0.5	0.8
Ⅲ	0.1	0.7	0.65	0.7
Ⅳ	0.2	0.6	0.8	0.6

参照精度检验标准检测黑龙江省奶牛养殖业的碳排放预测模型（表 10-3）。

表 10 - 3 黑龙江省奶牛养殖业碳排放量预测模型精度检验

相对误差	等级	绝对关联度	等级	均方差比	等级	小概率误差	等级	检验结果
0.03	II	0.77	III	0.64	III	0.93	I	合格

如表 10 - 3 所示，黑龙江省奶牛养殖业碳排放量预测模型精度检验合格，说明可以采用 GM（1，1）模型进行预测。

10.2.3 其他奶牛养殖主产区碳排放量 GM（1，1）模型构建

（1）模型构建

社会环境和政府政策等导致差异税率政策下，六个样本区域 2005—2018 年的奶牛养殖碳排放量出现陡增和陡减现象。为了增强预测的趋势性和准确性，对碳排放数据进行几何弱化，得到序列 $x^{(0)}$，代入 GM（1，1）模型，得出样本区域预测方程 $\hat{x}^{(1)}(k+1)$（表 10 - 4）。

表 10 - 4 样本省份奶牛养殖业碳排放量预测方程

省份	预测方程 $\left(\hat{x}^{(1)}(k+1)=\left(x^{(0)}(1)-\dfrac{w}{r}\right)e^{-rk}+\dfrac{w}{r}\right)$ $k=1,2,\cdots,n-1$
河南	$-10\,058.5e^{-0.03k}+10\,320.7$
内蒙古	$-39\,826.6e^{-0.02k}+40\,584$
山东	$-144\,138e^{-0.003k}+144\,546.7$
黑龙江	$-62\,707.7e^{-0.01k}+63\,294.4$
新疆	$649\,765.6e^{0.001k}-649\,115$
河北	$-57\,672.3e^{-0.01k}+58\,325.8$

（2）模型检验

GM（1，1）的模型检验精度主要由模型的相对误差、绝对关联度、均方差比、小概率误差四项指标共同决定，参照具体精度检验标准（表 10 - 5）检测六个主产区的碳排放预测模型（表 10 - 6）。六个样本区域的模型精度检验都为合格，说明可以采用 GM（1，1）模型预测奶牛养殖碳排放。

表 10 - 5 GM（1，1）预测模型的精度检验标准

精度等级	相对误差	绝对关联度	均方差比	小概率误差
I	0.01	0.9	0.35	0.95
II	0.05	0.8	0.5	0.8
III	0.1	0.7	0.65	0.7
IV	0.2	0.6	0.8	0.6

表 10 - 6　样本省份模型精度检验

省份	相对误差	等级	绝对关联度	等级	均方差比	等级	小概率误差	等级	检验结果
河南	0.09	III	0.80	II	0.60	III	0.80	II	合格
内蒙古	0.04	II	0.98	I	0.42	I	1.00	I	合格
山东	0.03	II	0.97	I	0.70	IV	0.71	III	合格
黑龙江	0.03	II	0.77	III	0.64	III	0.93	I	合格
新疆	0.01	I	0.83	II	0.7	IV	0.71	III	合格
河北	0.03	II	0.90	I	0.64	III	0.80	II	合格

10.3　预测分析

10.3.1　黑龙江省的结果分析

仅以碳排放量的绝对数作为衡量碳排放税与补贴政策实施效果的依据失之偏颇，本研究引入碳排放强度，代表单位产值产生的二氧化碳排放量，用于衡量奶牛养殖业产值增长与碳排放的关系，结合我国政府承诺的 2020 年和 2030 年碳减排目标，进一步分析碳排放税与补贴政策下黑龙江省奶牛养殖业碳减排目标的完成情况。

$$奶牛养殖碳排放强度 = \frac{碳排放量}{产值} \qquad (10-8)$$

碳排放强度受碳排放量和产值双重因素影响，当产值不变时，碳排放强度与碳排放量呈正相关，当碳排放量不变时，碳排放强度与产值呈负相关。通过 2005—2018 年碳排放税与补贴政策下奶牛养殖业实际碳排放量和奶牛养殖业产值［《中国奶业统计年鉴》(2006—2019)］计算碳排放强度，得到 2005—2018 年奶牛养殖平均碳排放强度为 2.7 二氧化碳当量/万元，其中 2005 年碳排放强度为 4.1 二氧化碳当量/万元，2018 年碳排放强度为 2.7 二氧化碳当量/万元，比 2005 年降低 47%，可以看出 2018 年黑龙江省奶牛养殖业已提前实现碳排放强度减少 40%～45% 的目标。主要原因有两个：①各省碳排放量逐渐下降，碳排放税与补贴政策也使得各省份在稳定原料乳产量的同时实现碳减排。②良种奶牛引进，养殖技术升级，促进奶牛单产水平不断提高，同时原料乳价格由 2005 年的 1.6 元/千克提升至 2018 年的近 4 元/千克，养殖主体经济收入大幅度增加。

根据 GM (1,1) 模型对奶牛养殖碳排放量进行预测，预测结果如图 10 - 1 所示。

由图 10 - 1 可以看出，2019—2030 年碳排放处于稳步下降趋势，预测 2030 年碳排放量 480.1 万吨，与 2005 年相比碳排放量仍增加 7.2%，比 2018

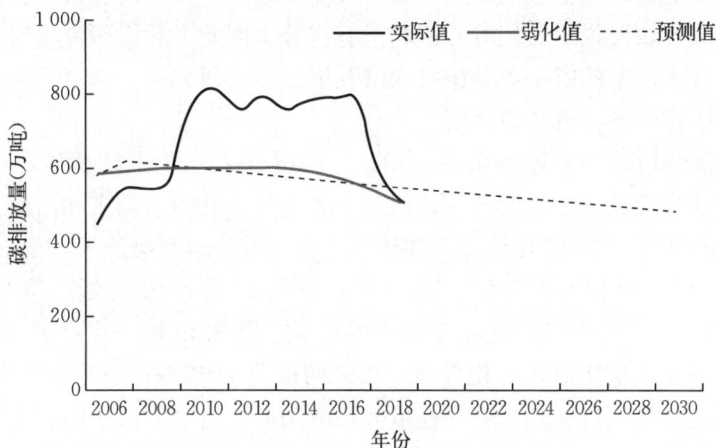

图 10-1　黑龙江省奶牛养殖业碳排放量预测

年减少 5.6％，根据碳排放量预测结果，计算 2030 年奶牛养殖碳排放强度为 1.63 吨二氧化碳当量/万元，比 2005 年减少 60.2％，可以达到 2030 年碳排放强度比 2005 年降低 60％～65％的目标，减排效果显著。

10.3.2　黑龙江省与其他主产区的对比分析

（1）统一税率与差异化税率

鉴于不同碳排放税征收模式会影响政策效果，研究分别设定统一税率和差异税率两种模式，探究征收碳排放税下各主产区奶牛养殖业的碳减排效果。模式一：基于前文结论，奶牛养殖碳减排量与碳税率正相关，因此设定 150 元/吨二氧化碳当量的统一碳排放税，研究可能的最大碳减排量。模式二：基于碳减排率对税率的敏感度差异，设置低、中、高三档税率。根据前文研究的基本结论，现将奶牛养殖的六个样本区分成三个税率等级，对河南、内蒙古征税 30 元/吨二氧化碳当量，对山东、黑龙江征税 90 元/吨二氧化碳当量，对新疆、河北征税 150 元/吨二氧化碳当量。

两种模式的结果表明，统一税率下，六个主产区的碳排放量总和在 2018 年达 2 850.41 万吨，与 2005 年相比，实现碳减排 526 万吨；差异化税率下，2018 年碳排放总量为 2 856.33 万吨，与 2005 年相比，实现碳减排 521 万吨。由此可见，两种税率设定模式皆可实现 2018 年比 2005 年减排 16％的目标，且二者的碳减排差距并不明显。

但是，综合考虑碳减排量与碳排放税负担两方面的因素，2005—2018 年，虽然统一税率比差异税率模式多减排 59.67 万吨，碳减排比例增加 0.11％，但碳排放税收入提高 322.07 亿元，是差异税率下税负的 1.64 倍。综上，差异化碳税率既能实现同等级的碳减排量，又能减轻奶牛养殖的税负，在实现碳减排目标及减轻农民税赋负担等方面均具有优势。因此，后续研究将对差异税率模式下各样本区域的奶牛养殖碳排放情况展开深入研究。

（2）碳排放量与碳排放强度

实施碳排放税与补贴政策下，2005—2018 年六个主产区奶牛养殖的平均碳排放量从高到低依次是内蒙古、河北、黑龙江、新疆、山东和河南。虽然其碳排放量在 2005—2018 年的变动趋势不完全一致，但都经历了"低—高—低"三个阶段。第一阶段是 2005—2009 年，碳排放量整体较低；第二阶段是 2010—2016 年，受政府鼓励养殖政策的影响，各省份奶牛存栏量迅速增加，碳排放量较高，呈波浪式平稳发展；第三阶段是 2017—2018 年，碳排放量下降，原料乳产量保持平稳，但存栏量大幅度降低。这主要由于国家提倡规模化养殖，导致散户大量退市及国家加大环保督察，导致环保不达标的牧场被关停。此外，受国际低价原料乳冲击，国内玉米、苜蓿等饲料价格高位上涨，养殖成本不断上升，补栏意愿下降。

与 2005 年相比，2018 年除河南、山东和黑龙江外，其他三个主产区都实现了奶牛养殖碳减排。其中，内蒙古的碳减排量最多，减排率高达 46%。山东省的减排量最少，2018 年的碳排放量比 2005 年增加 43%，但是与碳排放量最高的 2014 年相比，碳减排达 29.8%（表 10-7）。

表 10-7　2005—2018 年样本区域奶牛养殖的碳排放量（CE，万吨二氧化碳当量）和碳排放强度（CEI，吨二氧化碳当量/万元）

年份	河南		内蒙古		山东		黑龙江		新疆		河北	
	CE	CEI	CE	CEI	CE	CEI	CE	CEI	CE	CEI	CE	CEI
2005	155.4	4.8	1 069.6	4.2	275.2	3.2	447.8	4.1	701.4	3.0	728.4	3.5
2006	186.3	4.5	1 192.1	4.1	353.1	3.3	543.1	4.3	723.2	3.0	819.9	3.1
2007	274.0	4.4	1 004.5	3.7	307.0	3.0	545.3	4.0	692.3	2.6	555.6	3.0
2008	291.2	3.7	988.1	2.7	319.7	3.3	567.2	3.2	683.5	2.3	565.8	2.9
2009	259.7	3.6	943.1	2.8	338.0	3.0	773.8	3.1	592.9	2.1	750.1	3.0
2010	522.1	3.4	1 205.7	2.4	376.7	2.5	813.9	2.5	535.3	2.2	840.5	2.7
2011	507.3	3.1	1 146.2	2.3	498.5	2.3	760.6	2.2	546.2	1.7	851.8	2.5
2012	533.5	2.9	1 129.6	2.2	518.1	2.0	795.9	2.0	637.5	1.6	931.1	2.4
2013	531.0	2.6	1 008.0	2.2	507.5	1.8	760.7	1.8	656.0	1.4	912.8	2.0
2014	543.0	2.4	1 039.4	2.1	561.8	1.7	783.8	1.7	714.2	1.2	936.7	2.0
2015	564.7	2.6	1 081.6	1.8	535.6	1.6	790.9	1.8	752.9	1.3	935.3	2.2
2016	506.8	2.6	928.4	1.8	532.8	1.7	784.7	2.0	755.6	1.3	878.6	2.1

(续)

年份	河南		内蒙古		山东		黑龙江		新疆		河北	
	CE	CEI	CE	CEI	CE	CEI	CE	CEI	CE	CEI	CE	CEI
2017	172.4	2.7	585.5	2.0	396.0	1.7	575.3	2.1	619.2	1.4	620.1	2.1
2018	183.9	2.8	577.9	1.9	394.4	1.9	509.8	2.2	640.6	1.3	549.7	1.9
平均数	373.7	3.2	992.8	2.6	422.5	2.4	675.2	2.7	660.8	1.9	776.9	2.5
比2005年降幅	−18%	41%	46%	55%	−43%	40%	−14%	47%	9%	56%	25%	45%

碳排放强度受碳排放量和产值双重因素影响。当产值不变时，碳排放强度与碳排放量正相关；当碳排放量不变时，碳排放强度与产值负相关。从总体上看，2018年各区域的CEI比2005年下降40%～56%，平均下降47%，已提前实现我国承诺的CEI降低40%～45%的目标。这主要由于碳排放税与补贴使各主产区稳定原料乳产量并促进碳减排，良种奶牛引进及养殖技术升级促进奶牛单产水平不断提高。此外，原料乳价格提升带来养殖主体经济收入增加。

从各区域来看，以2005—2018年六个主产区奶牛养殖的平均CE（650.3万吨二氧化碳当量）和CEI（2.6吨二氧化碳当量/万元）为依据进行分类：第一类为CE、CEI双高的区域，主要是黑龙江省。虽然该地区的奶牛存栏量高，单产水平已超过全国平均水平，但由于其地处我国东北部地区，经济较为落后，造成原料乳收购价格和产值较低。第二类为CE、CEI双低地区，主要是山东省。与其他省份相比，山东省奶牛存栏量较少，但奶牛养殖技术水平较高，可以考虑适度的补栏措施。第三类为CE低、CEI高的地区，主要是河南省。因其奶牛存栏量少及牛均经济产值较低等特征，该省应着重提高养殖技术水平。第四类为CE高、CEI低的地区，包括新疆、河北和内蒙古。这些主产区的奶牛存栏量与单产水平较高，比较重视碳减排问题，在产值与碳排放关系问题上处理得更为协调，应作为低碳奶牛养殖发展规划的重点产区。

2019—2030年各区域奶牛养殖碳排放的预测趋势如图10-2所示。在碳排放税与补贴及规模化趋势共同影响下，至2030年奶牛养殖碳排放量由高到低依次为新疆、河北、黑龙江、内蒙古、山东和河南。2030年六个主产区奶牛养殖的碳排放总量为2 706.4万吨，比2005年减排近20%。根据碳排放量预测结果，得到2030年各样本区域的CEI值（吨二氧化碳当量/万元）以及与2005年相比CEI的减少幅度（%）：河南（1.9，60.4）、内蒙古（1.4，66.7）、山东（1.2，62.5）、黑龙江（1.63，60.2）、新疆（0.9，70.0）、河北（1.3，62.9）。各主产区均达到2030年碳排放强度比2005年降低60%～65%

的目标，减排效果显著。

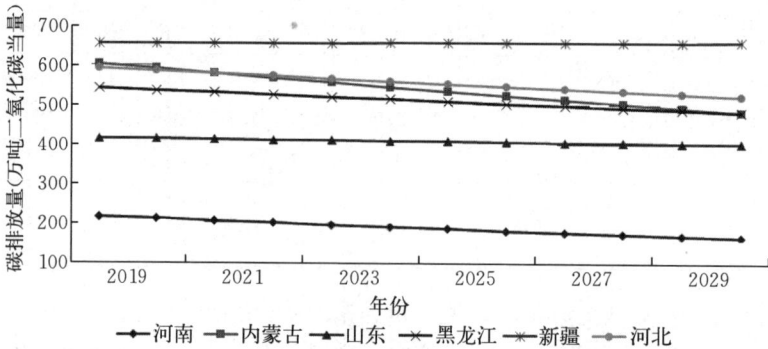

图 10 - 2　2019—2030 年各样本区奶牛养殖碳排放预测趋势

图 10 - 2 表明，2019—2030 年，除新疆的碳排放量保持在 650 万吨二氧化碳当量左右外，其他主产区均平稳下降。其中，内蒙古降速最大，与 2005 年相比，2030 年减排 55%。预计 2022 年的碳排放量将低于河北省，2030 年将低于黑龙江。这主要是由于内蒙古的自然资源禀赋优良，人均乳制品占有量一直排在全国首位；原料乳品质提升，规模化养殖趋势明显，养殖技术规范化。与 2005 年相比，2018 年六个主产区的奶牛存栏量减少 4.72%～55.02%。内蒙古的存栏量减少 55.02%，降幅最大。2018 年该地区 500 头以上规模的奶牛存栏量占比约是 2005 年的 25 倍。可见，存栏量降低和高碳奶牛存栏量占比提高促使 2019—2030 年内蒙古在各样本区的减排速率领先。

碳排放税与补贴政策下，新疆、山东的短期碳减排效果较好，但是长期碳减排潜力略显不足。黑龙江与河北省的碳排放量稳步减少，在短期与长期均取得良好的碳减排效果。虽然内蒙古的短期碳减排效果相对较差，但是综合规模化、技术化等因素，其长期平均碳排放量降幅最大，具有较高的碳减排潜力。

11 黑龙江省奶牛养殖碳排放税的实施及推广建议

11.1 黑龙江省奶牛养殖实施碳排放税的建议

11.1.1 合理设置碳排放税率并进行税收配套

11.1.1.1 合理设置碳排放税率

税率是碳排放税征收的关键环节，税率是否科学、合理与公平直接关系到经济能否正常运转与碳税政策能否切实落实。因此，碳税的税率设置应分阶段，初始阶段宜设计较低水平的税率，以后再逐步上升。一方面可以减小征税阻力，保证碳税征收顺利实施，另一方面为奶牛养殖主体提供一段适应期，促使其调整生产行为。碳税实施的中后期，根据"谁污染谁治理"的原则，针对碳排放量仍然较大并对环境造成严重污染的主体，应提高税率标准。

奶牛养殖碳排放税率设置得过高，会严重影响原料乳供应，影响奶牛养殖业的国内与国际竞争力。奶牛养殖碳排放税率设置得过低，将不能起到碳减排的效果，对于碳达峰与碳中和目标实现的贡献也有限。因此，根据各奶牛养殖区域的特点、奶牛养殖规模、碳排放的情况及奶牛养殖业碳减排的目标，可以设置统一碳税率，也可以设置差异化的碳税率。

此外，在碳排放税实施的各个阶段也要根据奶牛养殖碳排放对环境造成的污染程度区别设置碳税率。例如，美国碳税实行差别税率，对污染严重的能源实行高税率，引导社会倾向于使用含碳量更低的燃料，循序渐进地淘汰含碳量高的能源。因此，针对高排放奶牛养殖场实施高税率，针对低碳奶牛养殖主体给予碳减排补贴，有利于积极引导奶牛养殖场加强技术创新，主动采用先进的养殖生产设备，循序渐进地淘汰高能耗、高污染的老旧生产设备，实现减排目标的同时尽力避免碳税政策对经济带来的负面影响。

11.1.1.2 辅以碳排放税收配套措施

（1）准确检测碳排放量

全球范围内的气候变暖对人类的生产和生活造成了很大影响，掌握温室气体浓度水平及其变化趋势很有必要。另一方面，为应对气候变化，包括我国在内的多国政府制定了温室气体减排政策和目标。为评估政策有效性，国际上构建了温室气体排放量的核算体系，而碳监测是辅助核算体系的重要支撑。

碳监测是指通过综合观测、数值模拟、统计分析等手段，获取温室气体排放强度、环境中浓度、生态系统碳汇以及对生态系统影响等碳源汇状况及其变化趋势信息，以服务于应对气候变化研究和管理工作的过程。碳监测主要监测对象为《京都议定书》和《多哈修正案》中规定控制的 7 种人为活动排放的温室气体，包括二氧化碳、甲烷、一氧化二氮、氢氟化碳、全氟化碳、六氟化硫和三氟化氮。从源汇角度看，碳监测获取的基础信息包括温室气体排放强度、环境中浓度和碳汇状况等三个方面的数据。排放是源头，是增加的过程，碳汇是消解，是减少的过程，而环境中浓度可以理解为加减后的存量。

通过碳监测，服务国内减排控制，支持督促各层级落实减污降碳、源头治理要求；服务国际履约，支持国家温室气体清单编制和国际谈判；主动适应气候变化需求，加强气候变暖对我国承受力脆弱地区影响的观测和评估等。

目前对参与交易的碳排放企业，在政策上已经要求全面建成能耗在线监测系统，所有的能耗数据均实施实时监控，碳排放数据根据各企业的能源消耗量实时得出，未建成的企业将会受到行政处罚乃至要求停产整顿。对碳排放企业，每年都应有异地的第三方机构进驻企业对全年涉及碳排放的能源消耗量进行核查，如果核查数和企业自己上报的数据有差别，企业将受到严厉的处罚。

（2）积极开展碳金融支持

征收碳排放税将提高奶牛养殖业的运营成本，迫使奶牛养殖主体改进生产方式，积极采用碳减排的生产方式。但由于减排技术的前期投入成本较高，奶牛养殖主体需要得到多角度的金融支持，以有效推进低碳奶牛养殖发展。因此积极开展碳金融支持，能够作为碳排放税的配套措施，有助于减小征收碳排放税给奶牛养殖业带来的负向影响。

碳金融是指由《京都议定书》而兴起的低碳经济投融资活动，也称碳融资或碳物质的买卖。它是以碳排放权交易及其相关交易为核心，以及与温室气体排放权交易及与其有关的各类金融交易活动的统称。

农业碳金融即服务于与农业相关的限制温室气体排放等技术和项目的直接投融资、碳排放权交易和银行贷款等金融活动。首先，碳金融市场的发展前景十分广阔。多哈气候大会中，世界各国对《京都议定书》二期承诺达成一致，即发达国家须为发展中国家应对气候变化提供资金支持，并在 2020 年前实现"绿色气候基金"每年入款 1 000 亿美元的目标。而我国具有每年减排 1 亿～2 亿吨二氧化碳的潜力，目前是清洁发展机制（CDM）中二氧化碳核证减排量最大供给国，占到市场总供给的 70% 左右，在碳金融国际市场中大有可为。其次，发展碳金融市场的条件已基本具备。一方面，我国政府高度重视碳减排的责任和义务，提出"双碳"目标，并将之作为约束性指标，纳入国民经济和社会发展的中长期规划中。转变经济发展方式，正逐步将过去高投入、高能耗、高增长的粗放型发展转化为低投入、低能耗、高增长的集约型发展模式，有良好的政策支持环境。另一方面，我国区域经济发展不平衡，区域碳减排能力和潜力都有巨大差距，有良好的交易环境。目前中国有七家碳排放权交易所，分别是北京环境交易所、天津碳排放权交易所、上海环境能源交易所、深圳碳排放权交易所、广州碳排放权交易所、湖北碳排放权交易所和重庆碳排放权交易所。到 2021 年 6 月，试点省市碳市场累计配额成交量 4.8 亿吨二氧化碳当量，成交额约 114 亿元。但与国际市场碳金融千亿美元的规模相比，仍处于起步阶段。

　　农业是温室气体第二大排放源，建立国内农业碳金融市场对发展和健全我国碳金融市场有着重要作用，不仅可以给予低碳经济下农业发展资金支持，还可以满足市场经济利益的需求。其中，种植业兼具碳排放与碳吸附功能，畜牧业以碳排放为主，林业则具有重要的碳汇功能。黑龙江省森林资源丰富，是主要的碳汇来源，能够抵消部分种植业与畜牧业产生的碳排放，具有发展碳金融的有利条件。根据现有清洁发展机制的经验，将碳金融介入低碳农业，可使两者结合在一起，形成良性互动，达到"金融辅助低碳农业、低碳农业回报金融"的可持续发展效果（图 11-1）。

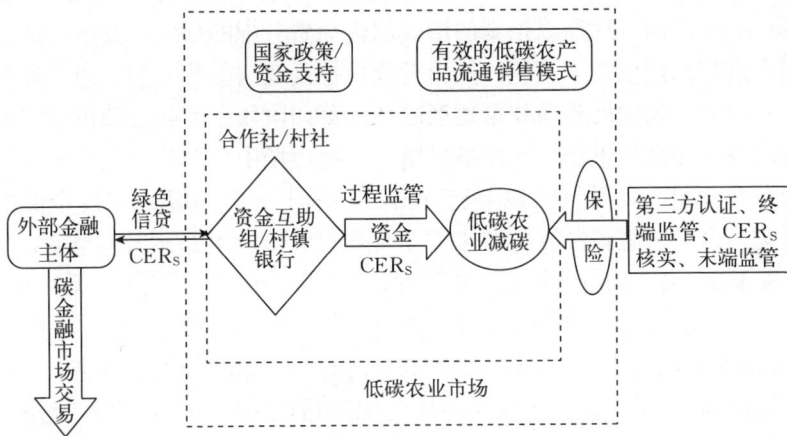

图 11-1　低碳农业与金融对接模式

　　① 构建农业碳金融市场体系。碳金融在全球范围内发展的时间比较短，各个国家都处于起步阶段，在碳金融市场体系建立方面欧盟已做出了探索。欧洲气候交易所一直是世界上参与国最多、规模最大、最成熟的碳排放权交易市场。欧盟实行的是"总量管制与交易制度"（Cap-and-Trade），各个成员国每年先估算二氧化碳的大概排放量（根据《京都议定书》规定的减排标准），然后政府根据二氧化碳的总排放量向各企业分发排放权，也被称为"欧盟排碳配额（EUA）"，每个配额允许企业排放1吨的二氧化碳。若企业在既定的时间

内未使用完排碳的配额，则可"出售"套利。如果企业的碳排放量超出欧盟给各个企业分配的配额，就不得不从还有剩余碳排放配额的企业购买。

欧盟碳交易市场已走过三个发展阶段。第一阶段（2005—2007 年）为试验探索阶段。主要为欧盟碳交易市场试运行阶段，该阶段定位于"在行动中学习"，为关键的下一阶段积累经验。该阶段减排总目标是完成《京都议定书》中承诺目标的 45%，覆盖了欧盟 25 个国家（2019 年扩大到 31 个国家，包括 28 个欧盟成员国及冰岛、列支敦士登和挪威 3 个国家）。参与交易的行业包括电力和热力生产、钢铁、石油精炼、化工、玻璃陶瓷水泥等建筑材料以及造纸印刷等。第二阶段（2008—2012 年）是制度体系的重点建设阶段。与《京都议定书》的履约期相对应，主要目标是帮助欧盟各成员国实现在《京都议定书》中的减排承诺。在行业覆盖范围方面，将航空业纳入碳排放交易体系内；在交易标的方面，仍然只包括二氧化碳排放配额一种。欧盟在第二阶段的碳排放配额总量约为 82.3 亿吨二氧化碳当量，德国是获得配额总量最多的国家，约占全部配额总量的 21%，英国、意大利、波兰分别占 12%、10%、10% 左右。第三阶段（2013—2020 年）为进一步严苛规范阶段。欧盟开始对欧盟碳交易体系推行改革，制定统一排放上限。一方面，每年对排放上限减少 1.74%；另一方面，逐渐以拍卖的形式取代免费分配的形式。其中，能源行业要求完全进行配额拍卖，工业和热力行业根据基线法免费分配。当前处于第四阶段，并随着时间发展各项政策逐渐趋严。第四阶段已废除抵消机制，同时开始执行减少碳配额的市场稳定储备机制，一级市场中碳配额分配方式也从第一阶段的免费分配过渡到 50% 以上进行拍卖，并计划于 2027 年实现全部配额的有偿分配。由于欧盟碳排放主要来源于能源使用、工业过程及航空业，故欧盟碳市场覆盖行业主要为电力行业、能源密集型工业（包括石油化工，黑色金属生产加工，水泥、陶瓷、砖、玻璃、纸浆、造纸和纸板生产，制氨和铝业）及航空业。温室气体覆盖范围也从二氧化碳增加到二氧化碳、一氧化二氮、全氟碳化合物。

欧盟在 2005 年推出了与欧盟碳排放配额相挂钩的期货和期权交易，使二氧化碳排放权如同部分农产品一样可自由流通，拓展了碳交易的金融衍生品种类。2007 年与碳减排相关的期货与期权金融工具也相继面市。逐渐丰富的碳金融交易产品也促进欧洲气候交易所成交总额不断增长。2005—2007 年，欧洲气候交易所交易的二氧化碳排放量从 2.7 亿吨增长到 15 亿吨，交易的总价值由 50 亿欧元上升到近 200 亿欧元。从市场规模上看，根据路孚特对全球碳交易量和碳价格的评估，2020 年欧盟碳交易体系的碳交易额达到 1 690 亿欧元左右，占全球碳市场份额的 87%。从减排效果上来看，截至 2019 年，欧盟碳排放量相对 1990 年减少了 23%。

我国可仿效欧盟，结合我国农业发展的实际情况，建立"全国农业碳交易中心"和"国家农业碳汇基金",构建多层次农业碳市场体系。提高全社会对农业碳减排、碳交易的思想认识,加强农业相关减排方法学的开发与应用。目前,无论是国内碳市场还是国际碳市场,农业大多以项目的形式通过抵消机制参与交易过程,主要原因在于农业温室气体排放较为分散,核算方法和减排量核查等较为复杂。即将农业纳入碳交易市场的基本前提是拥有相应的方法学。从国家发展和改革委员会气候司公布的国家温室气体自愿减排方法学备案清单来看,与农业有关的方法学主要涉及农业设施与活动、生物质废弃物热电联产、畜禽粪便管理、反刍动物减排、保护性耕作等方面,无论是数量,还是涵盖范围都较小。科学研究和开发编制更多的农业减排方法学,为农业碳交易项目开发提供方法指南、标准依据和实践指导,已迫在眉睫。

此外,需秉承试点先行、循序渐进原则,有序推进农业纳入全国碳市场。在控排范围上,按照"抓大放小"的原则,分清主次本末,探索尝试将碳排放量较大的规模畜禽(奶牛、生猪、鸡等)养殖业纳入强制控排范围,逐步扩展到农田种植、种养结合等其他农业领域。在交易产品上,初期以沼气碳减排、林业碳汇、湿地碳汇等为主要交易产品,逐步扩展到农田碳汇、测土配方施肥固碳减排、化肥农药减量减碳、农业废弃物资源化碳减排等其他农业碳交易产品。同时,引导和鼓励控排企业在碳市场中优先购买农业碳交易项目产生的减排量,为农业增效与农民增收拓展新的来源渠道。

② 构建农业碳金融组织体系。农业碳金融体系的发展仍需要多方主体积极进入。人民银行、银保监会、证监会和外管总局等金融监管部门应以监管机构角色积极行动起来,建议人民银行为中小农业企业的低碳项目的融资降低门槛;证监会可为低碳农业企业上市融资或交易提供专门通道;银保监会应设法为低碳农业项目提供保险产品支持等。总之,农业碳金融的发展,离不开监管部门的参与和支持。同时,监管部门需出台具体措施,成立专门服务部门,引导碳金融发展,鼓励以农业银行为主的商业银行、证券公司、保险公司等金融机构积极参与到农业碳金融业务中。

③ 构建农业碳金融产品体系。相比欧美发达国家,我国碳金融产品较少,农业碳金融产品则更单一,亟须借鉴外国先进经验,结合我国实际,研发更多的适合本土农业的碳金融产品。如可以开发农业碳基金理财产品,面向普通客户发售,集中闲散资金组成专门的农业碳基金,为有发展潜力的农业 CDM 项目开发企业提供融资服务,购买者也可以从企业出售二氧化碳减排指标的利润中获利。此外,应积极开展"三农"绿色信贷,拓展碳金融及其衍生品工具,推进低碳农业发展。

"三农"绿色信贷是以农村、农户、农业为授信对象,涉及低碳经济的信贷产品,旨在通过信贷促进低碳农业的发展。目前大多数商业银行开展的绿色信贷仅针对城市工业，很少涉及农业领域。因而，开展面向"三农"的绿色信贷，既有利于低碳农业的发展，又能促进农村金融服务创新。开展"三农"绿色信贷涉及三个问题：一是其授信对象锁定为低碳农业类项目，多以小额信贷形式发放，也称为农业绿色小额信贷。二是现阶段"三农"绿色信贷主要由政策性金融机构提供，在我国由中国农业发展银行承担。在低碳农业发展初期，由于农业政策性金融机构的功能促使其投入的针对性强，应担当起绿色信贷的主要提供者，这样可更好地发挥支农护农作用，促进低碳农业的发展。在低碳农业发展稳定之后，政策性金融机构可适时退出，形成商业性金融机构为主的低碳农业金融支持体系。三是"三农"绿色信贷监管问题。政策性金融机构要根据国家法律法规，制定"三农"绿色信贷的审核发放标准，使得贷款业务有章可循；建立"三农"绿色信贷的跟踪监督机制，防范贷款用于非低碳农业领域，并根据低碳农业的实施进展状况，对比贷款发放协议，及时调整贷款资金（图11-2）。

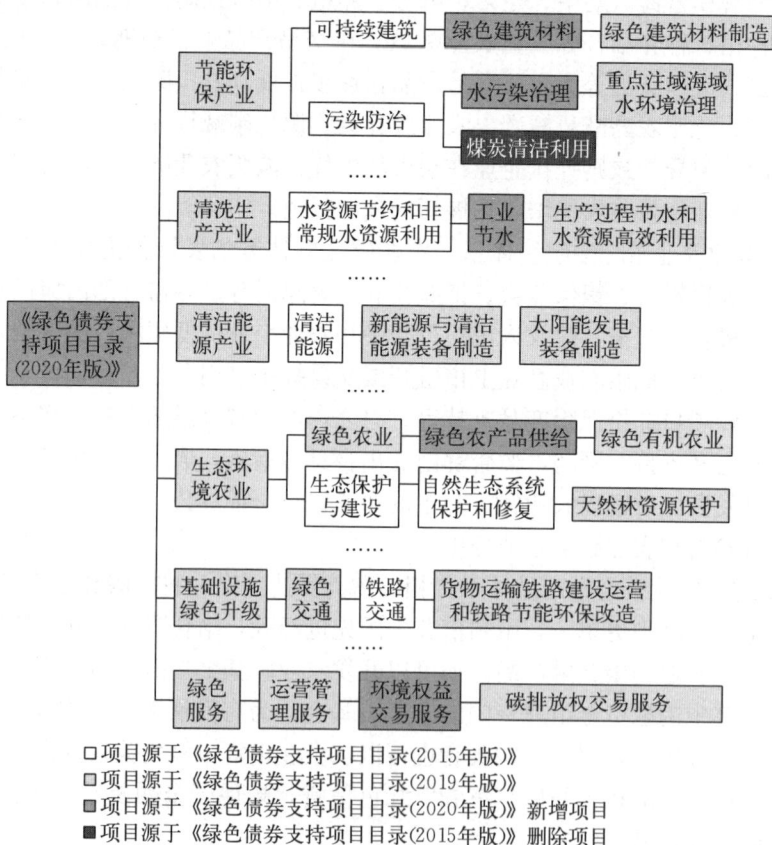

□ 项目源于《绿色债券支持项目目录(2015年版)》
□ 项目源于《绿色债券支持项目目录(2019年版)》
■ 项目源于《绿色债券支持项目目录(2020年版)》新增项目
■ 项目源于《绿色债券支持项目目录(2015年版)》删除项目

图11-2　绿色债券支持项目

资料来源：人民银行。

　　随着 2013 年各碳排放交易试点的正式启动，七个碳市场交易试点陆续开发了多种类的碳金融产品。根据北京环境交易所整理的数据，碳市场创新的碳金融产品包括：碳指数、碳债权、配额质押贷款、引入境外投资者、碳基金、碳配额托管、绿色结构存款、碳市场集合资产管理计划、国家核证自愿减排量质押贷款、配额回购融资、碳资产抵押品标准化管理、碳配额场外掉期、碳资产质押授信等。碳金融及衍生品的发展，为碳市场增添了多种投融资的工具，对于银行等金融机构及获得排污许可的企业均有利。碳排放排污许可单位不仅可以配额进行融资，而且可以将配额作为资产委托金融机构进行理财、获得收益。金融机构也可参与到碳市场中，开展碳金融及衍生品交易，获得金融服务收益，同时，因为有碳排放配额做担保，可实现风险控制。

　　碳金融市场处于起步阶段，结合农业生产与金融业特点，设计农业碳金融产品，首先，应夯实碳排放权交易现货市场的基础，完善定价机制、配额分配规则，统一不同区域交易规则，以减小衍生品市场套利空间，缩小风险敞口。其次，应鼓励金融机构积极参与农业碳金融市场，提供更加专业的服务，将金融机构具有的政府关系、信息融通、业务经验及资金规模优势辐射到农业碳金融领域，并向养殖户及种植户普及碳金融的特点、优势及前景。最后，相关监管部门应完善农业碳金融市场交易规则，重点防范农业碳金融衍生品的市场风险。一方面可以利用各种产品的价格涨幅、买空卖空等市场自身手段控制风险；另一方面，对于极端情况，则需要对市场进行干预，以增强农业碳金融及衍生品市场的平稳性。

　　④ 构建农业碳金融政策体系。一是为已获得清洁发展机制的低碳农业项目进行碳资产质押贷款。清洁发展机制通过发达国家在发展中国家实施具有温室气体减排效果的项目，用实现的减排量抵消其减排义务。清洁发展机制的申报过程长，规则烦琐。对企业而言，只有在项目建成，碳减排量产生达到标准后，企业才能获得交易对方的碳收入；而项目建设和初始运营期是资金最困难的时期，因而滞后的碳收入无法满足项目建设需求。金融机构可以开展低碳农业项目的碳资产质押贷款，以项目未来的碳资产做质押向借款人提供融资支持，向已获得清洁发展机制资质的低碳农业项目提供贷款，满足项目的建设和初期运营需求。比如我国的商业银行可以对低碳农产品生产企业提供碳资产质押贷款，帮助从事农业低碳化生产的主体解决初期融资问题，以便度过低碳农产品刚进入市场的适应期。

　　二是对正在申请清洁发展机制的低碳农业项目提供一揽子金融服务。农业沼气工程、造林和再造林均属于清洁发展机制项目领域。尤其是发展林业，能增加森林覆盖面积，吸收二氧化碳，从根本上控制温室气体排放。目前，造林工程和其他低碳农业项目可以通过申请清洁发展机制项目，获取融资，发展碳汇林业，推进林业发展。金融机构可以在清洁发展机制项目申请中，利用自身广泛的业务联系，充当财务顾问角色，为项目联系、引进国际专业机构；并为项目申请提供融资；为项目初期建设提供融资服务。对金融机构而言，参与到低碳农业的碳金融服务中，一方面拓宽了中间业务收入来源，逐步优化商业银行的收入结构，另一方面分享碳金融市场的份额，对于不断完善我国碳金融市场，为我国在碳金融交易中争取有利地位具有重要意义。

11.1.2 循序渐进地实施碳排放税

黑龙江省奶牛养殖业碳排放量由 2014 年的峰值逐渐下降，但这受到黑龙江省奶牛存栏量减少的影响。2017 年黑龙江省奶牛存栏量为 2011 年峰值的一半，但是碳排放量仅降低了 36%。由此可知，黑龙江省单位奶牛的碳排放量并未持续降低。在我国承诺的 2030 年达到碳排放峰值及 2060 年实现碳中和之际，开征碳排放税具有良好的社会基础，并且应该遵循循序渐进的原则，从碳排放税的宣传到税率设计逐层推进。

一是碳排放税在开征前期要进行广泛宣传。在征收碳排放税之前，应广泛通过电视、网络等媒体及其他中间机构，加强舆论宣传，普及我国推行碳排放税的必要性、重要影响以及总体措施。一方面，促使养殖企业尽快转变资源消费结构，提高资源使用效率，推进新型清洁能源研发，从而减小碳税对企业的冲击；另一方面，向公众普及实行碳排放税的重要意义，消除其顾虑，引导消费者低碳消费，促进节能减排。

二是循序渐进地设置碳排放税的计税依据。直接对排放到空气中的二氧化碳量计征碳税是最理想的计征方式，其能够直接反映排放主体的排放量，并且连续性的数据能够反映排放主体为减排所作的努力，形成正向激励，但实施技术复杂，成本较高。针对我国目前税收征管水平，对化石燃料的含碳量或能源含量计征碳税技术上简单可行，随着技术发展和征管水平的提高，可以调整将二氧化碳的排放量作为碳排放税的计税依据。

三是税收中性科学调配。税收中性要求政府在开征某项税收时，尽量使外部负效应最小化，也是渐进推行碳排放税的重要环节。税收中性就是要确保不能由于碳税的实施，给纳税人造成过高的额外负担，影响其行为决策。对企业而言，不能由于缴纳碳税而过高提高生产成本，降低市场竞争力；对个人而言，不能因碳税导致中低收入者日常乳制品的消费能力受到限制，影响居民的正常生活质量，造成乳制品消费市场不稳定。因此，政策制定者在征收碳排放税的同时，要依据科学的推测，给予纳税义务人以适当形式和额度的补贴和优惠，适度降低奶牛养殖产业链的消费税、资源税、所得税及雇主为雇员缴纳的社会保障费。同时，可以提高个人所得税的免征额，用征收来的碳排放税收入弥补所得税和社会保障费等。此外，政府还可以与企业签订协议，对于承诺完成减排或提高能效任务的企业，给予额外的税收补贴。既维护纳税人的利益，又保证财政收入的稳定，降低经济波动的可能性。

总之，我国现在处于经济转型的战略性关键时期，在经济实力突飞猛进的同时，不能忽视新政策实施带来的影响。在目前阶段，不应盲目地模仿发达国家的碳排放税制，而应结合我国自主碳减排的统筹目标和奶牛养殖业发展的实际情况，有规划分阶段地推进碳排放税制度，决定碳排放税的征收范围、计税依据、税率等，选取奶牛养殖碳排放税试点区，在实施中探索道路、积累经验、完善政策，逐步推广到全国，助力我国加快实现"双碳"目标。

11.1.3　协调碳排放税与其他税种的关系

一项政策的顺利推行，需要一系列配套措施。从国外碳税的实践来看，为了达到节能减排政策目标并尽量降低推行碳税的负面效应，各国都需要配套相关政策措施，如对高耗能企业的认定标准、对达到节能减排目标企业的优惠政策等。奶牛养殖业推行碳排放税时，也要综合各个层面，周全考虑，制定出配合碳税实施的多种政策措施，协调碳排放税与其他税种的关系。

我国现有税收设置中，与环境相关的税种主要有资源税、消费税、环保税及车船税等。资源税和消费税都处于改革中，资源税清理规范不合理收费，从价计征；消费税扩大征税范围、调整征收环节，将高消耗产品纳入消费税范围。这两个税种与环境保护密切相关，税制改革也有利于强化税收手段对环境保护的积极作用，二者与碳排放税也有相互交叉的地方。在资源税覆盖的领域，由从量计征向从价计征改革，碳排放税定额计征可与资源税相互配合，对能源复合征税，一定程度上也完善了资源税制度。鉴于碳排放税与资源税、消费税征收范畴存在一定交叉，要协调碳排放税相关税种之间的征收关系。科学权衡独立税种与融合税种征收方案的利弊，避免重复征税，加重纳税人的负担。我国于2018年1月已经开始实行《中华人民共和国环境保护税法》，该法案中对大气污染物征税的应税污染物范畴虽然未全部覆盖温室气体，但已经包括氮氧化物和氟化物在内的部分温室气体。虽然该部分气体不是温室效应的主要来源，但也应避免该类气体在两种可能在多个税法中被重复征税的情况。

碳排放税与其他税种的协调目标是通过碳排放税与其他税种之间的协调配合，构建完善的碳排放税税收体系，促进生态环境保护税收长效机制，进而实现税制绿化，从而控制和减少碳排放，保护生态环境，实现生态文明并促进经济社会可持续发展。按照上述目标，促进碳排放税与其他税种改革协调的总体思路是：第一，基于税制绿化的改革目标进行顶层设计。即从税制绿化的改革目标出发，对碳排放税及与环境相关的其他税种，按照不同的功能定位和作用范围进行总体规划，避免不同环境税收手段之间的冲突和矛盾。第二，在制度设计上，协同碳排放税与其他相关税种的关系。一方面，不宜将碳排放税设计为涵盖调整污染减排、二氧化碳减排和生态保护等各个方面的"大环境税"，应考虑到与其他环境税收手段的交叉和重复，在制度设计上进行取舍，选择更为高效的碳排放税税收手段；另一方面，制定碳排放税税收政策时，应避免影响环境保护税的正常作用，积极配合环境保护税发挥作用并形成协同效应。

11.1.4 实行碳排放税的优惠政策

开征碳排放税必然会给奶牛养殖业及其前端与后端相关产业带来影响，并产生一定的社会公平问题。如果仅在某一些行业征收碳排放税，会给这些行业的经济增长带来一定的负向影响，同时存在产业发展不公平的问题。因此，在奶牛养殖业开征碳排放税应建立完善的税收返还机制及相应的补贴政策，以避免对区域奶牛养殖、全国奶牛养殖行业及奶业产业链造成较大的冲击，要保护我国相关产业在国际市场上的竞争力，并且兼顾不同规模奶牛养殖场的承受能力和欠发达地区经济发展的需要。

11.1.4.1 碳排放税收返还政策

税收返还，指的是政府按照国家有关规定采取先征后返（退）、即征即退等办法向企业返还的税款，属于以税收优惠形式给予的一种政府补助。对于符合条件的奶牛养殖企业，企业应缴纳的碳排放税可以享受该政策，以此激励奶牛养殖企业降低奶牛养殖成本，积极引进先进的碳减排养殖技术、采用低碳奶牛养殖模式，促使奶牛养殖产业绿色发展。

根据我国环境保护税法及其他国家碳排放税的税收返还经验，提出两种碳排放税的返还方案。方案一，各地可以规定奶牛养殖的碳排放标准量，各奶牛养殖主体的碳排放量如果低于该标准的，按相应百分比征收碳排放税。即如果碳减排量低于碳排放标准的10%，返还10%的碳排放税；如果减排量低于碳排放标准的50%，返还50%的碳排放税。方案二，各地不规定碳排放标准量，直接按照养殖主体碳减排量与碳排放总量的比重作为税收返还的标准。即如果碳减排量达到碳排放总量的10%，返还10%的碳排放税；如果减排量达到50%，则返还50%的碳排放税。

在政策引导和市场竞争的双重因素下，黑龙江省散养奶牛的比重持续降低。由于散户奶源品质较低，在阶梯奶价制度下不具备价格优势，因此散户的养殖利润亦持续降低。在不征收碳排放税的情况下，散户的碳排放量占奶牛养殖碳排放总量的比重在近十年中由54%降低到16%，年均降幅7%。按照该速度预计，未来五年内，黑龙江省的散户将退出奶牛养殖市场。如果将散户也纳入碳排放税的征收范畴，则会加快其退出的速度，因此，在全面开征碳税的情况下，应着重考虑散户的碳税优惠政策设计及返还比例。开征碳排放税应兼顾奶牛养殖业的产业发展，生鲜乳供应，碳减排及效率与公平等多方面的问题。

11.1.4.2 碳减排技术方面的税收优惠政策

奶牛养殖碳减排离不开税收政策支持。除了要建立健全有利于低碳奶牛养殖业发展的税收政策体系外，还需要落实和完善节能节水、资源综合利用等税收优惠政策，在制约低碳奶牛养殖业发展的一些核心技术和关键环节，需要加大税收优惠的支持力度，更好发挥税收对奶牛养殖主体绿色低碳发展的促进作用。现阶段奶牛养殖业的碳减排技术主要有粪污处理技术及种养结合技术等，这些技术的研发与运行均需要税收政策给予优惠。除了已有奶牛养殖碳减排技术外，未来有关碳捕获和储存的相关技术也会逐步发展，为了降低使用碳捕获和储存技术的成本，鼓励对碳捕获和储存技术在奶牛养殖业的应用和未来发展，可考虑对积极采用碳捕获和储存技术的生产企业给予一定程度的税收减免优惠。

（1）粪污处理技术的优惠

随着奶牛养殖集约化、专业化、规模化程度不断提高，各地陆续建立起大量的百头、千头规模的奶牛场，但是奶牛代谢旺盛，采食量大，因而在奶牛养殖业快速发展的同时也产生大量养殖废弃物，主要有奶牛排泄的粪尿及排泄气体等。如果不能对其进行及时有效地处理，将会成为严重的污染源，不仅影响奶牛养殖场的环境，而且会对奶牛养殖场周边环境造成严重的污染，严重则会危及牲畜和人体的健康。根据相关统计资料，按照每头牛每天的粪污排放量为 50 千克计算，存栏量为 500 头的规模化养殖场的日粪污处理量达到 2.5 吨，年排放量约为 1 000 吨。如何处理这些粪污并减少碳排放对于养殖场是一个重要的决策。由于环保、税收及监管制度等的不健全性，部分地区的养殖主体将粪污随意填埋在空旷地带，而奶牛粪便中含有大量的氮、磷，如果不能及时清理，粪污中的氮和磷渗入地下，促使地下水中的硝酸盐、亚硝酸盐和磷酸盐浓度升高，造成地下水源的污染。

粪污处理的碳减排技术主要包括沼气池及固液分离技术等。沼气池项目投资成本高，为了广泛推广，国家给予配套补贴，用以在养殖场或养殖小区，发展大中型沼气工程。但能够独立负担全部费用，又能申请到该项补贴的中小规模奶牛养殖主体仅占少数。近年来，黑龙江省开展沼气工程示范村，政府为农户免费建沼气池，但实际投入使用的比例微乎其微。在国家环保评估要求下，部分大规模奶牛养殖场建了沼气池项目并享受该项目补贴，但是由于东北地区冬季的气温低，不利于沼气发酵，牧场牛群粪污量不够沼气发酵量等原因而未实际投入使用。在其他奶牛养殖区也存在类似问题。因此，黑龙江省有关于沼气池项目的补贴也出于实用性差等原因逐渐减少。粪污处理的另一种减排方式是固液分离技术。其原理是利用物理或化学的方法，把粪污中的固形物与液体分开。分离后的固液部分分别进行后续处理，达标后排放和使用。我国规模化养殖场粪便的特点是含水量高、污染物含量高、带有恶臭气味、处理过程中氨气挥发等。针对这些特点，固体粪便的处理主要包括干燥处理、除臭处理及综合利用处理等几方面，适合广大规模化畜牧养殖场开展推广使用。奶牛养殖场为减少或消除奶牛粪便对环境造成的破坏，需要投入大量的资金购买奶牛养殖粪污处理设备，后期还要继续投入大量的人力物力以确保设备正常运行，并进行维护保养。这都会增加奶牛养殖的成本，加大企业运行的负担，增加大规模推广奶牛养殖碳减排技术的难度，因此国家或地方应给予购置粪污处理设备的相应优惠。

碳减排技术补贴应根据技术实际投入使用的情况及碳减排效果发放。虽然奶牛养殖的粪污固液分离技术被广泛使用，部分牧场配有配套设备，使用湿粪制沼液，将干粪经发酵还田，但是有的牧场仅将牛粪置入水泥坑，依靠自然分离的方式，保证其不渗漏到土地里，不污染环境，能通过环评即可。虽然未经设备处理的干粪也可以还田，但是含有较多细菌，而剩余的湿粪直接以液体形式随意撒入地里。由于奶牛粪便污水中含有大量的钠盐、钾盐，如果直接施用于农田，过量的钠和钾离子会通过反聚作用造成土壤微孔减少、土壤孔隙阻塞，使土壤因透气性和透水性下降而造成板结，破坏土壤的结构，严重影响土壤质量，而且并不能达到粪污碳减排的预期效果。

按照标准流程处理奶牛粪污，采取粪肥还田、制取沼气、制造有机肥等方式进行综合利用和无害化处理的奶牛养殖主体可以根据实际碳减排量享受碳减排补贴，补贴额度由各级政府环保部门根据碳排放税率及奶牛养殖的实际情况确定；未完全按照规范流程处理奶牛养殖粪污的养殖主体则未达到国家和地方环境保护的碳减排标准，不应享受碳减排补贴，还应该给予一定程度的行政处罚。

（2）种养结合模式的优惠

种养结合是我国近些年推广的种植业和养殖业紧密衔接的生态农业模式。该种模式是将畜禽养殖产生的粪污作为种植业的肥源，种植业为养殖业提供饲料，并消纳养殖业的废弃物，使物质和能量在动物与植物之间进行转换。

种养结合模式能从多方面促进碳减排。第一，种养结合能够带动农业高质量发展。落实农业供给侧结构性改革，必须以农业产业转型升级为抓手，着力打造农业发展新引擎，实现农业高质量发展。发展种养结合的生态经济，形成高效生态循环种养业，有助于强化种植业与养殖业间的发展依存关系，有助于提高养殖质量和种植业效益，有助于养殖业废物科学化利用。第二，种养结合可以形成生态特色农业产业。各地发展的实践表明，种养结合产业可以是一种"种养轮作、种植轮作、移动牧场、循环农业"的种养结合生态模式，并形成良性循环生态圈。种养结合有助于推进畜牧业与精准农业、智慧农业、高新生物技术农业与传统农业相融合，探索实现现代畜牧业和现代农业可持续发展。

种养结合模式的理念源于循环经济理论，遵循减量化、再生产、再循环的原则，将废弃物资源化利用。种植业与养殖业循环模式分为大循环和小循环两种。大循环模式中的种植作物包括蔬菜、水果及牧草等，养殖业涵盖奶牛、生猪、家禽及蚯蚓等（图 11-3）。小循环模式包括"猪—沼—果"（菜、粮、桑、林）模式、"稻鸭共育"模式（图 11-4）、"稻鱼共育"模式、"鱼藕共生"模式、"鱼—桑—鸡"模式及"桑枝条—黑木耳—水稻"

图 11-3　种养结合的大循环模式

等循环模式。由于土地资源、资金资源等方面制约因素的限制，奶牛养殖的中、小规模及部分大规模主体主要以种养结合的小循环模式为主（图 11-5），即种植业涵盖奶牛饲喂相关的精料和粗料作物，包括大豆、青贮及苜蓿等，养殖业则只包括奶牛。该种种养结合的模式是在奶牛养殖场周边种植玉米、小麦等奶牛的饲料作物。自有种植的青贮成本比外购的成本低一半，且品质较好，不仅能降低奶牛养殖成本，还能将粪污经过处理还田成为饲料作物的肥料，形成一个基本的循环农业形式。

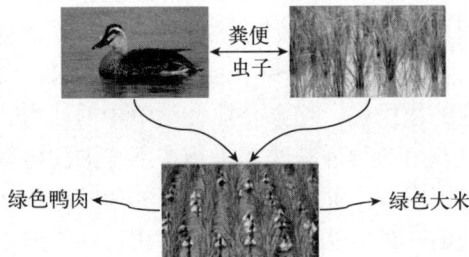

图 11-4　种养结合的小循环模式——稻鸭共育

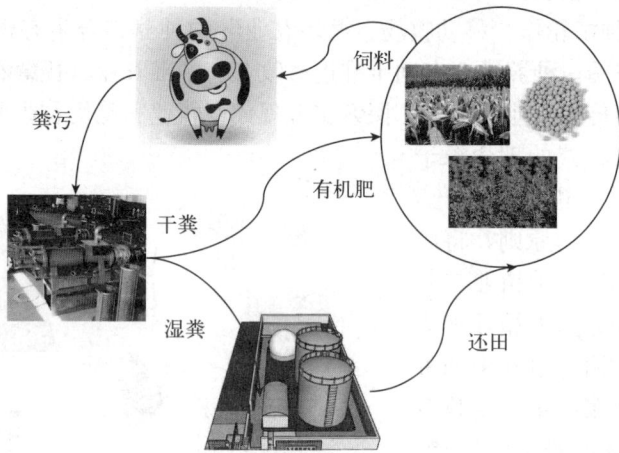

图 11-5　种养结合的小循环模式——奶牛粪污还田

黑龙江省实行对规模奶牛养殖场（小区）收贮青贮补助标准为 50 元/吨。种植专用青贮玉米，每亩实施综合补贴 250 元。新建（或修缮）青贮窖并完成青贮的，每立方米补助 17.5 元。在此基础上，如果奶牛养殖主体没有自有种植田，可以通过与种植主体签订合同的形式证明其能够将经过处理的奶牛粪污排放到指定的种植田中，证明碳减排行为的有效性。政府可以根据奶牛养殖主体的减排行为给予适当补贴，同时可以根据种植面积对接受奶牛粪便的种植田所有者给予补贴。

11.1.4.3　加速折旧方面的补贴

折旧方法是根据固定资产在整个使用寿命中的磨损状态而确定的成本分析结构。它包括平均法、工作量法、加速折旧法等方法。折旧仅是成本分析，折旧不是对资产进行计价，其本身既不是资金来源，也不是资金运用。因此，固定资产折旧并不承担固定资产的更新。但是，折旧方法会影响企业的所得税，进而影响现金流量。

加速折旧法是指按照税法规定准予采取缩短折旧年限、提高折旧率的办法，是鼓励产品以旧换新，抵消一部分税额的一种税收优惠的办法。企业要为折旧付费，折旧时所抵消的税额越多，企业为折旧所付的税额就越少，这一优惠政策可以调动企业的积极性，增强企业在竞争中的活力。加速折旧的具体方法主要有两种：一是双倍余额递减法，是指在不考虑固定资产预计净残值的情况下，根据每期期初固定资产原值减去累计折旧后的金额和双倍的直线法折旧率计算固定资产折旧的一种方法。应用这种方法计算折旧额时，由于每年年初固定资产净值没有减去预计净残值，所以在计算固定资产折旧额时，应在其折旧年限到期前的两年期间，将固定资产净值减去预计净残值后的余额平均摊销。二是年数总和法，又称年限合计法，是指将固定资产的原值减去预计净残值后的余额，乘以一个以固定资产尚可使用寿命为分子、以预计使用寿命逐年数字之和为分母的逐年递减的分数计算每年的折旧额。

国家对固定资产加速折旧给予优惠的行业主要有生物药品制造业，专用设备制造业，铁路、船舶、航空航天和其他运输设备制造业，计算机、通信和其他电子设备制造业，仪器仪表制造业，信息传输、软件和信息技术服务业六大行业和轻工、纺织、机械、汽车四个领域重点行业。虽然奶牛养殖业尚未被涵盖，但是未来征收碳排放税会提高养殖主体的成本，根据税收中性原则，可以对奶牛养殖碳减排中涉及的固定资产费用较高的沼气池及固液分离设备等采用加速折旧的补贴方式。这主要是由于沼气池和固液分离设备均是奶牛养殖碳减排的重要设施，但是由于其成本较高，在无国家补贴的情况下，中规模与小规模的奶牛养殖主体较难负担该部分费用。虽然大规模养殖主体能通过规模化经营，摊销该部分费用，但依然增加其运营成本。通过加速折旧可以强化奶牛养殖企业的融资能力，并拓展奶牛养殖碳减排的税收优惠政策。

11.1.4.4　其他碳减排技术的投资税收抵免

投资税收抵免是指某些被鼓励投资的行业的公司可以将购置固定资产或研究与开发、资本存量或就业新增部分的支出，在其应纳税额中按一定比例扣除。政府为了激励奶牛养殖主体采取碳减排行为，吸引投资，优化产业结构，调整经济结构，促使经济合理运行，可以实行碳减排技术投资税收抵免的政策。在国外投资抵免已经应用于生态税中，成为一项生态税收优惠措施。美国将投资税收抵免展期两年，并为研发提供额外资金，包括分布式能源部署关键的软成本，以及为可再生能源项目获得联邦土地提供支持。我国可以借鉴此种做法，在奶牛养殖碳减排技术方面开展投资抵免政策，根据养殖主体碳减排技术研发情况，给予一定比例的投资税抵免优惠。

一方面可以鼓励奶牛养殖主体采用先进的碳减排技术、工艺、设备、材料或者对现有的碳减排设备、工艺、技术进行改造，使奶牛养殖碳减排的形式多样化、生产高质量低碳排放的生鲜乳。另一方面，可以抵免奶牛养殖的碳排放税总额，降低奶牛养殖的成本，提高收益。由于采用碳减排技术，奶牛的饲料生产（如大豆、玉米等饲料）采用有机产品生产标准，不使用化肥农药等农用化学物质，按照该种方式生产出来的有机奶等产品能为市场提供高品质的牛奶，与其他普通牛奶相比，实行差异化定价，获得更高的收益。

11.1.5　将奶牛养殖业纳入碳排放权交易机制

碳排放税和碳排放权交易是碳价格的两种主要形式。碳排放税是针对与碳排放相关的能源（包括煤炭、石油及天然气等）燃烧征收的费用，以此来减少化石燃料消耗和二氧化碳排放，达到保护环境的目的。碳排放权（温室气体排放权的简称）指对二氧化硫、化学需氧量等主要污染物和二氧化碳等温室气体的排放量所进行的交易，是一种人类对一定数量的大气环境资源和容量的使用权。碳排放权是一种权利，更是一种责任。在没有全球气候变暖压力下，大气环境并未被作为一种有限的自然资源来对待，温室气体的排放就处在一种自然权利的状态，每个个体和企业都可以任意排放，就无所谓碳排放权。然而，自《联合国气候变化框架公约》开始，气候变化问题受到各国普遍关注。碳排放权交易的概念源于20世纪经济学家提出的排污权交易概念，排污权交易是市场经济国家重要的环境经济政策。2004年全球碳排放市场诞生，其交易方式为：按照《京都议定书》的规定，协议国承诺在一定时期内实现一定的碳减排目标，各国再将自己的减排目标分配给国内不同的企业。当某国不能按期实现减排目标时，可从拥有超额配额或排放许可证的国家（主要是发展中国家）购买一定数量的配额或排放许可证，以完成自己的减排目标。这种交易原理也可以应用于一国内部，即不能按期实现减排目标的企业可以从拥有超额配额或排放许可证的企业购买一定数量的配额或排放许可证以完成自己的减排目标，排放权交易市场由此而形成。

在温室效应备受关注下，全球各国通过碳排放税或碳排放权交易等形式进行碳减排。我国尚未实行碳排放税，但已经逐步推行碳排放权交易体系（Emission Trade System，ETS），在碳达峰、碳中和（以下简称为"双碳"）背景下，全国碳排放权交易市场不仅顺应了碳定价的国际发展趋势，更有助于加快我国温室气体减排进程，推动绿色经济发展。2011年10月国家发改委印发《关于开展碳排放权交易试点工作的通知》，批准北京、上海、天津、重庆、湖北、广东和深圳等七个省份开展碳交易试点工作。两年来，在国家发改委的指导和支持下，深圳积极推动碳交易相关研究和实践，努力探索建立适应中国国情且具有深圳特色的碳排放权交易机制，先后完成了制度设计、数据核查、配额分配、机构建设等工作。2013年6月18日，深圳碳排放权交易市场在全国七个试点省、市中率先启动交易。深圳碳市场运行稳定，也在运用市场机制实现低碳发展方面发挥了一定的示范作用。而后，碳排放权交易向全国统一发展迈进，2016年是全国碳排放权交易市场建设攻坚时期，国家发改委有关部门对重点行业、重点企业的碳排放情况进行摸底，在确定拟纳入全国碳排放交易体系企业名单的基础上，对拟纳入企业的历史碳排放进行核算、报告与核查。2017年12月19日，国家发改委组织召开全国碳排放交易体系启动工作电视电话会议，宣布正式启动全国碳排放权交易市场建设。确定湖北省和上海市分别作为全国碳排放权注册登记系统和交易系统建设的牵头省份，北京市、天津市、江苏省、福建省、广东省、重庆市、深圳市共同参与系统建设和运维。2020 年底，生态环境部以部门规章形式出台《碳排放权交易管理办法（试行）》，规定了各级生态环境主管部门和市场参与主体的责任、权利和义务，以及全国碳市场运行的关键环节和工作要求。印发了《2019—2020 年全国碳排放权交易配额总量设定与分配实施方案（发电行业）》，公布包括发电企业和自备电厂在内的重点排放单位名单，正式启动全国碳市场第一个履约周期。全国碳市场覆盖排放量超过 40 亿吨，将成为全球覆盖温室气体排放量规模最大的碳市场。2021 年 7 月 16 日，全国碳排放权交易在上海环境能源交易所正式启动。我国预计将会成为全球覆盖规模最大的碳排放交易市场。从试点市场向全国统一发展，全国碳交易系统将为实现"双碳"目标助力，力争在 2030 年前达到二氧化碳排放峰值，2060 年前实现碳中和。

碳排放权交易首先需要确定碳排放初始配额的分配问题。《联合国气候变化框架公约》和《京都议定书》确立的"共同但有区别的责任"原则是典型的国际公平，区分了发达国家和发展中国家的碳排放总量。《京都议定书》架构了发达国家与发展中国家碳减排的国际合作机制，是一种基于历史碳排放评估的公平性制度安排，充分考虑了发达国家与发展中国家的经济发展阶段不同、累计碳排放的差异、技术水平的差距，从"共同但有区别的责任"原则出发，公平处理了国际履约协议，受到发展中国家的认可。要求在公平的基础上，根据"共同但有区别"的责任和各自的能力，承担减排任务。奶牛养殖业中的碳排放权交易机制可以开展如下设置。

（1）遵循奶牛养殖碳排放权配额分配的公平性原则

① 牛均碳排放配额的公平性。由于各奶牛养殖规模的奶牛数不同，散户与规模化奶牛养殖相差很多，导致各奶牛养殖规模间不仅碳排放总量存在差异，而且牛均碳排放也存在很大差异。学者曾利用基尼系数法测度了国家间人均碳排放的不公平性，因此建立在国家碳排放总量基础上的国际公平会产生人与人个体之间的不公平。同样各奶牛养殖规模间也会产生牛与牛的不公平性。如果采用牛均碳排放指标分配配额，将有助于规模较小的奶牛养殖主体在现有资源空间下实现碳减排，符合公平、共同的但有区别的责任，以及可持续发展的原则。牛均碳排放权的公平是黑龙江省各规模奶牛养殖碳减排任务分配的一个重要原则。

② 基于减排成本的公平性。从经济学的角度，假设碳市场是完全竞争的市场，那么参加碳交易的每个奶牛养殖主体的边际收益（碳价格）应该等于边际成本。因此，借鉴欧盟碳市场的经验，最基本的公平是各地区奶牛养殖的二氧化碳减排边际成本相等，这种状态下社会整体福利损失最小。黑龙江省各规模奶牛养殖的碳排放强度和减排潜力不尽相同，因此各规模奶牛养殖的碳减排边际成本存在较大差异。根据学者基于各区域的碳排放强度建立减排成本估计

模型，发现单因素考虑减排成本最小的原则，会使减排成本较低的区域（碳排放强度高）承担更多的减排任务。黑龙江省不同奶牛养殖区的碳排放初始配额分配需考虑各区域的实际情况，将减排成本纳入公平合理分配初始配额的因素。

③ 基于奶牛养殖经济效益水平的公平性。奶牛养殖利润水平反映了奶牛养殖业的发展水平和发展程度，是衡量效益的一个重要指标。黑龙江省是我国重要的生鲜乳生产基地，但各奶牛养殖规模和各区域奶牛养殖的生鲜乳价格及成本不尽相同，生鲜乳产量具有差异性，致使各奶牛养殖主体的千克奶利润及每头牛利润具有异质性。根据前文的实证研究结果，在奶牛养殖成本差异较小的情况下，产奶量越高的奶牛养殖主体的利润水平越高，相应地造成的碳排放也越大。但反过来说，它减排的经济能力也很强，有充裕的资金，引进和研发高水平的减排技术和优化能源经济结构。此外，奶牛养殖主体的经济效益水平高会增强它对环境产品的支付能力和支付意愿。经济效益水平较低的奶牛养殖主体优先考虑的是促进产奶总量的提升，实现经济效益增长，在短期内无法兼顾经济效益提高和碳减排目标。因此，对奶牛养殖碳排放交易权的初始配额应考虑到各规模奶牛养殖主体的经济效益水平差异性。

（2）设置奶牛养殖碳减排奖惩方案

奖励先进，惩戒落后就是在固定期限内给行业设定一个排放的基准线，碳排放优于基准线的企业将得到奖励，低于基准线的企业将受到惩罚。

2020年末，生态环境部出台了《2019—2020年全国碳排放权交易配额总量设定与分配实施方案（发电行业）》（以下简称《方案》），《方案》中确定了发电行业将实施免费的配额方式，并采用行业基准法核算重点排放单位的配额量。未来该方案可以推广到农业等其他领域。

实施奶牛养殖碳减排奖惩方案，要相关机构设立对于奶牛养殖碳减排的奖惩标准以及对奖惩资金的初始来源、筹集与流向等一系列问题进行规划。为此，可考虑设置碳排放权交易办公室，用以协调各级行政区由于碳排放权奖惩制度的施行所引发的各类奖励与处罚问题，如奖励资金的分配与发放、处罚资金的收取和汇总。生态环境厅设置相应办公机构，负责本地区碳减排工作的推进与各项奖惩资金的往来处理。例如，在奶牛养殖业，通过养殖企业自身努力实现千克奶碳排放水平优于基准线的企业，等同于在排放配额上有盈余，这一部分配额可以通过在碳市场中交易转化为企业的利润，相当于"奖励"。反之，碳排放水平低于基准线的企业需要在碳市场购买配额填补自身的缺口，增加了企业的成本，相当于一种"惩罚"。

（3）开展碳排放权交易的抵消机制

抵消机制，就是通过审定的1吨二氧化碳减排量，可用于抵消1吨二氧化碳排放量。目前我国经审定的可用于抵消的碳减排量主要为国家核证自愿减排量（CCER）。目前，从中国碳排放交易网上公布的中国经核证减排信用的类型和项目数量来看，主要集中在新能源和可再生能源项目上，其中风电有 90 个，光伏发电有 48 个，户用沼气有 41 个，水电有 32 个，生物质发电及其他有 42 个。其中，用于抵消的 CCER 应来自可再生能源、碳汇、甲烷利用等领域减排项目，在全国碳排放权交易市场重点排放单位组织边界范围外产生。

奶牛养殖业中可以用于抵消 CCER 的项目，主要有甲烷的利用及户用沼气等。奶牛养殖产生大量的甲烷，如果不经处理，将作为温室气体排放到大气。如果在奶牛场建设甲烷生物沼气池，能够从牛粪中提取甲烷，可以被转化成可再生能源，再输给公共电网，彻底取代化石燃料。

生态环境部组织起草的《全国碳排放权交易管理办法（试行）》明确，重点排放单位为全国碳排放权交易市场覆盖行业内年度温室气体排放量达到 2.6 万吨二氧化碳当量（综合能源消费量约 1 万吨标准煤）及以上的企业或者其他经济组织。研究表明，一头奶牛每年可以向大气释放约 4 吨二氧化碳，按此标准，一个奶牛存栏量达到 6 500 头的牧场就是碳排放权交易市场中的重点排放单位。

11.1.6 健全服务型税务体系

现代税务管理要求为纳税人做好服务工作。税务部门需强化以人为本的理念，建立健全服务型税务体系，创建良好征收管理环境。一是加大宣传力度。全面普及奶牛养殖碳排放税相关制度的认知教育，加深纳税人对奶牛养殖碳减排政策及税制的认知，明确告知纳税人政府所鼓励和限制的行为。二是树立服务意识。建立以纳税人为中心的新型征管关系，落实碳排放税优惠政策，完善咨询服务系统。除此之外还要加强对税务人员和环保人员专业能力和服务水平的培训，激励工作人员各司其职，以不断适应和满足碳排放税征管信息化、智能化需要。

（1）构建部门共享与问责机制

征收奶牛养殖碳排放税需要各个部门间的合作与监督，主要包括信息共享机制和问责机制，涉及的部门主要包括税务部门、环保部门及公安部门等。

一是建立信息共享机制。构建税收信息共享机制的总体目标是在黑龙江省范围内实现奶牛养殖企业税收信息集中，建成统一的电子税务平台，打破信息管税中的区域壁垒。构筑与工商、公安等部门共享信息的平台，打破信息管理中的"部门壁垒"。发挥税收信息对管税的作用，要从多渠道汇集纳税人的涉税信息。建立与工商、公安、银行、房产等部门共享信息的平台，方便及时交换数据。税务和环保部门可成立信息共享小组，提供信息共享设备，将"互联网＋"和大数据运用于部门协作，保证准确又便捷地实现税务与环保信息共享。黑龙江省可学习国外税务部门的税收信息共享的经验与做法，探索建立符合黑龙江省实际情况的税收信息共享平台。

二是构建问责机制。实行公开问责制有利于提升依法治税水平。税收管理者是税收政策的终极执行者，如果对其不加严格约束与规范，将滋生不依法治税，甚至以税谋私，以权谋私的现象，势必给国家和人民财产造成损失。实行问责制度，有利于变粗放式管理为集约式管理，让各税务部门权责统一，切实担当起岗位责任，杜绝执法不严的现象。首先，明确各部门职责分工，充分发挥各部门的优势，依规定按时完成任务并尊重各方建议；其次，保证征管工作公开透明，便于相互监督以防寻租；最后，辅以惩戒措施，对违反征管规定的部门人员作出相应惩罚。

（2）加强技术创新，防止逃税漏税

随着互联网技术应用越来越广泛，碳排放税的征管也必须要有与其相适应的技术设备。借鉴发达国家的先进科技，引入物联网、大数据、监测技术等的最新科技成果，利用互联网对污染情况进行实时监控，并且要加快监测设备更新换代速度，以防纳税人故意寻找设备漏洞而构成逃税漏税的不良行为。除此之外，还可以通过大数据信息技术建立网上征纳平台，一方面可以有效节省征税成本，另一方面也能够实现纳税人足不出户即可履行其纳税义务。

（3）提高税收征管的配套能力

增强税收征管的配套能力是碳排放税能够顺利实施的重要保证。碳税的征收依据是奶牛养殖企业碳排放消耗数据，这些数据需要通过企业申报获得。目前我国对奶牛养殖企业碳排放量的监测难度较大，为配合国家节能减排和实施碳税政策，应全面加强企业碳排放量的监测技术的研发及统计工作，建立准确可靠的申报和核实制度。

此外，针对税收人员积极开展相关培训，包括碳排放核查、碳排放核算、碳排放交易、碳资产管理、碳排放咨询、碳排放监测及碳中和路径政策等培训课程。在第三方核查标准、流程及审查等方面进行全面学习，使税收人员成为兼具碳排放核查与税收方面知识的复合人才。

11.2　黑龙江省奶牛养殖碳排放税的推广

我国地区发展差异很大，不同地区经济发展、行业结构、能源结构等基本情况不一样。碳排放税政策的实施会对各区域产生不同的影响，从而更加重我国区域经济发展的不平衡，同时各区域的经济结构、要素禀赋和竞争实力又会制约碳排放税实施的效果。实施碳排放税是一个远景目标，实现此目标不可能一蹴而就，也不能搞"一刀切"，所以如果忽视区域之间的差异，实行统一的碳排放税收标准，只会进一步加剧各区域间的不平衡发展。发达区域具有较强的经济实力，能源相对富裕，科技水平较高、能源资源消耗较低，碳税对其影响相对小，而且可能因其产品的竞争优势反而促进出口和 GDP 增长；欠发达区域经济竞争力较弱，主要分布在西北、东北等区域，其支柱产业多是能源密集型行业，但是该类区域的经济发展仍然未完全脱离高投入、高消耗和低效率的发展模式，开征碳税可能导致原本增长缓慢的经济进一步萎靡，使得区域经济整体受损。因此要因地制宜，各地应有不同的碳排放税时间表。我国奶牛养殖区多分布在经济欠发达地区，以西北和东北地区居多，奶牛养殖技术水平尚未达到全球先进水平。在部分奶牛养殖区域，还依赖于高碳能源的生产与消费。若开征碳税，在保证奶牛养殖业碳减排有效实行的情况下，各地要根据实际情况，出台配套的社会政策，避免奶牛养殖主体陷入困境。此外，还要防止各地为早日实现碳达峰、碳中和目标出台激进的、不符合本地实际情况的奶牛养殖碳减排措施以应对碳排放税。应注意协调奶牛养殖产出与碳减排之间的关系，平衡气候变化与民生之间的关系，促进奶牛养殖业可持续发展。

11.2.1 碳排放税的区域推广

（1）相同碳排放税率的区域推广

公共物品是私人产品的对称，是指具有消费或使用上的非竞争性和受益上的非排他性的产品，能为绝大多数人所共同消费或享用的产品或服务。与碳排放直接相关的空气是典型的公共物品。碳排放的强弱均不能排除大众对空气的使用，单独个体对碳减排的贡献不能限制其他主体享受空气，就会导致搭便车现象。即在利益群体内，某个成员为了本利益集团的利益所作的努力，集团内所有的人都有可能得益，但其成本则由这个人承担。征收碳排放税有利于减少搭便车效应的影响，通过约束碳排放主体的行为达到碳减排的目的。

在全球碳减排责任划分中，发达国家与发展中国家承担共同但有区别的责任。实际上，奶牛养殖业中推广碳排放税与在全球范围内推行碳减排任务相近。由于涉及各奶牛养殖区域的经济利益，在碳排放税推行中将遇到障碍。一方面，如果仅在奶牛养殖的主产区推行碳排放税，将增加奶牛养殖的成本，导致奶牛养殖主产区利润降低，兼业区的相对利润提高，可能引起全国奶牛养殖区域竞争力的排序变化。但产生的缓解碳排放的效果将对整个奶牛养殖业的碳减排，我国碳减排总量及减缓全球气候变暖均有益处，产生搭便车效应。另一方面，如果在全国奶牛养殖业同时推行碳排放税，奶牛养殖兼业区的成本提高将导致其利润更低，甚至亏损，引发国内生鲜乳市场供给不足，对进口粉的依赖性更大的风险。

推行奶牛养殖业碳排放税的最终目标是降低碳排放，减缓温室效应，而不是要增加养殖成本，迫使一部分高排放的养殖主体退出市场。因此，如果各区域推广相同的奶牛养殖碳排放税率，也应对碳减排效果显著的奶牛养殖主体给予碳减排补贴。在奶牛养殖主体逐渐接受碳排放税后，再将补贴撤销，并逐渐提高碳排放税率。具体可以分为两种情况：一是实施相同的碳排放税率，但各地区实行差异化补贴率；二是实行相同的碳排放税率和相同的补贴，但碳减排补贴的撤出时间不同。由于主产区的奶牛养殖规模化程度更高，其对碳排放税的抵御能力也优于兼业区。因此，主产区的碳减排补贴退出的时间可以早于兼业区。如果兼业区的奶牛养殖主体能较认同碳排放税，并且逐渐采用碳减排的技术与方式生产，碳排放量逐渐降低，这时碳减排补贴可以逐步减少并最终取消。

（2）差异化税率的区域推广

从宏观层面考虑，区域碳排放税率受到地区资源与经济发展异质性的影响。碳排放税率的设置与区域环境规制强度正相关，与环境质量评分负相关。环境规制程度越低，环境质量越高，相应的该区域碳排放税率水平越低。因此，高税率区域需要强化生产环节的监控，碳排放税率划分更为细致，制度更具有法律威慑力。如果全国各地区逐步开征碳排放税，奶牛养殖业整体成本将不同幅度上升，奶牛养殖的主产区将受到更大的影响。可能导致全国范围内原料乳价格上涨，在国际市场的竞争力下降，与其他行业相比成本上升，利润空间下降，致使奶牛养殖产业发展面临新的挑战。

从微观层面，奶牛养殖碳排放税的推广不仅与奶牛存栏量相关，还与生鲜乳产量及利润水平有关。奶牛存栏量及生鲜乳产量与奶牛的碳排放量正相关。奶牛养殖利润水平高的地区抵御碳排放税的能力相对强于奶牛养殖利润水平低的地区。因此，可以根据各区域奶牛养殖的实际情况实行差异化税率。

中国奶牛养殖的主产区主要集中在内蒙古、黑龙江、河北、山东、河南、陕西、宁夏、新疆、辽宁、山西等10个省份。其中，内蒙古奶牛存栏量近几年一直居首位，约212万头，占全国总量的15.4%以上；其次为新疆和河北，分别约185万头和181万头，占全国总量的13.5%和13.2%；黑龙江省的奶牛存栏量位居第四位。内蒙古、黑龙江、河北、河南、山东的产奶量占全国生鲜乳总产量的比重约为67%。黑龙江省的生鲜乳产量仅次于内蒙古，位居第二。但是，各区域的生鲜乳产量和奶牛存栏量与奶牛养殖的利润水平未必正相关。从奶牛养殖利润上看，黑龙江千克奶和每头牛的平均利润水平远高于内蒙古、河南、陕西等地和全国平均水平。河北和新疆奶牛养殖的利润水平高于其他奶牛养殖主产区。因此，在奶牛养殖主产区的碳排放税率可以略高于奶牛养殖兼业区，具体方式有以下几种：①以千克奶利润为标准，实行差异化税率。

即奶牛养殖主产区中千克奶利润高的区域的碳排放税可以略高于千克奶利润较低的区域。②以每头牛的利润为标准，实行差异化税率。即每头牛利润高的区域，碳排放税率高，反之亦然。③以奶牛存栏量为标准，实行差异化税率。奶牛存栏量高的地区，碳排放税率高，反之亦然。各地区间的总体碳排放税率差异可以根据奶牛养殖的实际情况设定，建议在5～10元/吨二氧化碳当量。由于各奶牛养殖区的优势差异，以上几种方式设置的碳排放税率对不同区域的奶牛养殖利润的影响不同。因此，碳排放税率设置的标准将成为各奶牛养殖区域博弈的重点。

11.2.2　碳排放税的行业推广

（1）在畜牧业中推广

我国是一个农业大国，畜牧业是农业发展中的重要领域之一。畜牧业一般可分为牧区畜牧业和农业区畜牧业。农业区畜牧业分布区域主要为以秦岭淮河为界限的温带农业区和热带农业区。农业区畜牧业在畜牧产品中占主要位置，以部分粮食或加工粮食的副产品为饲料，饲养猪、牛、羊以及鸡、鸭、鹅等家禽，以耗粮型畜牧业为主，以舍饲为主，兼用型畜牧业比较发达。目前我国农业区畜牧业在畜牧产品中占主要位置。牧区畜牧业主要分布在草原地区、荒漠区山地和荒漠区平原。牧区畜牧业经营管理方式粗放，以天然草场为基础，饲养牛、马、羊，优良畜种有三河马、三河牛、藏绵羊、牦牛等。内蒙古、新疆、青海、西藏是我国四大牧区，著名的优良畜种有内蒙古的三河马、三河牛，新疆的细毛羊、宁夏滩羊、藏绵羊、牦牛等。畜牧业为人们提供肉、奶、蛋类等食品，为工业提供羊毛、山羊绒，为农业生产提供有机肥，具有增加就业机会，促进经济发展等作用。

奶牛养殖业属于畜牧业范畴，其碳排放量在畜牧业碳排放中的占比高于猪、羊等其他畜牧业品种。奶牛为反刍动物，由于其瘤胃发酵的作用，产生的温室气体要多于猪、鸡等单胃动物，据统计，一头成年奶牛每天大约排尿20千克、牛粪25千克，一头奶牛的碳排放量相当于20个人的碳排放量。全球10.5亿头牛排放出的废气，被认为是导致全球变暖的最大元凶。联合国粮食及农业组织的报告指出，全球2.7%的温室气体排放来自乳业加工业。因此以奶牛养殖业为例试行碳排放税，在畜牧业中具有代表性与典型性。

根据董红敏的研究结论，我国主要畜产品碳足迹系数从高到低的排名为：牛肉、猪肉、鸡肉、牛奶。相关研究表明，一头奶牛的碳排放为4吨/年，鸡为20.8千克/年，猪为527.4千克/年。2020年我国生猪存栏量为40 650万头，奶牛存栏量为1 000万头。虽然奶牛养殖对应产品的碳足迹系数不是最高的，但是其产量较高，排泄物多，引致总体碳排放水平较高。由于猪肉是我国居民消费的最主要的畜产品，其碳排放量也应引起高度重视。

奶牛养殖业是乳业的前端生产，乳业产业链横跨一二三产业，涉及养殖、研发、加工、流通、消费等各个环节，这些环节均存在不同程度的碳排放，因此可在多领域开展碳减排工作。打造绿色低碳乳业产业链，碳排放税在奶牛养殖业试点成功，积累成功经验后，应按照畜禽品种的碳排放量由高到低排序，精准定位，逐步推向其他相关畜牧业品种，能够实现畜牧业以及产业链整体碳减排的目标。此外，也将有利于避免我国畜产品出口面临发达国家的碳贸易壁垒问题，同时绿色低碳的畜产品也有助于提升我国畜产品的国际竞争力。

（2）在农业中推广

中国是一个农业大国，农业是国民经济的基础。广义的农业包括种植业、林业、畜牧业、渔业、副业五种产业形式，狭义的农业是指种植业。据世界资源研究所于 2020 年发布的报告，农业碳排放占全球碳排放的 18.4%，种植业与畜牧业都是我国农业的主要组成部分。与畜牧业仅具有碳排放功能不同，种植业既是全球温室气体重要的排放源，又是一个巨大的碳汇系统。据联合国粮食及农业组织的数据统计，农业用地释放出来的温室气体超过了全球人为温室气体排放总量的 30%，但同时农业生态系统也可以抵消掉 80% 的因农业导致的温室气体排放。因此，在实现碳达峰与碳中和的道路上，农业减排大有可为。

随着化肥与农药等农用化学物质投入增加，我国农业产出不断增加，与此同时，碳排放也逐渐提高，环境问题凸显，为解决这一问题，就要充分发挥农户的主体作用，推广节约型农业技术，鼓励开发农村可再生资源，推进农业农村废弃物的资源化利用。近年来，政府陆续出台相关政策促进低碳农业发展。联合国粮食及农业组织公布的数据也显示，从 1978 年至 2018 年我国农业碳排放强度呈现下降趋势。但是仅依靠命令控制型环境规制工具推进碳减排目标仍贡献有限，应与市场激励型环境规制工具相结合，共同推进"双碳"目标实现。因此在农业中推广碳排放税是实现农业碳减排的关键路径之一。鉴于我国农产品品种众多，收益也不同，开征碳排放税应慎重选择品种，循序渐进推广。

粮食是种植业的重要构成部分。近年来，我国主要粮食作物玉米与大豆的利润波动较大，这将影响碳排放税是否能够顺利推广。由于我国玉米库存高，企业和财政负担加剧，国内外价差较大、进口压力大，加工企业经营困难、产业链价格倒挂等问题，在我国农业供给侧结构性改革的大背景下，2016 年国家取消了长达九年的玉米临储政策，东北三省和内蒙古自治区将玉米临时收储政策调整为"市场化收购"加"补贴"的新机制，导致该区域的玉米利润大幅降低，甚至出现亏损的情况。除了临储政策覆盖区域的玉米亏损外，2016 年我国大部分玉米种植区均处于亏损状态，平均每亩亏损 299.7 元，直到 2019 年也未摆脱亏损状态，平均每亩亏损 126.77 元。大豆也是我国重要的农作物，2010 年大豆的每亩净利润为 155.15 元，此后每亩净利润逐年下降。2014 年开始出现连年亏损的状况，2015 年大豆每亩亏损 115.09 元，大豆的净利润年均下降的幅度达到了 194％。2016 年我国大豆平均每亩亏损 210 元，大豆主产区的黑龙江省亏损 260 元/亩；截至 2019 年我国大豆亏损 194.1 元/亩，黑龙江省亏损 263.55 元/亩。为了保证农产品的供给及产业的可持续发展，不适宜在亏损时期对玉米及大豆两种农作物征收碳排放税。

我国蔬菜出口份额在农产品出口总额中占比近 30％，仅次于排名第一的水产品。因此蔬菜受发达国家碳贸易壁垒影响的可能性较大。与其他农产品相比，我国蔬菜的利润水平较高。近年来，蔬菜价格居高不下，露地茄子亩均利润为 1 718 元，设施茄子的亩均利润为 4 200 元，白菜与圆白菜的亩均利润均高于 1 000 元，马铃薯与菜花的亩均利润在 300～1 000 元。在农户利润水平较高时，起征碳排放税较容易被接受。但仍要防止农户将碳排放税的成本转嫁给消费者，导致终端蔬菜价格再度提高。

综上，碳排放税从畜牧业推广到农业中仍需慎重选择推广品种，推广方式及推广时机。在农作物利润较低或是亏损的时期不宜全面推开。当然也要权衡各农产品品种的相对竞争力及公平问题，征税初期，可以选择具有一定规模的农产品品种开征碳税，再逐步在各个规模中推广。

（3）在各行业中推广

与碳排放税相关的一个概念就是碳排放关税。它是发达国家为维护自身利益，对发展中国家出口的高碳产品拟征收的关税，欧盟作为碳关税的倡导者，已经正式提出碳关税政策。随着美国等发达国家与欧盟在碳关税立场取得一致的可能性不断增加，碳关税作为贸易保护措施将对发展中国家的经济与贸易造成巨大冲击。从现阶段碳关税的发展动态来看，碳关税实际上将成为发达国家对从发展中国家进口高碳排放制造业产品施行的一种进口关税，未来可能会扩展到物流、商贸、航空等服务业及农产品领域。通过碳关税，发达国家凭借自身技术优势，制定符合自身利益的减排规则，并通过减排服务贸易、节能设备出口、低碳技术转让和援助等，迫使广大发展中国家符合发达国家要求。一方面获取低碳经济发展红利，另一方面提升自身在全球气候谈判方面的地位，掌握话语权和规则制定权，限制中国等新兴经济体的经济发展。

现阶段，中国是处于工业化进程的发展中大国，也是高碳排放国家，目前工业化和城镇化任务依然紧迫，经济仍需要保持中高速增长。工业是各行业碳排放中重要的碳排放来源。近年的工业能耗带来二氧化碳总排放量占全国总排放量的比重高达 70％。钢铁、水泥和电力行业都是工业中碳排放的主要来源。

我国工业品具有高碳排放和高出口额比例的双重特点。这类高碳含量的出口品容易成为发达国家征收碳关税的目标。

根据 WTO 规定的避免双重征税原则，如果一国国内已征收了碳排放税，则不能被征收碳排放关税。因此，在国内征收碳排放税优于被他国征收碳排放关税的方案。我国应首先选择高碳排放行业为碳排放税的征税对象。由于发展阶段和技术水平等因素的制约，工业高碳排放的态势还不能在短期有根本性改观。作为主要出口大类的制造业产品，出口市场主要集中于美欧等发达国家和地区，可能会较多受到碳关税的影响。以工业为重点对象推广碳排放税，结合碳排放权交易能够有效地降低该行业的碳排放量。不仅可以抵消发达国家对我国开征碳关税的借口，还可以迫使企业积极开展绿色生产技术改革，实现低碳发展，建立绿色低碳循环生产方式。

12　结　论

税收是政府调控经济运行的重要手段。与以总量控制和碳排放贸易等市场竞争为基础的碳减排机制不同，征收碳排放税只需要额外增加少量管理成本就可以实现碳减排。为践行我国在全球碳减排中承担共同但有差别责任的承诺，本研究以黑龙江省奶牛养殖业为例，在借鉴国外实行碳排放税国家的经验，分析黑龙江省开征碳排放税可行性的基础上，对奶牛养殖的碳排放税进行设计并研究其碳减排效果，提出黑龙江省奶牛养殖业中碳排放税的实施及推广措施。

（1）研究的主要结论

第一，从奶牛养殖主产区的地位和奶牛养殖的经济状况来看，以黑龙江省的奶牛养殖业为碳排放税的试点区域均具有可行性。黑龙江省是我国重要的奶牛养殖主产区，奶牛存栏量和单产及总产均居全国前列。各奶牛养殖主产区的利润对比表明，黑龙江省的大规模奶牛养殖优势明显，中规模奶牛养殖较具优势，小规模奶牛养殖与全国平均水平基本持平，具有开征碳排放税的基本条件。

第二，黑龙江省奶牛养殖的碳排放量呈先增加后减少的态势。各奶牛养殖规模的碳排放趋势具有差异性：小规模与散户奶牛养殖的碳排放量减少，中规模与大规模奶牛养殖的碳排放量增加。

第三，征收碳排放税的方案下，奶牛养殖的长期碳减排量对碳排放税率的反应大于短期。随着碳排放税率由 30 元/吨二氧化碳当量增加到 150 元/吨二氧化碳当量，减排总量近乎呈线性趋势增加。当碳排放税率为 30 元/吨二氧化碳当量时，碳减排与经济增长能够协调发展。奶牛养殖的碳减排量受存栏量、生鲜乳产量、市场退出率及养殖成本异质性等多种因素影响。碳减排补贴会削弱碳税的碳减排作用，但当税收返还 100％时，补贴对产量的促进作用大于碳税对产量的抑制作用，激励养殖主体革新技术，原料乳产量和经济增长率为正。当碳税税率与补贴系数处于一定比值区间时，政府可以实现碳税与补贴政策下原料乳产量与碳排放量强脱钩。随着碳税接受度提高，可逐步提高税率。

第四，规模经济在奶牛养殖抵御碳排放税方面的效果明显。奶牛养殖主体的规模越大，退出市场的比例越低。各规模奶牛养殖的平均边际成本并不是影响各奶牛养殖规模市场退出率的主要因素，还取决于各奶牛养殖规模的异质性。在边际成本一定的情况下，异质性强的奶牛养殖规模的市场退出率较高。

第五，根据中国政府碳减排总体目标得出的奶牛养殖业碳排放强度表明，2018 年黑龙江省奶牛养殖业已提前完成碳减排强度减少 40％～45％的目标。预测结果表明，2019—2030 年黑龙江省奶牛养殖业碳排放将处于稳步下降的趋势，2030 年可以实现比 2005 年碳排放强度降低 60％～65％的目标，减排效果显著。

综合上述结论，研究从合理设置碳排放税率，循序渐进实施碳排放税及协调碳排放税与其他税种关系等方面提出黑龙江省奶牛养殖碳排放税的实施措施；分别从区域层面和行业层面两方面提出碳排放税的推广方案。

（2）不足之处及后续研究

由于时间、科研能力及资料获取的局限性，本书仍存在一些需要完善之处，主要有以下几点：

首先，研究并未考虑到生鲜乳品质差异的问题。研究在假设生鲜乳品质同质的情况下开展奶牛养殖市场均衡的研究。但在实际中，各乳企对生鲜乳收购采取阶梯奶价的策略，即生鲜乳品质越高，收购价格越高。一般而言，规模越大的养殖场，由于其设备完善性及管理规范性，生鲜乳的品质较高，奶价较高，即使边际成本略高于其他规模，其边际收益也具有竞争力。这可能也是大规模奶牛养殖退出率较低的一个原因。

其次，调研数据对研究结果也具有一定的影响。由于各种因素的限制，本研究中的调研数据主要源于黑龙江省的主要奶牛养殖区域，虽然具有典型性和代表性，但不具备全面性。

最后，本研究主要从微观经济视角研究奶牛养殖业征收碳排放税的效果，未考虑宏观经济视角下的碳排放税的效果。后续研究可以考虑从宏观与微观层面共同研究碳排放税下奶牛养殖业的碳减排效果。

参 考 文 献

巴士迪，张克强，杨增军，等，2021. 奶牛粪便翻堆式与槽式堆肥过程气体排放规律及养分损失原位监测 [J]. 生态环境学报，30（2）：420-429.

毕于运，王亚静，高春雨，2010. 中国稻秆资源综合利用的系统构成及总体趋势机 [J]. 中国农业资源与区划，31（4）：35-38.

卜卫兵，李纪生，2007. 我国原料奶生产的组织模式及效率分析——以江苏省为例的实证研究 [J]. 农业经济问题（6）：67-73.

曹静，2009. 走低碳发展之路：中国碳税政策的设计及 CGE 模型分析 [J]. 金融研究（12）：19-29.

曹黎明，李茂柏，王新其，等，2014. 基于生命周期评价的上海市水稻生产的碳足迹 [J]. 生态学报，34（2）：491-499.

曹明德，毛涛，2011. 国外环境税制的立法实践及其对我国的启示 [J]. 中国政法大学学报（3）：73-83，159.

陈琳，肖明，潘根兴，2011. 南京地区大棚蔬菜生产的碳足迹调查分析 [J]. 农业环境科学学报，30（9）：1791-1796.

陈柔，何艳秋，朱思宇，等，2020. 我国农业碳排放双重性及其与经济发展的协调性研究 [J]. 软科学，34（1）：132-138.

陈炜，殷田园，李红兵，2019. 1997—2015 年中国种植业碳排放时空特征及与农业发展的关系 [J]. 干旱区资源与环境，33（2）：37-44.

陈瑶，尚杰，2014. 四大牧区畜禽业温室气体排放估算及影响因素分解 [J]. 中国人口·资源与环境，24（12）：89-95.

成小平，2013. 我国奶牛养殖收益影响因素分析——基于省际面板数据的实证研究 [J]. 重庆理工大学学报（社会科学），27（12）：41-44.

程永宏，桂云苗，张云丰，2017. 碳税政策对企业生产与减排投资决策的影响研究 [J]. 生态经济（7）：51-56.

初巧智，师帅，2021. 黑龙江省农业经济与碳排放的关系研究——基于 Tapio 脱钩模型 [J]. 山西农经（11）：104-107.

褚力其，姜志德，任天驰，2020. 中国农业碳排放经验分解与峰值预测——基于动态政策情景视角 [J]. 中国农业大学学报，25（10）：187-201.

邓蔚，2020. 税收中性原则在我国增值税立法的适用问题研究 [D]. 南昌：南昌大学.

邓郁，郭兴华，2020. 河北省不同养殖规模牧场成本效益比较分析 [J]. 中国乳业（4）：57-61.

丁丁，王云鹏，2020. 论发展低碳经济的税收优惠制度 [J]. 北京交通大学学报（社会科学版），19（4）：127-137.

董红敏，林而达，杨其长，1995. 中国反刍动物甲烷排放量的初步估算及减缓技术 [J]. 农村生态环境学报，11（3）：4-7.

董梅，2020. 碳税与能源效率提高的碳减排效应比较——基于 CGE 模型的分析 [J]. 财经理论研究（1）：47-55.

董晓霞，李孟娇，刘浩淼，2013. 我国奶牛优势区域养殖成本效益比较分析 [J]. 中国食物与营养（19）：19-23.

段晓雪，2018. 乳制品碳足迹核算方法及案例研究 [D]. 武汉：湖北工业大学.

范允奇，2012. 我国碳税效应、最优税率和配置机制研究 [D]. 北京：首都经济贸易大学.

甘雨田，2019. 中国奶牛产业碳排放量估算及影响因素研究 [D]. 哈尔滨：东北农业大学.

郭海红，刘新民，2020. 中国农业绿色全要素生产率时空演变 [J]. 中国管理科学，28（9）：66-75.

郭娇，齐德生，张妮娅，等，2017. 中国畜牧业温室气体排放现状及峰值预测 [J]. 农业环境科学学报，36（10）：2106-2113.

郭四代，钱昱冰，赵锐，2018. 西部地区农业碳排放效率及收敛性分析——基于 SBM-Undesirable 模型 [J]. 农村经济（11）：80-87.

何艳秋，陈柔，吴昊玥，等，2018. 中国农业碳排放空间格局及影响因素动态研究 [J]. 中国生态农业学报，26（9）：1269-1282.

胡川，韦院英，胡威，2018. 农业政策、技术创新与农业碳排放的关系研究 [J]. 农业经济问题（9）：66-75.

胡剑波，王青松，2019. 基于泰尔指数的中国农业能源消费碳排放区域差异研究 [J]. 贵州社会科学（7）：108-117.

胡婉玲，张金鑫，王红玲，2020. 中国农业碳排放特征及影响因素研究 [J]. 统计与决策，36（5）：56-62.

胡向东，王济民，2010. 中国畜禽温室气体排放量估算 [J]. 农业工程学报，26（10）：247-252.

黄坚雄，陈源泉，刘武仁，等，2011. 不同保护性耕作模式对农田的温室气体净排放的影响 [J]. 中国化业科学，44（14）：2935-2942.

黄菩佳，杨海真，2010. 中国碳减排承诺解读及碳交易发展研究阴 [J]. 长江流域资源与环境，19（2）：11-13.

黄文强，董红敏，朱志平，等，2015. 畜禽产品碳足迹研究进展与分析 [J]. 中国农业科学，48（1）：93-111.

黄显雷，师博扬，张英楠，等，2021. 基于生命周期视角的种养一体化奶牛场环境经济效益评估 [J]. 中国环境科学，41（8）：3944-3955.

黄耀，2006. 中国的温室气体排化减排措施与对策 [J]. 第四纪研究（5）：727-732.

黄祖辉，米松华，2011. 农业碳足迹研究——以浙江省为例 [J]. 农业经济问题（11）：40-47，111.

计军平，马晓明，2011. 碳足迹的概念和核算方法研究进展 [J]. 生态经济（4）：76-80.

姜涛，刘瑞，边卫军，2021."十四五"时期中国农业碳排放调控的运作困境与战略突围 [J]. 宁夏社会科学（5）：66-73.

解春艳，黄传峰，徐浩，2021. 环境规制下中国农业技术效率的区域差异与影响因素——基于农业碳排放与农业面源污染双重约束的视角 [J]. 科技管理研究，41（15）：184-190.

金书秦，韩冬梅，林煜，等，2021. 碳达峰目标下开展农业碳交易的前景分析和政策建议 [J]. 农村金融研究（6）：3-8.

金书秦，林煜，牛坤玉，2021. 以低碳带动农业绿色转型：中国农业碳排放特征及其减排路径 [J]. 改革（5）：29-37.

冷雪，2012. 碳排放与我国经济发展关系研究 [D]. 上海：复旦大学.

李波，张俊飚，李海鹏，2011. 中国农业碳排放与经济发展的实证研究 [J]. 干旱区资源与环境（12）：8-13.

李成龙，周宏，2020. 农业技术进步与碳排放强度关系——不同影响路径下的实证分析 [J]. 中国农业大学学报，25（11）：162-171.

李翠霞，谭留兵，2013. 奶牛养殖规模效益分析——以黑龙江省为例 [J]. 中国农学通报，29（14）：1-6.

李慧莉，2014. 中国开征碳税问题研究 [D]. 兰州：兰州商学院.

李敏，2020. 碳税征收对云南省宏观经济及二氧化碳减排影响研究 [D]. 昆明：云南财经大学.

李盛丰，2020. 中国碳税法律制度构建研究 [D]. 石家庄：河北地质大学.

李小平，卢现祥，2010. 国际贸易、污染产业转移和中国工业 CO_2 排放 [J]. 经济研究（1）：15-26.

李晓锋，陈明新，2008. 全球气候变暖对我国畜牧业的影响与分析 [J]. 中国畜牧杂志，44（4）：50-53.

李晓彦，韩祎，2016. 我国环境保护税征管难点研究 [J]. 山西财税（7）：16-18.

李晓燕，王彬彬，2010. 四川发展低碳农业的必然性巧途径 [J]. 西南民族大学学报（人文社会科学版）（1）：103-106.

李鑫杰，马梅，2021. 农业绿色发展背景下我国农业碳排放研究进展分析 [J]. 黑龙江畜牧兽医（16）：10-15，146-147.

李毅，石威正，胡宗义，2021. 基于 CGE 模型的碳税政策双重红利效应研究 [J]. 财经理论与实践，42（4）：82-89.

李玉波，李广帅，张凤恒，等，2021. 畜牧养殖业碳排放与经济增长关系——基于吉林省的统计数据 [J]. 内江师范学院学报，36（6）：91-98.

李玉娥，董红敏，林而达，1997. 气候变化对畜牧业生产的影响 [J]. 农业工程学报，S1（13）：20-23.

李玉娥，董红敏，万运帆，等，2009a. 规模化猪场沼气工程 CDM 项目的减排及经济效益分析 [J]. 农业环境科学学报，28（12）：2580-2583.

李玉娥，董红敏，万运帆，等，2009b. 规模化养鸡场 CDM 项目减排及经济效益估算 [J].

农业工程学报，25（1）：194-198.

林而达，许吟隆，蒋金荷，等，2006. 气候变化国家评估报告（II）：气候变化的影响与适应［J］. 气候变化研究进展，2（2）：51-56.

林明，2021. 金融发展对碳排放的影响研究［D］. 蚌埠：安徽财经大学.

林余，张稳，黄耀，2011. 中国动物源性 CH_4 排放空间分布和时间变化研究［J］. 环境科学，32（8）：2212-2220.

林余，2011. 中国动物源 CH_4 排放空间分布和时间变化研究［D］. 南京：南京农业大学.

刘建，高维新，2018. 国际碳税制度建立的主要内容及对我国的启示［J］. 对外经贸实务，352（5）：48-51.

刘建梅，2016. 经济新常态下碳税与碳排放权交易协调应用政策研究［D］. 北京：中央财经大学.

刘明明，雷锦锋，2021. 我国农业实现碳中和的法制保障研究［J］. 广西社会科学，9：30-38.

刘琼，肖海峰，2020. 农地经营规模与财政支农政策对农业碳排放的影响［J］. 资源科学，42（6）：1063-1073.

刘婷，2017. 中国 CO_2 排放的区域转移与碳税分析［D］. 北京：清华大学.

刘翌晨，郭涑娜，朱法江，等，2020. 规模化奶牛养殖场温室气体排放研究——以山西省某奶牛养殖场为例［J］. 环境保护与循环经济，40（6）：56-60.

卢俊宇，黄贤金，陈逸，等，2013. 基于能源消费的中国省级区域碳足迹时空演变分析［J］. 地理研究，32（2）：326-336.

陆菁，刘毅群，2016. 要素替代弹性、资本扩张与中国工业行业要素报酬份额变动［J］. 世界经济（3）：118-143.

孟军，范婷婷，2020. 黑龙江省农业碳排放动态变化影响因素分析［J］. 生态经济，36（12）：34-39.

孟祥海，程国强，张俊飚，等，2014. 中国畜牧业全生命周期温室气体排放时空特征分析［J］. 中国环境科学，34（8）：2167-2176.

孟祥海，张俊飚，李鹏，等，2014. 畜牧业环境污染形势与环境治理政策综述［J］. 生态与农村环境学报，30（1）：1-8.

强永昌，2002. 环境标准的经济效应与国际贸易［J］. 经济学动态（7）：27-30.

冉光和，王建洪，王定祥，2011. 我国现代农业生产的碳排放变动趋势研究［J］. 农业经济问题（2）：32-40.

冉敏芳，2020. 不同养殖模式下奶牛饲料成本和养殖经济效益的分析［J］. 饲料研究，43（12）：170-172.

任超，王洪宇，2021. 从税收中性原则探究碳税再循环机制的构建［J］. 财会月刊（4）：155-160.

沈月琴，曾程，王成军，等，2015. 碳汇补贴和碳税政策对林业经济的影响研究——基于 CGE 的分析［J］. 自然资源学报（4）：560-568.

师帅，李翠霞，李媚婷，2017. 畜牧业"碳排放"到"碳足迹"核算方法的研究进展［J］.

中国人口·资源与环境，27（6）：36-41.

石鹏飞，郑媛媛，杨东玉，等，2017. 种养一体规模化农场温室气体排放量分析 [J]. 生态与农村环境学报，33（3）：207-214.

时钰，姚佩欣，2021. 我国不同规模奶牛养殖成本收益分析 [J]. 中国乳品工业，49（10）：44-48.

史非凡，2021. 中国制造业碳排放强度影响因素研究 [D]. 昆明：云南财经大学.

谭秋成，2011. 中国农业温室气体排放：现状及挑战 [J]. 中国人口·资源与环境，21（10）：69-75.

林伯强，李爱军，2012. 碳关税的合理性何在 [J]? 经济研究（11）：118-127.

汤铃，张亮，余乐安，2020. 基于CGE模型的碳税政策影响研究 [J]. 中国石油大学学报（社会科学版），36（1）：11-17.

田成诗，陈雨，2021. 中国省际农业碳排放测算及低碳化水平评价——基于衍生指标与TOPSIS法的运用 [J]. 自然资源学报，36（2）：395-410.

田云，陈池波，2020. 基于碳排放权分配的中国省域碳减排奖惩方案 [J]. 中国人口·资源与环境，30（11）：54-62.

田云，陈池波，2021. 市场与政府结合视角下的中国农业碳减排补偿机制研究 [J]. 农业经济问题（5）：120-136.

田云，林子娟，2021a. 巴黎协定下中国碳排放权省域分配及减排潜力评估研究 [J]. 自然资源学报，36（4）：921-933.

田云，林子娟，2021b. 长江经济带农业碳排放与经济增长的时空耦合关系 [J]. 中国农业大学学报，26（1）：208-218.

田云，王梦晨，2020. 湖北省农业碳排放效率时空差异及影响因素 [J]. 中国农业科学，53（24）：5063-5072.

田云，吴海涛，2020. 产业结构视角下的中国粮食主产区农业碳排放公平性研究 [J]. 农业技术经济（1）：45-55.

田云，张银岭，2019. 中国农业碳排放减排成效评估、目标重构与路径优化研究 [J]. 干旱区资源与环境，33（12）：1-7.

田云，2019. 认知程度、未来预期与农户农业低碳生产意愿——基于武汉市农户的调查数据 [J]. 华中农业大学学报（社会科学版）（1）：77-84，166.

王婵娟，2015. 中国碳减排财税政策研究 [D]. 天津：天津商业大学.

王聪，2020. 我国奶牛养殖业绿色全要素生产率及其影响因素研究 [D]. 哈尔滨：东北农业大学.

王海飞，2020. 基于SSBM-ESDA模型的安徽省县域农业效率时空演变 [J]. 经济地理，40（4）：175-183，222.

王金南，严刚，姜克隽，等，2009. 应对气候变化的中国碳税政策研究 [J]. 中国环境科学（1）：101-105.

王磊，朱雪晴，李翠霞，2021. 基于碳排放约束视角的牧场适度规模养殖研究——以黑龙江省156个规模化奶牛养殖场为例 [J]. 黑龙江畜牧兽医（16）：1-9，146.

王留鑫，姚慧琴，韩先锋，2019. 碳排放、绿色全要素生产率与农业经济增长 [J]. 经济问题探索（2）：142-149.

王若梅，马海良，王锦，2019. 基于水—土要素匹配视角的农业碳排放时空分异及影响因素——以长江经济带为例 [J]. 资源科学，41（8）：1450-1461.

王帅，赵荣钦，杨青林，等，2020. 碳排放约束下的农业生产效率及其空间格局——基于河南省65个村庄的调查 [J]. 自然资源学报，35（9）：2092-2104.

王效琴，梁东丽，王旭东，等，2012. 运用生命周期评价方法评估奶牛养殖系统温室气体排放量 [J]. 农业工程学报，28（13）：179-184.

王兴，马守田，濮超，等，2017. 西南地区农业碳排放趋势及影响因素研究 [J]. 中国人口·资源与环境，27（S2）：231-234.

王钰龙，2020. 山东省奶牛生产区域布局、比较优势及发展预测研究 [D]. 泰安：山东农业大学.

魏秀芬，李良，张巧利，2014. 我国奶牛养殖业成本收益分析及建议 [J]. 中国奶牛，3（4）：28-33.

翁钰栋，2016. 中国碳税设计研究 [D]. 长春：吉林大学.

吴昊玥，何艳秋，陈文宽，等，2020. 中国农业碳补偿率空间效应及影响因素研究——基于空间 Durbin 模型 [J]. 农业技术经济（3）：110-123.

吴昊玥，黄瀚蛟，何宇，等，2021. 中国农业碳排放效率测度、空间溢出与影响因素 [J]. 中国生态农业学报（中英文），29（10）：1762-1773.

吴金凤，王秀红，2017. 不同农业经济发展水平下的碳排放对比分析——以盐池县和平度市为例 [J]. 资源科学，39（10）：1909-1917.

吴威辰，国安邦，王松，等，2018. 辽宁省畜牧业生产过程的温室气体排放研究 [J]. 环境保护与循环经济，38（10）：85-87.

吴义根，2019. 低碳约束下的中国农业生产率研究 [D]. 北京：中国农业大学.

伍国勇，孙小钧，于福波，等，2020. 中国种植业碳生产率空间关联格局及影响因素分析 [J]. 中国人口·资源与环境，30（5）：46-57.

夏四友，赵媛，许昕，等，2020. 近20年来中国农业碳排放强度区域差异、时空格局及动态演化 [J]. 长江流域资源与环境，29（3）：596-608.

夏四友，赵媛，许昕，等，2019. 1997—2016年中国农业碳排放率的时空动态与驱动因素 [J]. 生态学报，39（21）：7854-7865.

肖立君，2016. 碳税与补贴政策结合下的低碳供应链优化策略研究 [D]. 上海：东华大学.

辛国昌，张立中，2011. 不同规模奶牛养殖的成本和收益比较 [J]. 财会月刊（5）：44-46.

邢嘉颖，2021. 二氧化碳减排政策对中国经济与环境的影响研究 [D]. 太原：山西财经大学.

徐丽，曲建升，吴金甲，等，2019. 中国农牧业碳排放时空变化及预测 [J]. 生态与农村环境学报，35（10）：1232-1241.

徐兴英，段华平，卞新民，2012. 江苏省畜禽养殖温室气体排放估算 [J]. 江西农业学报，

24 (6): 162-165.

许广月, 2010. 中国低碳农业发展研究 [J]. 经济学家 (10): 72-78.

许士春, 张文文, 戴利俊, 2016. 基于CGE模型的碳税政策对碳排放及居民福利的影响分析 [J]. 工业技术经济 (5): 52-59.

许士春, 2012. 市场型环境政策工具对碳减排的影响机理及其优化研究 [D]. 徐州: 中国矿业大学.

薛晓聪, 2020. 中国奶牛养殖生产布局演变及其增长效应研究 [D]. 哈尔滨: 东北农业大学.

杨春, 熊学振, 2021. 用高质量绿色发展推进畜牧业碳达峰和碳中和 [N]. 中国畜牧兽医报, 04-18 (1).

杨小平, 陈昌锋, 2016. 环境保护税之国际比较与借鉴 [J]. 上海市经济管理干部学院学报 (1): 26-32.

杨晓彤, 祝丽云, 李彤, 等, 2021. 我国不同规模奶牛养殖成本效益及影响因素研究 [J]. 黑龙江畜牧兽医 (12): 11-15, 148-149.

姚成胜, 钱双双, 李政通, 等, 2017. 中国省际畜牧业碳排放测度及时空演化机制 [J]. 资源科学, 39 (4): 698-712.

姚成胜, 钱双双, 毛跃华, 等, 2017. 中国畜牧业碳排放量变化的影响因素分解及空间分异 [J]. 农业工程学报, 33 (12): 10-19.

尹朝静, 范丽霞, 李谷成, 2014. 要素替代弹性与中国农业增长 [J]. 华南农业大学学报 (社会科学版) (2): 16-23.

尹岩, 郗凤明, 邴龙飞, 等, 2021. 我国设施农业碳排放核算及碳减排路径 [J]. 应用生态学报, 32 (11): 1-9.

于海龙, 李秉龙, 2012. 中国奶牛养殖的区域优势分析与对策 [J]. 农业现代化研究, 33 (2): 150-154.

曾宪芳, 赵世伟, 李晓晓, 等, 2012. 宁夏回族自治区平罗县主要农作物碳足迹研究 [J]. 水土保持通报, 32 (5): 61-65.

张广胜, 王珊珊, 2014. 中国农业碳排放的结构、效率及其决定机制 [J]. 农业经济问题 (7): 18-25.

张何英, 2012. 碳关税和碳税的征收对中国产业影响的比较研究 [D]. 上海: 华东理工大学.

张金鑫, 王红玲, 2020a. 环境规制、农业技术创新与农业碳排放 [J]. 湖北大学学报 (哲学社会科学版), 47 (4): 147-156.

张金鑫, 王红玲, 2020b. 中国畜牧业碳排放地区差异、动态演进与收敛分析——基于全国31个省(市) 1997—2017年畜牧业数据 [J]. 江汉论坛 (9): 41-48.

张军伟, 费建翔, 徐永辰, 2020. 金融支持对绿色农业发展的激励效应 [J]. 中南财经政法大学学报 (6): 91-98.

张可云, 张理芃, 2011. 国外低碳经济理论争议和政策选择比较 [J]. 经济学动态 (1): 126-132.

张曼玉，李彤，刘希，2015. 不同规模奶牛养殖的成本效益及生产效率研究 [J]. 广东农业科学（23）：232 - 238.

张宁，庞军，冯相昭，2021. 全国碳市场引入配额拍卖机制及实施碳税配套措施的经济影响研究 [J/OL]. 中国环境科学，01 - 13 [11 - 23]. https://doi. org/10. 19674/j. cnki. issn1000 - 6923. 20211022. 011.

张璞，2018. 基于 CGE 模型的低碳政策对我国生物质成型燃料产业发展影响评估 [D]. 武汉：华中科技大学.

张颂心，2021. 中国农业碳排放量测算及影响因素分析——基于省级面板数据的研究 [J]. 湖北农业科学，60（1）：60 - 64，95.

张晓丹，2014. 我国开征碳税问题研究 [D]. 苏州：苏州大学.

张晓雷，马丁，王天日，2020. 黑龙江省畜牧业碳排放效率及影响因素研究 [J]. 黑龙江畜牧兽医（4）：7 - 12，147.

张义琼，2021. 近 29 年来德阳市农牧业碳排放估算及脱钩关系研究 [D]. 成都：四川师范大学.

张永强，田媛，王珧，等，2019. 农村人力资本、农业技术进步与农业碳排放 [J]. 科技管理研究，39（14）：266 - 274.

张玉梅，乔娟，2014. 都市农业发展与碳排放脱钩关系分析——基于脱钩理论的 Tapio 弹性分析法 [J]. 经济问题（10）：81 - 86.

张振龙，孙慧，苏洋，2017. 中国西北干旱地区农牧业生态系统碳排放的空间分布与演变趋势 [J]. 生态学报，37（16）：5263 - 5272.

张孜孜，2014. 我国碳税的税率估算及其影响研究 [D]. 武汉：华中科技大学.

章胜勇，尹朝静，贺亚亚，等，2020. 中国农业碳排放的空间分异与动态演进——基于空间和非参数估计方法的实证研究 [J]. 中国环境科学，40（3）：1356 - 1363.

赵君，2014. 碳税征收公平原则研究 [D]. 沈阳：辽宁大学.

赵荣钦，黄贤金，2010. 基于能源消费的江苏省土地利用碳排放与碳足迹 [J]. 地理研究，29（9）：1639 - 1649.

赵荣钦，秦明周，2007. 中国沿海地区农田生态系统部分碳源/汇时空差异 [J]. 生态与农村环境学报，23（2）：1 - 6.

郑颖，2014. 构建我国碳税法律制度研究 [D]. 济南：山东大学.

郑永超，文琦，2020. 宁夏回族自治区土地利用变化及碳排放效应 [J]. 水土保持研究，27（1）：207 - 212.

钟丹丽，2021. 不同补贴策略下考虑双边绿色投入的供应链决策研究 [D]. 无锡：江南大学.

周思宇，郗凤明，尹岩，等，2021. 东北地区耕地利用碳排放核算及驱动因素 [J]. 应用生态学报，32（11）：3865 - 3871.

周志国，2012. 我国开征碳税的效率与公平分析 [D]. 哈尔滨：哈尔滨工业大学.

朱娟，胡定寰，2009. 我国农户散养奶牛规模经济分析——以内蒙古呼和浩特市为例 [J]. 中国乳业（10）：23 - 26.

朱永彬，刘晓，王铮，2010. 碳税政策的减排效果及其对我国经济的影响分析［J］. 中国软科学 (4)：1-9，87.

左志平，齐振宏，邬兰娅，2016. 碳税补贴视角下规模养猪户低碳养殖行为决策分析［J］. 中国农业大学学报，21 (2)：150-159.

BEAUCHEMIN K, KREUZER M, O'MARA F, et al., 2008. Nutritional management for enteric methane abatement: a review Australian ［J］. Journal of experimental agriculture, 48 (2)：21-27.

CARLOS C C, CINDY S M, PRISCILA A A, et al., 2016. Assessing the carbon footprint of beef cattle in Brazil: a case study with 22 farms in the State of Mato Grosso ［J］. Journal of cleaner production (112)：2593-2600.

DANIEL M A, DADI K, KYRRE R, 2015. Broad breeding goals and production costs in dairy farming ［J］. Journal of productivity analysis (43)：403-415.

DONG Y, ISHIKAWA M, LIU X, et al., 2010. An analysis of the driving forces of CO_2 emissions embodied in Japan-China trade ［J］. Energy policy, 38 (11)：6784-6792.

GABLER M T, TOZER P R, HEINRICHS A J, 2000. Development of a cost analysis spreadsheet for calculating the costs to raise a replacement dairy heifer ［J］. Journal of dairy science (83)：1104-1109.

GERBER P J, STEINFELD H, HENDERSON B, et al., 2013. Tackling climate change through livestock—a global assessment of emissions and mitigation opportunities ［M］. Rome: Food and Agriculture Organization of the United Nations.

GETACHEW G, ROBINSON P H, DEPETERS E J, et al., 2005. Methane production from commercial dairy rations estimated using an in vitro gas technique ［J］. Animal feed science & technology (P1)：0-402.

GUAN D, HUBACEK K, WEBER C L, et al., 2008. The drivers of Chinese CO_2 emissions from 1980 to 2030 ［J］. Global environmental change, 18 (4)：0-634.

HEDIGER W, 2006. Modeling GHG emissions and carbon sequestration in Swiss agriculture: an integrated economic approach ［J］. International congress series, 1293：0-95.

HEINRICHS A J, JONES C M, GRAY S M, et al., 2013. Identifying efficient dairy heifer producers using production costs and data envelopment analysis ［J］. Journal of dairy science (96)：7355-62.

HYLAND J J, STYLES D, JONES D L, et al., 2016. Improving livestock production efficiencies presents a major opportunity to reduce sectoral greenhouse gas emissions ［J］. Agricultural systems (147)：123-131.

LESSCHEN J P, VAN DEN B M, WESTHOEK H J, et al., 2011. Greenhouse gas emission profiles of European livestock sectors ［J］. Animal feed science and technology (166-167)：16-28.

IPCC, 2006. IPCC guidelines for national greenhouse gas inventories volume 4: agriculture, forestry and other land use ［R］. Geneva: IPCC.

JING Y F, ZHAO D G, SHI L P, et al., 2007. Terrestrial vegetation carbon sinks in China, 1981—2000 [J]. Earth sciences, 50 (9): 1341 - 1350.

JOHNSON M F, FRANZLUEBBERS A J, WEYERS S L, et al., 2007. Agricultural opportunities to mitigate greenhouse gas emissions [J]. Environmental pollution, 150 (1): 0 - 124.

LAL R, BRUCE J P, 1999. The potential of world cropland soils to sequester C and mitigate the greenhouse effect [J]. Environmental science and policy, 2 (2): 177 - 185.

LAL R, 2004. Carbon emission from farm operations [J]. Environment international, 30 (7): 0 - 990.

LASSEY K R, 2007. Livestock methane emission: from the individual grazing animal through national inventories to the global methane cycle [J]. Agricultural and forest meteorology, 142 (2 - 4): 0 - 132.

LAWN P A, 2005. An assessment of the valuation methods used to calculate the Index of Sustainable Economic Welfare (ISEW), Genuine Progress Indicator (GPI), and Sustainable Net Benefit Index (SNBI) [J]. Environment development & sustainability, 7 (2): 185 - 208.

LI Z, 2003. An econometric study on China's economy, energy and environment to the year 2030 [J]. Energy policy, 31: 1137 - 1150.

MAGNUS L, LARS F A, 2010. Unintentional climate policy: Swedish experiences of carbon dioxide emissions and economic growth 1950—2005 [J]. CERE working paper (14).

MARCO T, LAURA P, ETTORE C, 2000. Nonpoint - source agricultural hazard index: a case study of the province of Cremona, Italy [J]. Environmental management, 26 (5): 577 - 584.

MENG S, SIRIWARDANA M, MCNEILL J, 2013. The environmental and economic impact of the carbon tax in Australia [J]. Environmental and resource economics, 53 (3): 313 - 32.

MEYERAURICH A, WEERSINK A, JANOVICEK K, et al., 2006. Cost efficient rotation and tillage options to sequester carbon and mitigate GHG emissions from agriculture in Eastern Canada [J]. Agriculture ecosystems & environment, 117 (2): 119 - 127.

MOHD N N, STEENEVELD W, MOURITS M C M, et al., 2012. Estimating the costs of rearing young dairy cattle in the Netherlands using a simulation model that accounts for uncertainty related to diseases [J]. Preventive veterinary medicine (106): 214 - 24.

MOHD N N, STEENEVELD W, DERKMAN T H J, et al., 2015. The total cost of rearing a heifer on Dutch dairy farms: calculated versus perceived cost [J]. Irish veterinary journal (68): 29.

MONTENY G J, BANNINK A, CHADWICK D, 2006. Greenhouse gas abatement strategies for animal husbandry [J]. Agriculture ecosystems & environment, 112 (2): 163 - 170.

MOSIER A R, DUXBURY J M, FRENEY J R, et al. , 1998. Mitigating agricultural emissions of methane [J]. Climatic change, 40 (1): 39 – 80.

MOURITS M C M, VAN DER F K H J, HUIRNE R B M, 2000. Dairy – heifer management in the Netherlands [J]. Preventive veterinary medicine (46): 197 – 208.

NELSON R R, WINTER S G, 1982. An evolutionary theory of economic change [M]. Harvard University Press: Cambridge.

NEUFELDT H, SCHAFER M, ANGENENDT E, et al. , 2006. Disaggregated greenhouse gas emission inventories from agriculture via a coupled economic – ecosystem model [J]. Agriculture ecosystems & environment, 112 (2): 233 – 240.

NGUYEN T T H, DOREAU M, CORSON M S, et al. , 2013. Effect of dairy production system, breed and co – product handling methods on environmental impacts at farm level [J]. Journal of environment management (120): 127 – 137.

NI J, 2002. Carbon storage in grasslands of China [J]. Journal of arid environments, 50 (2): 0 – 218.

NIKOLAOS V, 2013. The welfare consequences of pollution – tax harmonization [J]. Environmental and resource economics, 56 (2): 227 – 238.

PAUSTIAN K, COLE C V, SAUERBECK D, et al. , 1998. CO_2 mitigation by agriculture: an overview [J]. Climatic change, 40 (1): 135 – 162.

RUIHUA S, YUANYUAN J, 2011. Study on how US imposing carbon tariffs will influence China's export trade and its countermeasure strategy [J]. Energy procedia, 5: 747 – 753.

SCHILS R L M, VERHAGEN A, AARTS H F M, et al. , 2005. A farm level approach to define successful mitigation strategies for GHG emissions from ruminant livestock systems [J]. Nutrient cycling in agroecosystems, 71 (2): 163 – 175.

SCHUMAN G E, JANZEN H H, HERRICK J E, 2002. Soil carbon dynamics and potential carbon sequestration by rangelands [J]. Environmental pollution, 116 (3): 391 – 396.

SCURLOCK J M O, JOHNSON K, OLSON R J, 2002. Estimating net primary productivity from grassland biomass dynamics measurements [J]. Global change biology, 8 (8): 736 – 753.

SIEBERT H, 1992. Economics of the environment: theory and policy [M]. Berlin: Springer – Verlag.

STEINFELD H, GERBER P, WASSENAAR T, et al. , 2006. Livestock's long shadow—environmental issues and options [J]. Roma: United Nations Food and Agriculture Organization.

VERGEA X, MAXIMEB D, DESJARDINSC R L A C, et al. , 2016. Allocation factors and issues in agricultural carbon footprint: a case study of the Canadian pork industry [J]. Journal of cleaner production (113): 587 – 595.

SUSUMU C, 2011. Environmental policy in a mixed market: abatement subsidies and emission taxes [J]. Environmental economics and policy studies, 13 (4): 283 – 301.

TAPIO P, 2005. Towards a theory of decoupling: degrees of decoupling in the EU and the case of road traffic in Finland between 1970 and 2001 [J]. Transport policy, 12 (2): 0 - 151.

TIESSEN H, SAMPAIO E V S B, SALCEDO I H, 2001. Organic matter turnover and management in low input agriculture of NE Brazil [J]. Nutrient cycling in agroecosystems, 61 (1 - 2): 99 - 103.

TOZER P R, HEINRICHS A J, 2001. What affects the costs of raising replacement dairy heifers: a multiple - component analysis [J]. Journal of dairy science (84): 1836 - 1844.

VERMERSCH D, BONNIEUX F, RAINELLI P, 1993. Abatement of agricultural pollution and economic incentives: the case of intensive livestock farming in France [J]. Environmental & resource economics, 3 (3): 285 - 296.

WANG S, WILKES A, ZHANG Z, et al. , 2011. Management and land use change effects on soil carbon in northern China's grasslands: a synthesis [J]. Agriculture ecosystems & environment, 142 (3): 329 - 340.

WANG D, 2006. The simulation of CGE model analyzing atmospheric contamination of Shanghai [J]. Journal of finance and economics, 32 (2): 98 - 105.

WANG X, LI J, ZHANG Y, 2011. An analysis on the short - term sectoral competitiveness impact of carbon tax in China [J]. Energy policy, 39 (7): 4144 - 4152.

WEBER C L, PETERS G P, 2009. Climate change policy and international trade: policy considerations in the US [J]. Energy policy, 37 (2): 432 - 440.

FAN W G, G Z C, CHEN N, et al. , 2018. It is worth pondering whether a carbon tax is suitable for China's agricultural - related sectors [J]. Energies, 11: 2296.

WEN W, FRANK K, DALI, et al. , 2014. Greenhouse gas mitigation in Chinese agriculture: distinguishing technical and economic potentials [J]. Global environmental change, 26: 53 - 62.

WEST T O, MARLAND G, 2002. A synthesis of carbon sequestration, carbon emissions, and net carbon flux in agriculture: comparing tillage practices in the United States [J]. Agriculture ecosystems and environment, 91 (1 - 3): 217 - 232.

WOODS, NEAL D, 2006. Interstate competition and environmental regulation: a test of the race to the bottom thesis. [J] Social science quarterly, 87: 174 - 89.

YAN X, YAGI K, AKIYAMA H, et al. , 2010. Statistical analysis of the major variables controlling methane emission from rice fields [J] . Global change biology, 11 (7): 1131 - 1141.

YUAN Y, 2013. CGE model - based quantitative analysis of the impact of carbon tariffs on Chinese economy [J]. Journal of International Trade 2008.

ZHANG Z X, 2010. The US proposed carbon tariffs and China's responses [J]. International economics & economic policy, 38 (5): 2168 - 2170.

ZHANG Z, GUO J E, QIAN D, et al. , 2013. Effects and mechanism of influence of China's resource tax reform: a regional perspective [J]. Energy economics, 36: 676 - 85.

ZHOU J B, JIANG M M, CHEN G Q, 2007. Estimation of methane and nitrous oxide emission from livestock and poultry in China during 1949—2003 [J]. Energy policy, 35 (7): 3759 - 3767.

附录1 黑龙江省奶牛养殖成本收益及碳减排意愿调研问卷

调查地点：_____ 省 _____ 市（县）_____ 乡（镇）_____ 村

被访养殖场名称：_____

被访者姓名：_____ 性别：___ 年龄：___ 联系电话：_____

调查员姓名：_____ 调查员联系电话：_____

问卷一审人签名：_____ 问卷复核人签名：_____

一、组织规模

1. 奶牛场建立时间_____，规模划分为_____①散户 ②小规模 ③中规模 ④大规模。

2. （1）××年养殖场工作人员数_____，××年管理人员数_____。

   （2）××年底养殖奶牛头数_____；泌乳牛数_____，犊牛数_____；××年底养殖奶牛头数_____，泌乳牛数_____头，平均重量为_____千克，后备奶牛数_____头，犊牛（6个月以下）数_____头，平均重量为_____千克。

   （3）奶牛数量变化原因_____①外购 ②自繁 ③淘汰 ④出售 ⑤其他。

   （4）外购奶牛数量为_____头，其中育成牛为_____头，成母牛为_____头，带犊牛为_____头。

3. （1）奶牛养殖场占地面积_____米²，场地来源_____①租用 ②购买 ③其他，占地成本_____元。

   （2）是否种植青贮_____①是 ②否。如果种植青贮，面积为_____米²，享受补贴为_____元/公顷。

   您觉得是否合理_____①是 ②否。若不合理，存在什么问题？_____。

   您有什么建议？_____。

   （3）是否有青贮窖_____①是 ②否。青贮窖投资金额_____元，补贴金额_____元。

对补贴额度是否满意＿＿＿＿＿＿＿①满意 ②一般 ③不满意。

若不满意，您觉得该怎么补？＿＿＿＿＿＿＿。

二、奶牛产量及成本收益情况

1. ××年奶牛单产为＿＿＿＿＿＿＿千克/头，每日总产量为＿＿＿＿＿千克。

2. 高产牛的最高产量为＿＿＿＿＿＿千克，低产牛的产量为＿＿＿＿＿千克。

3. ××年生鲜乳出售价格为＿＿＿＿＿千克/元，销售量为＿＿＿＿＿千克；不合格生鲜乳占比为＿＿＿＿＿＿％，处理方式是＿＿＿＿＿＿①低价出售 ②处理后喂犊牛 ③其他。

4. 您认为影响生鲜乳收购价格的因素有哪些？＿＿＿＿＿＿＿①供奶时间 ②质量等级 ③需求量 ④季节 ⑤乳制品价格 ⑥企业经营状况 ⑦其他。

5. 您认为目前牛奶的出售价格是否合适＿＿＿＿＿＿＿①是 ②否。

6. （1）生鲜乳销售对象是否固定＿＿＿＿＿＿＿①是 ②否。

   如果是，具体为＿＿＿＿＿＿＿①个人 ②企业 ③奶站 ④基地 ⑤奶协，名称为＿＿＿＿＿。

   （2）××年购入牛数为＿＿＿＿＿头，售出牛数为＿＿＿＿＿头；犊牛＿＿＿＿＿头，售价＿＿＿＿＿＿；成牛＿＿＿＿＿头，售价＿＿＿＿＿＿元。

   （3）淘汰转为肉牛销售的数量为＿＿＿＿＿头，价格为＿＿＿＿＿元/头。

7. 全年平均千克奶成本为＿＿＿＿＿元，是否包含了泌乳牛以外的牛群成本＿＿＿＿＿＿＿①是 ②否。如果未包含，那么考虑全群奶牛养殖成本情况下，千克奶成本为＿＿＿＿＿元。

8. 自有劳动力＿＿＿＿＿人，雇佣员工＿＿＿＿＿人，平均工资为＿＿＿＿＿元。其中，繁育员＿＿＿＿＿人，工资为＿＿＿＿＿元，每天工作＿＿＿＿＿小时；挤奶工＿＿＿＿＿人，工资＿＿＿＿＿元，每天工作＿＿＿＿＿小时。

9. 每年疫病防治费用＿＿＿＿＿元，平均每头牛花费＿＿＿＿＿元；政府补贴金额＿＿＿＿＿元。

   您觉得补贴是否合理＿＿＿＿＿＿＿①是 ②否。若不合理，存在什么问题？

   ＿＿＿＿＿＿＿＿＿＿＿＿＿＿＿＿＿＿＿＿＿＿＿＿＿＿＿＿＿＿＿＿＿＿。

   您有什么建议？＿＿＿＿＿＿＿＿＿＿＿＿＿＿＿＿＿＿＿＿＿＿＿＿＿＿＿＿。

10. 是否参加了奶牛疫病的保险＿＿＿＿＿＿＿①是 ②否。

    （1）如果参保，每头参保奶牛的保险金额＿＿＿＿＿元，参保费用＿＿＿＿＿元；政府补贴的比例＿＿＿＿＿。

    您觉得补贴是否合理＿＿＿＿＿＿＿①是 ②否。若不合理，存在什么问题？_____。

您有什么建议？_____。

（2）如果未参保，原因是_____①保费高且补贴少　②不知道有这种保险　③没必要。

如果当地政府减轻您的投保费用，并可简化申请和理赔手续，您愿意参加吗？_____①愿意　②不愿意。

三、粪污处理及补贴情况

1. 粪污年产生量为_____吨，处理方式（多选）_____。

   （1）不做任何处理。

   （2）还田，年粪肥施用量为_____吨。

   ①方式_____a. 直接还田　b. 与秸秆及杂物发酵后还田。

   ②还田作物是_____，处理牛粪能力如何_____。

   （3）出售。所占比例_____，去年带来收益_____元，销售价格_____元，销售对象是_____。

   （4）生产生物有机肥。投入设备资金_____元，日处理粪便能力_____。

   （5）生产沼气。沼气池建立时间_____，成本_____元，日处理粪便能力_____。

   （6）生物分解。何种生物分解_____，日处理粪便能力_____，产生效益_____。

   （7）用作饲料资源。所占比例_____，日处理粪便能力_____。

   （8）其他方式_____，所占比例_____。

   粪污处理是否有补贴政策_____①是　②否，补贴金额_____元；您觉得补贴是否合理_____①是　②否。若不合理，存在什么问题？_____。

   您有什么建议？_____。

2. 新建畜舍是否有补贴_____①是　②否；如果有，额度是_____元。

   您觉得是否合理_____①是　②否。若不合理，存在什么问题？

   _____。

   您觉得应该怎么补？_____。

3. 是否享受过奶牛良种补贴政策_____①是　②否，开始享受的时间_____。

   单支冻精液补贴金额_____元，补贴了_____支。

   未得到补贴的原因_____。

   您对目前良种补贴的建议（意愿）_____。

四、碳减排意愿及建议

1. 您是否了解我国的碳排放情况_____①是 ②否。

2. 您是否了解奶牛生产会导致碳排放_____①是 ②否。若了解，哪些环节会产生碳排放_____。
您认为奶牛养殖中碳排放最多的生产环节是_____①饲料种植 ②粪污处理 ③运输 ④其他_____。

3. 为了促进奶牛养殖的碳减排，实现我国在国际社会承担共同但有差别的减排责任，如果黑龙江省开征碳排放税，您希望千克奶的碳排放成本占千克奶成本的比重为_____①3% ②5% ③10% ④其他_____。

4. 如果在开征碳排放税的同时，给予低碳养殖补贴，您希望以什么形式____。
（1）实物。
（2）货币直补_____①按产奶量补贴 ②按存栏量补贴。
（3）折算在千克奶价格中，您期望碳减排的补贴额占千克奶成本的比例为_____①1% ②3% ③5%。

附录 2 标准正态分布表

x	0	0.01	0.02	0.03	0.04	0.05	0.06	0.07	0.08	0.09
0	0.500 0	0.504 0	0.508 0	0.512 0	0.516 0	0.519 9	0.523 9	0.527 9	0.531 9	0.535 9
0.1	0.539 8	0.543 8	0.547 8	0.551 7	0.555 7	0.559 6	0.563 6	0.567 5	0.571 4	0.575 3
0.2	0.579 3	0.583 2	0.587 1	0.591 0	0.594 8	0.598 7	0.602 6	0.606 4	0.610 3	0.614 1
0.3	0.617 9	0.621 7	0.625 5	0.629 3	0.633 1	0.636 8	0.640 4	0.644 3	0.648 0	0.651 7
0.4	0.655 4	0.659 1	0.662 8	0.666 4	0.670 0	0.673 6	0.677 2	0.680 8	0.684 4	0.687 9
0.5	0.691 5	0.695 0	0.698 5	0.701 9	0.705 4	0.708 8	0.712 3	0.715 7	0.719 0	0.722 4
0.6	0.725 7	0.729 1	0.732 4	0.735 7	0.738 9	0.742 2	0.745 4	0.748 6	0.751 7	0.754 9
0.7	0.758 0	0.761 1	0.764 2	0.767 3	0.770 3	0.773 4	0.776 4	0.779 4	0.782 3	0.785 2
0.8	0.788 1	0.791 0	0.793 9	0.796 7	0.799 5	0.802 3	0.805 1	0.807 8	0.810 6	0.813 3
0.9	0.815 9	0.818 6	0.821 2	0.823 8	0.826 4	0.828 9	0.835 5	0.834 0	0.836 5	0.838 9
1	0.841 3	0.843 8	0.846 1	0.848 5	0.850 8	0.853 1	0.855 4	0.857 7	0.859 9	0.862 1
1.1	0.864 3	0.866 5	0.868 6	0.870 8	0.872 9	0.874 9	0.877 0	0.879 0	0.881 0	0.883 0
1.2	0.884 9	0.886 9	0.888 8	0.890 7	0.892 5	0.894 4	0.896 2	0.898 0	0.899 7	0.901 5
1.3	0.903 2	0.904 9	0.906 6	0.908 2	0.909 9	0.911 5	0.913 1	0.914 7	0.916 2	0.917 7
1.4	0.919 2	0.920 7	0.922 2	0.923 6	0.925 1	0.926 5	0.927 9	0.929 2	0.930 6	0.931 9
1.5	0.933 2	0.934 5	0.935 7	0.937 0	0.938 2	0.939 4	0.940 6	0.941 8	0.943 0	0.944 1
1.6	0.945 2	0.946 3	0.947 4	0.948 4	0.949 5	0.950 5	0.951 5	0.952 5	0.953 5	0.953 5
1.7	0.955 4	0.956 4	0.957 3	0.958 2	0.959 1	0.959 9	0.960 8	0.961 6	0.962 5	0.963 3
1.8	0.964 1	0.964 8	0.965 6	0.966 4	0.967 2	0.967 8	0.968 6	0.969 3	0.970 0	0.970 6
1.9	0.971 3	0.971 9	0.972 6	0.973 2	0.973 8	0.974 4	0.975 0	0.975 6	0.976 2	0.976 7
2	0.977 2	0.977 8	0.978 3	0.978 8	0.979 3	0.979 8	0.980 3	0.980 8	0.981 2	0.981 7
2.1	0.982 1	0.982 6	0.983 0	0.983 4	0.983 8	0.984 2	0.984 6	0.985 0	0.985 4	0.985 7
2.2	0.986 1	0.986 4	0.985 8	0.987 1	0.987 4	0.987 8	0.988 1	0.988 4	0.988 7	0.989 0
2.3	0.989 3	0.989 6	0.989 8	0.990 1	0.990 4	0.990 6	0.990 9	0.991 1	0.991 3	0.991 6
2.4	0.991 8	0.992 0	0.992 2	0.992 5	0.992 7	0.992 9	0.993 1	0.993 2	0.993 4	0.993 6
2.5	0.993 8	0.994 0	0.994 1	0.994 3	0.994 5	0.994 6	0.994 8	0.994 9	0.995 1	0.995 2
2.6	0.995 3	0.995 5	0.995 6	0.995 7	0.995 9	0.996 0	0.996 1	0.996 2	0.996 3	0.996 4
2.7	0.996 5	0.996 6	0.996 7	0.996 8	0.996 9	0.997 0	0.997 1	0.997 2	0.997 3	0.997 4

附录 2 标准正态分布表

(续)

x	0	0.01	0.02	0.03	0.04	0.05	0.06	0.07	0.08	0.09
2.8	0.997 4	0.997 5	0.997 6	0.997 7	0.997 7	0.997 8	0.997 9	0.997 9	0.998 0	0.998 1
2.9	0.998 1	0.998 2	0.998 2	0.998 3	0.998 4	0.998 4	0.998 5	0.998 5	0.998 6	0.998 6
x	0	0.1	0.2	0.3	0.4	0.5	0.6	0.7	0.8	0.9
3	0.998 7	0.999 0	0.999 3	0.999 5	0.999 7	0.999 8	0.999 8	0.999 9	0.999 9	1.000 0

后　　记

黑龙江省是我国奶牛养殖的主要区域，全国重要的生鲜乳生产基地。在全球碳排放备受关注及我国承诺承担共同但有差别的减排责任的国际背景下，以碳排放税为代表的经济政策如何影响奶牛养殖业碳减排效果，需要在我国达到碳排放峰值前被预判。因此，以黑龙江省为例研究奶牛养殖业开征碳排放税的效果具有示范意义。

本书是我们近年来对黑龙江省的各级地方政府、统计部门、奶牛养殖企业、养殖户等开展走访、座谈及调研的主要成果。本书的完成受到国家自然科学基金项目、中宣部文化名家暨"四个一批"人才项目、黑龙江省博士后科研启动基金等项目的资助。

在开展研究工作期间，得到许多老师及奶牛养殖企业、农户等的帮助和支持。衷心感谢在美国访学期间，耶鲁大学的罗伯特教授为本研究提出的宝贵建议。他严谨的治学态度、对科研的"完美主义"精神及敏锐的洞察力令人受益终生。他对研究的核心难点问题给予了诚恳的建议与指导，不仅赋予本研究新的生机，而且使研究取得突破性进展。感谢威斯康星大学的凯文教授，他对奶牛养殖成本收益方面的造诣及为美国数百牧场提供利润优化方案的经验为本研究顺利开展提供了借鉴。

感谢黑龙江双城雀巢奶牛养殖培训中心的各位教师及领导的热情帮助和支持，他们为研究开展的实践数据调研及样本划分等提供了良好的资源！

感谢经济管理学院的老师和同事们的关心和支持！感谢所有为本书出版提供帮助的人们！

著者

2021 年 11 月

图书在版编目（CIP）数据

黑龙江省奶牛养殖碳排放税制度：方案设计和减排效果 / 师帅，李翠霞著 . —2 版 . —北京：中国农业出版社，2022.1

ISBN 978 - 7 - 109 - 29111 - 9

Ⅰ.①黑… Ⅱ.①师… ②李… Ⅲ.①乳牛－饲养管理－二氧化碳－排气－税收管理－研究－黑龙江省 Ⅳ.①F812.735.024

中国版本图书馆 CIP 数据核字（2022）第 019693 号

中国农业出版社出版

地址：北京市朝阳区麦子店街 18 号楼
邮编：100125
责任编辑：潘洪洋 肖 杨
版式设计：杨 婧 责任校对：沙凯霖
印刷：北京通州皇家印刷厂
版次：2018 年 12 月第 1 版 2022 年 1 月第 2 版
印次：2022 年 1 月第 2 版北京第 1 次印刷
发行：新华书店北京发行所
开本：700mm×1000mm 1/16
印张：16.25
字数：320 千字
定价：98.00 元